서울대 한국어+

Student's Book

서울대학교 언어교육원 지음
장소원 | 이소영 | 김풀잎 | 이영환

6B

서울대학교출판문화원

머리말

《서울대 한국어+》는 한국어 학습자들이 한국어 능력을 효과적으로 향상할 수 있도록 서울대학교 언어교육원의 축적된 한국어 교육 경험을 녹여 낸 교재입니다. 이 시리즈를 통해 한국어 학습자들은 한국어의 표현 영역인 말하기, 쓰기 기술과 이해 영역인 듣기, 읽기 기술을 단계적이고 주도적으로 발전시킬 수 있습니다.

《서울대 한국어+ Student's Book 6B》는 1,000시간의 한국어 정규 과정을 이수했거나 그에 준하는 한국어 능력을 가진 일반 목적의 성인 한국어 학습자들을 위한 교재로서, 200시간의 정규 과정을 통해 한국어 숙달도 6급 수준의 한국어를 학습할 수 있게 구성한 교재입니다. 이 교재는 사회적, 추상적인 주제에 대해 정확하고 유창하게 의사소통을 하고 전문적인 분야에서도 다양한 일을 잘 수행할 수 있도록 만들어졌습니다.

각 단원은 사회, 과학, 문학 등 고급 학습자들에게 필요한 주제를 중심으로 구성되었습니다. 해당 주제와 관련된 어휘를 다양한 활동과 함께 제시함으로써 학습자들이 어휘를 사용하며 익힐 수 있도록 유도하였습니다. 또한 고급 학습자 수준에 맞는 유용한 문법과 표현을 선정하여 텍스트와 함께 제시하였으며 학생들이 편리하게 사용할 수 있도록 문법과 표현을 별도의 책으로 제공하기로 하였습니다.

각 단원은 그 단원의 주제를 심층적으로 다루는 두 과로 구성하여 각각 듣기와 말하기, 읽기와 쓰기에 초점을 두었습니다. 듣기와 읽기 단계에서는 다양한 장르의 담화를 접하면서 담화 구조와 표현을 익히도록 하였으며 중심 내용 파악하기, 개요 파악하기, 세부 내용 파악하기, 추론하기 등의 다양한 문제를 풀도록 구성하였습니다. 말하기와 쓰기 단계에서는 듣기, 읽기 단계에서 노출되었던 담화 구조와 표현을 명시적으로 제시하고 실제적인 담화를 생성할 수 있도록 하여 이해 영역과 표현 영역이 긴밀하게 연계되도록 집필하였습니다.

　이 책이 나오기까지 정말 많은 분들의 수고가 있었습니다. 서울대학교 국어국문학과 장소원 교수님은 《서울대 한국어+》 1~6급 교재의 기획, 교재 개발을 위한 사전 연구와 집필, 출판에 이르는 전체적인 과정을 총괄해 주셨고, 6급 교재의 집필을 총괄한 이소영 교수님을 비롯해서 김풀잎, 이영환 선생님은 오랜 기간 원고 집필뿐 아니라 편집, 출판 작업을 꼼꼼하게 진행해 주셨습니다. 또한 6급 교재 전권의 감수를 맡아 주신 안경화 교수님, 최은규 교수님, 한재영 교수님의 도움이 없었다면 지금과 같은 책의 완성도를 기대하기 어려웠음을 잘 알고 있습니다. 깊이 감사드립니다. 그리고 영어 번역을 맡아 주신 이소명 번역가님과 멋진 삽화 작업으로 빛나는 책을 만들어 주신 ㈜예성크리에이티브 분들, 녹음을 담당해 주신 성우 이상운, 조경아 선생님께도 감사드립니다. 2022년 가을 학기에 새 교재의 시범 단원으로 수업을 하신 후 소중한 의견을 주신 6급 정규반의 안효경, 정영미 선생님께도 진심으로 감사의 말씀을 드립니다. 마지막으로 학술 도서와 전혀 성격이 다른 한국어 교재의 출판을 결정하고 물심양면으로 지원해 주신 서울대학교출판문화원 이경묵 원장님과, 밤낮을 가리지 않고 고생을 감수하신 편집진 분들께 깊이 감사드립니다.

2023년 12월
서울대학교 언어교육원 원장
장윤희

일러두기

《서울대 한국어⁺ Student's Book 6B》는 9단원부터 16단원까지 8개의 단원으로 구성되었으며 각 단원은 두 개의 과로 나누어진다. 각 단원의 1과는 '들어가기, 주제 어휘, 듣기, 말하기', 2과는 '들어가기, 주제 어휘, 읽기, 쓰기'로 구성된다. 각 과는 각각 4시간 수업용이다.

해당 단원의 주제 및 각 과의 세부 주제와 함께 첫 번째 과에서 초점을 둔 듣기와 말하기, 두 번째 과에서 초점을 둔 읽기와 쓰기의 목표를 제시하였다.

들어가기

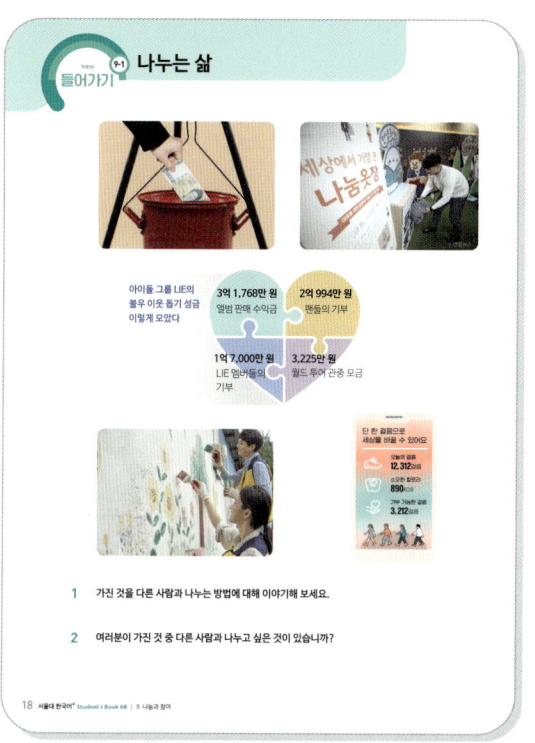

그림, 사진, 인포그래픽 등 여러 시각 자료와 함께 질문을 제시하여 해당 과의 주제에 대해 생각해 볼 수 있도록 구성하였다. 학습자는 질문에 대한 답을 생각해 보면서 배경지식을 활성화하고 학습 주제와 목표를 이해할 수 있다.

주제 어휘

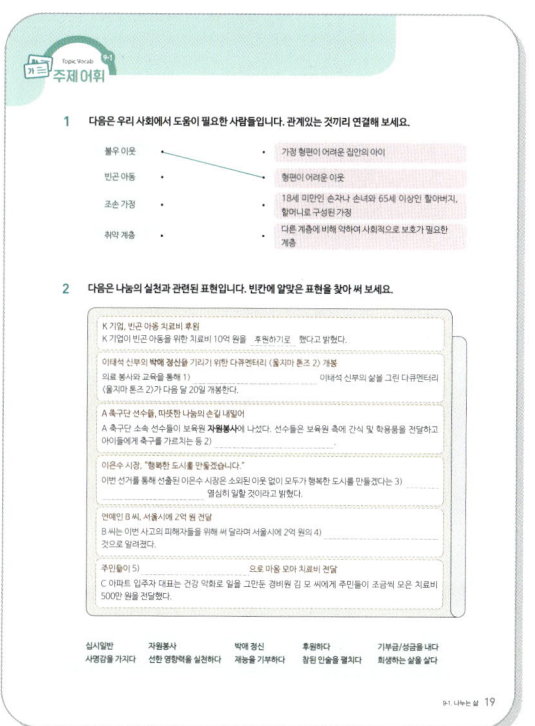

주제별로 선정된 목표 어휘를 시각 자료, 질문, 문제 등과 함께 제시하여 학습자가 맥락을 통해 어휘의 의미를 추측하고 어휘를 사용하여 이야기할 수 있도록 구성하였다.

듣기

'들어 보세요', '이야기해 보세요'로 구성되어 있다.

준비
듣기 전 단계로, 들을 내용을 예측할 수 있는 질문 또는 시각 자료를 제시하여 학습자의 배경지식을 활성화한다.

듣기
여러 주제와 관련된 대화, 강연, 대담, 토론 등 실제적이고 다양한 종류의 구어 텍스트를 제시하여 의사소통 능력 향상에 도움을 주고자 하였다. 중심 내용 파악하기, 세부 내용 파악하기, 추론하기, 전략 익히기 등 다양한 유형의 문제를 제시하여 학습자 스스로 이해 수준을 점검해 볼 수 있게 하였다.

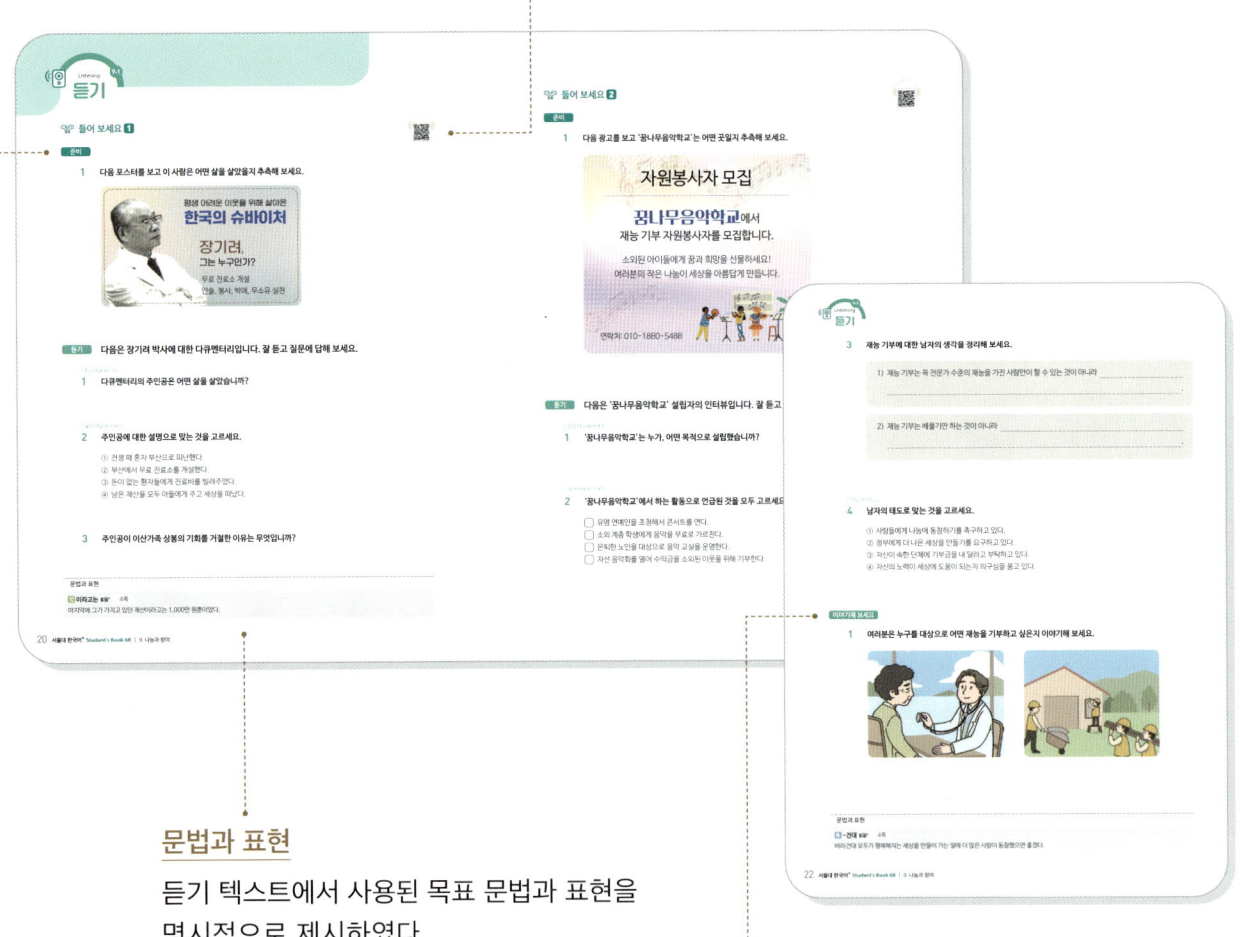

문법과 표현
듣기 텍스트에서 사용된 목표 문법과 표현을 명시적으로 제시하였다.

이야기해 보세요
듣기 후 단계로 듣기 주제와 연계된 질문을 제시하여 학습자들이 자유롭게 대화하며 배운 내용을 심화할 수 있도록 하였다.

말하기

'준비해 보세요', '표현을 연습해 보세요', '이야기해 보세요'로 구성되어 있다.

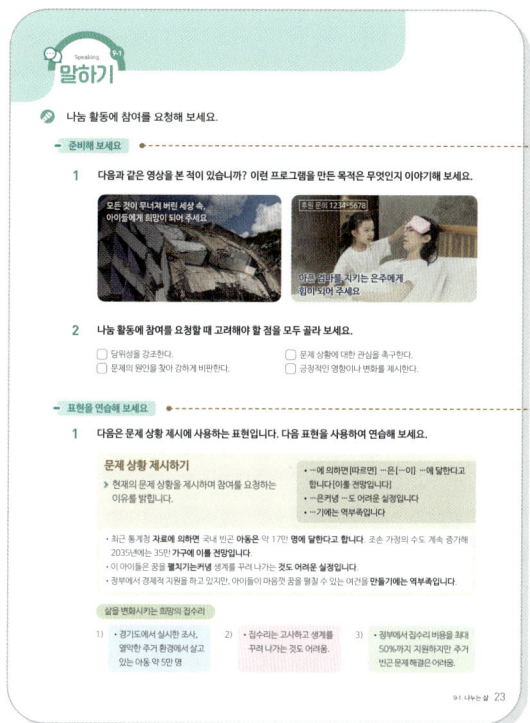

준비해 보세요

주어진 질문에 대답함으로써 다음 단계인 '표현을 연습해 보세요'를 준비할 수 있도록 하였다.

표현을 연습해 보세요

소개하기, 토의하기, 토론하기 등 목표 기능을 수행하기 위한 표현을 담화 구조에 맞춰 익히고 연습하도록 하였다.

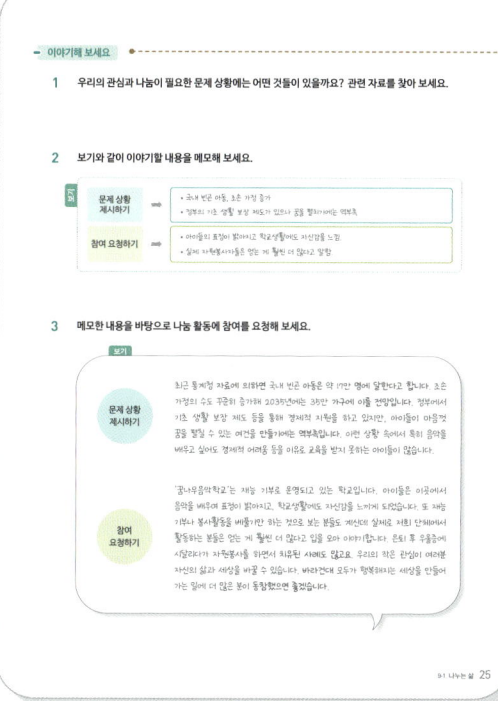

이야기해 보세요

앞서 익힌 담화 기능 표현과 담화 구조에 대한 지식을 활용하여 직접 말할 내용을 메모하고 이야기해 보도록 구성하였다.

읽기

'읽어 보세요', '이야기해 보세요'로 구성되어 있다.

준비
읽기 전 단계로, 읽을 내용이나 장르를 예측할 수 있는 질문 또는 시각 자료를 제시하여 학습자의 배경지식을 활성화한다.

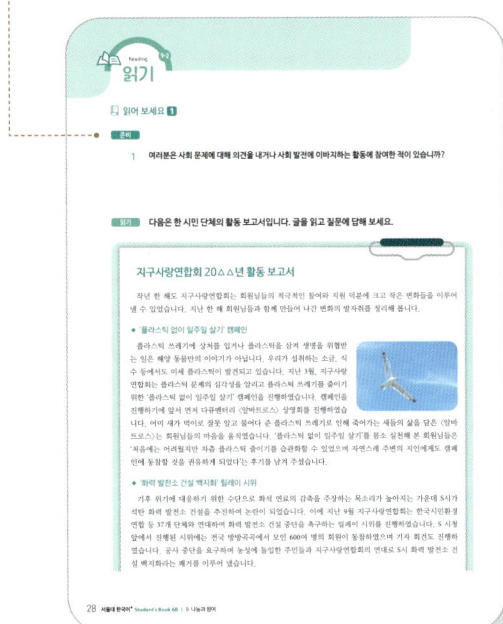

읽기
여러 주제와 관련된 사설, 칼럼, 기사, 소설 등 고급 학습자 수준에 맞는 실제적이고 다양한 종류의 문어 텍스트를 제시하여 의사소통 능력 향상에 도움을 주고자 하였다. 중심 내용 파악하기, 개요 파악하기, 세부 내용 파악하기, 추론하기, 전략 익히기 등 다양한 유형의 문제를 제시하여 학습자 스스로 이해 수준을 점검해 볼 수 있게 하였다.

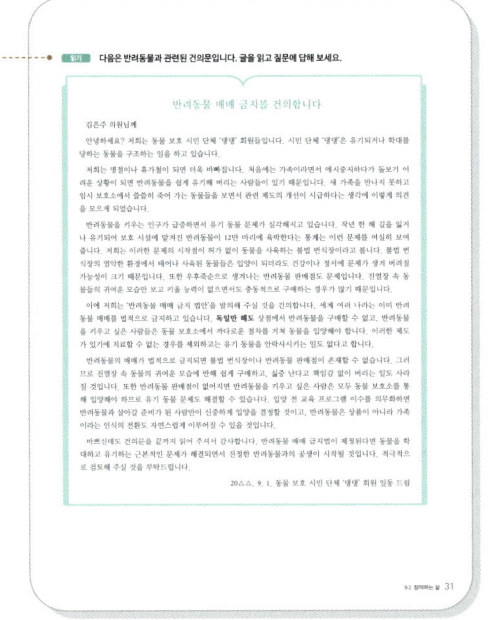

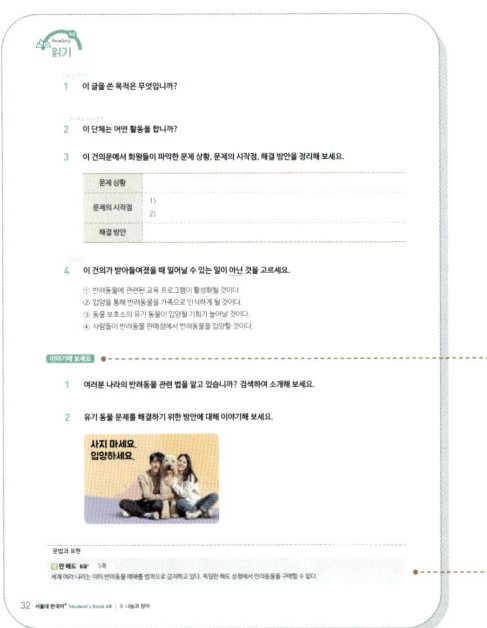

이야기해 보세요
읽기 후 단계로 읽기 주제와 연계된 질문을 제시하여 학습자들이 자유롭게 대화하며 배운 내용을 심화할 수 있도록 하였다.

문법과 표현
읽기 텍스트에서 사용된 목표 문법과 표현을 명시적으로 제시하였다.

쓰기

'준비해 보세요', '(표현을) 연습해 보세요', '써 보세요'로 구성되어 있다.

준비해 보세요
주어진 질문에 대답함으로써 다음 단계인 '(표현을) 연습해 보세요'를 준비할 수 있도록 하였다.

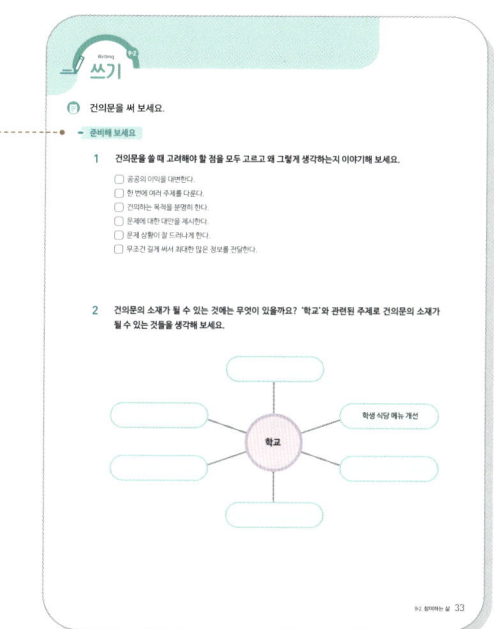

(표현을) 연습해 보세요
건의하기, 문제 제기하기, 강조하기, 반박하기 등 목표 기능을 수행하기 위한 표현을 담화 구조에 맞춰 익히고 연습하도록 하였다.

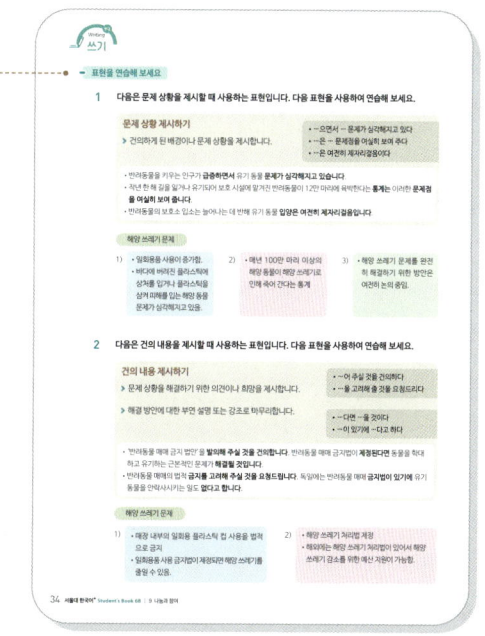

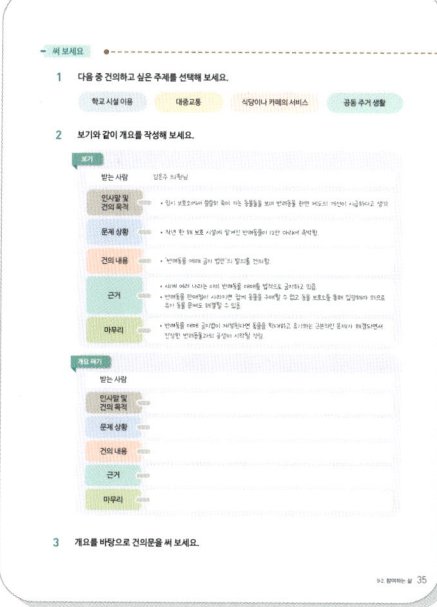

써 보세요
앞서 익힌 담화 기능 표현과 담화 구조에 대한 지식을 활용하여 개요를 작성하고 글을 완성하도록 하였다.

어휘

각 과에 나타난 어휘의 뜻과 예문, 영어 번역을 제시하고 있다. 필요한 경우 한자와 발음도 함께 제공하였다.

부록

부록은 '듣기 지문', '모범 답안', '어휘 색인'으로 구성되어 있다.

듣기 지문
'들어 보세요'의 텍스트를 제공한다.

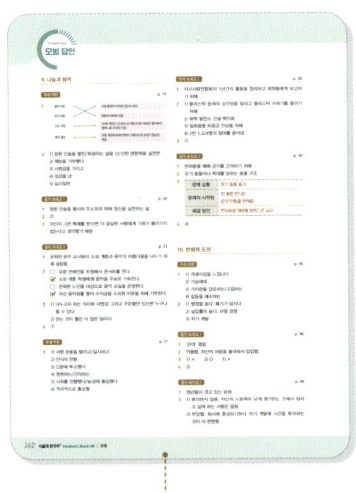

모범 답안
각 과의 '주제 어휘', '들어 보세요', '읽어 보세요' 문제에 대한 모범 답안을 제공한다.

어휘 색인
각 과의 어휘를 가나다순으로 정리하여 제공한다.

		머리말	• 2
		일러두기	• 4
		교재 구성표	• 12

6B

| 9단원 | 나눔과 참여 | 9-1. 나누는 삶 | • 18 |
| | | 9-2. 참여하는 삶 | • 26 |

| 10단원 | 변화와 도전 | 10-1. 변화와 갈등 | • 44 |
| | | 10-2. 꿈과 도전 | • 54 |

| 11단원 | 문학과 인생 | 11-1. 마음을 나누는 시 | • 72 |
| | | 11-2. 소설 속의 인생 | • 80 |

| 12단원 | 인간과 사회 | 12-1. 더불어 사는 사회 | • 106 |
| | | 12-2. 개인과 사회 | • 116 |

| 13단원 | 한국의 사회 문제 | 13-1. 삶의 만족도 | • 132 |
| | | 13-2. 불평등의 심화 | • 142 |

| 14단원 | 건강과 과학 | 14-1. 공중 보건 | • 160 |
| | | 14-2. 유전자 이야기 | • 170 |

| 15단원 | 법과 제도 | 15-1. 생활 속의 법 | • 190 |
| | | 15-2. 공공의 이익 | • 200 |

| 16단원 | 인류와 미래 | 16-1. 인류의 과제 | • 220 |
| | | 16-2. 4차 산업 혁명과 미래 | • 228 |

| | | 부록 | • 247 |

교재 구성표

단원 제목		주제 어휘	기능별 활동
9. 나눔과 참여	9-1. 나누는 삶	• 나눔의 대상 • 나눔의 실천	듣기 장기려 박사에 대한 다큐멘터리를 듣고 내용 파악하기
	9-2. 참여하는 삶	• 사회 문제 참여	읽기 시민 단체 활동 보고서를 읽고 내용 파악하기
10. 변화와 도전	10-1. 변화와 갈등	• 세대 갈등 • 청년 세대	듣기 세대 갈등에 대한 대담을 듣고 내용 파악하기
	10-2. 꿈과 도전	• 성공과 실패	읽기 전기 〈강영우, 희망의 빛을 보다〉를 읽고 교훈 파악하기
11. 문학과 인생	11-1. 마음을 나누는 시	• 시의 특징 • 시의 창작과 감상	듣기 문학을 주제로 한 라디오 방송을 듣고 공통점 찾기
	11-2. 소설 속의 인생	• 감정과 행동 • 사춘기의 특징	읽기 박상률의 소설 《봄바람》을 읽고 등장인물의 심리 이해하기
12. 인간과 사회	12-1. 더불어 사는 사회	• 차별의 종류 • 성차별	듣기 온라인 평등 교육 프로그램을 듣고 정보 찾기
	12-2. 개인과 사회	• 사회화 • 나 홀로 문화	읽기 사회학 용어를 설명하는 글을 읽고 정보 찾기

기능별 활동		문법과 표현
듣기	말하기	• 몡이라고는 • 동-건대
'꿈나무음악학교' 설립자 인터뷰를 듣고 태도 파악하기	나눔 활동 참여 요청하기	
읽기	쓰기	• 동형-던 차에/차이다 • 몡만 해도
반려동물 매매 금지에 대한 건의문을 읽고 글의 목적 파악하기	건의문 쓰기	
듣기	말하기	• 동-자니 • 동-으랴 동-으랴
청년 문제에 대한 대담을 듣고 내용 파악하기	불만과 희망 이야기하기	
쓰기		• 동-은 끝에, 몡 끝에 • 몡에도 불구하고
자서전이나 전기 쓰기		
듣기	말하기	• 동형-을 성싶다 • 동-노라면
정희성의 시 〈숲〉에 대한 감상 수업을 듣고 상징하는 의미 파악하기	시 소개하기	
쓰기		• 동-는 둥 마는 둥 하다 • 몡이고 몡이고 (간에)
소설의 결말 쓰기		
듣기	말하기	• 동형-을 법하다 • 동형-건만, 몡이건만
사회 문제에 대한 상반된 입장을 듣고 주장과 근거 파악하기	입장 제시하기	
읽기	쓰기	• 몡으로 말미암아 • 동형-지, 몡이지
나 홀로 문화에 대한 칼럼을 읽고 글쓴이의 관점 파악하기	새로운 관점 드러내는 글 쓰기	

단원 제목		주제 어휘	기능별 활동
13. 한국의 사회 문제	13-1. 삶의 만족도	• 삶의 질	듣기 한국의 사회 문제를 다룬 시사 프로그램 전반부를 듣고 문제의 원인 찾기
	13-2. 불평등의 심화	• 불평등 문제 • 불평등을 줄이기 위한 노력	읽기 소득 양극화에 대한 카드 뉴스를 읽고 정보 찾기
14. 건강과 과학	14-1. 공중 보건	• 감염병 • 공중 보건	듣기 의학 다큐멘터리를 듣고 정보 찾기
	14-2. 유전자 이야기	• 유전자 검사 • 생명 과학	읽기 유전자 검사에 대한 기사문을 읽고 정보 찾기
15. 법과 제도	15-1. 생활 속의 법	• 국적법 • 기본 소득 제도	듣기 라디오 법률 상담 프로그램을 듣고 정보 찾기
	15-2. 공공의 이익	• 인권 • 범죄	읽기 성범죄자의 신상 공개를 찬성하는 사설을 읽고 주장과 근거 파악하기
16. 인류와 미래	16-1. 인류의 과제	• 인류가 직면한 문제 • 해결 방안	듣기 지속 가능한 발전에 대한 기조연설을 듣고 연설의 목적 파악하기
	16-2. 4차 산업 혁명과 미래	• 첨단 기술	읽기 미래에 대한 책을 추천하는 글을 읽고 내용 파악하기

기능별 활동		문법과 표현
듣기	말하기	• 동형-을 턱이 없다, 명일 턱이 없다 • 동형-건 (간에)
한국의 사회 문제를 다룬 시사 프로그램 후반부를 듣고 해결 방안 찾기	의견 정리하고 종합하기	
읽기	쓰기	• 동-기란 • 동-게끔
사회 문제에 대한 칼럼을 읽고 글쓴이의 의견 파악하기	영화나 드라마를 통해 본 사회 문제에 대한 글 쓰기	
듣기	말하기	• 동-는 양, 형-은 양, 명인 양 • 동형-을 판에/판이다
공중 보건 정책에 대한 토론 방송을 듣고 주장과 근거 파악하기	토론 진행하기	
읽기	쓰기	• 명에 지나지 않다 • 동-는다고 치다, 형-다고 치다, 명이라고 치다
생명 복제에 대한 칼럼을 읽고 주장과 근거 파악하기	주장하는 글 쓰기	
듣기	말하기	• 동-는다손 치더라도, 형-다손 치더라도, 명이라손 치더라도 • 동형-기로서니
기본 소득제 도입에 대한 토론을 듣고 주장과 근거 파악하기	찬반 토론 하기	
읽기	쓰기	• 동-는 격이다, 형-은 격이다 • 동-느니만 못하다
성범죄자의 신상 공개를 반대하는 사설을 읽고 주장과 근거 파악하기	논박하는 글 쓰기	
듣기	말하기	• 동-어 주십사 (하다) • 동형-어 봤자
지속 가능한 발전을 위한 방안을 논의하는 패널 토의를 듣고 주장 파악하기	토의하기	
읽기	쓰기	• 동형-던가, 명이던가 • 동-고서는
미래의 가상 일기 〈2050년 어느 날, 로아의 하루〉를 읽고 글의 성격 파악하기	가상 일기 쓰기	

9

나눔과 참여

9-1 나누는 삶

9-2 참여하는 삶

9-1	나누는 삶	9-2	참여하는 삶
듣기 1	장기려 박사에 대한 다큐멘터리를 듣고 내용 파악하기	읽기 1	시민 단체 활동 보고서를 읽고 내용 파악하기
듣기 2	'꿈나무음악학교' 설립자 인터뷰를 듣고 태도 파악하기	읽기 2	반려동물 매매 금지에 대한 건의문을 읽고 글의 목적 파악하기
말하기	나눔 활동 참여 요청하기	쓰기	건의문 쓰기

Intro 들어가기 9-1 나누는 삶

아이돌 그룹 LIE의
불우 이웃 돕기 성금
이렇게 모았다

- 3억 1,768만 원 앨범 판매 수익금
- 2억 994만 원 팬들의 기부
- 1억 7,000만 원 LIE 멤버들의 기부
- 3,225만 원 월드 투어 관중 모금

단 한 걸음으로 세상을 바꿀 수 있어요
- 오늘의 걸음 12,312걸음
- 소모한 칼로리 890kcal
- 기부 가능한 걸음 3,212걸음

1 가진 것을 다른 사람과 나누는 방법에 대해 이야기해 보세요.

2 여러분이 가진 것 중 다른 사람과 나누고 싶은 것이 있습니까?

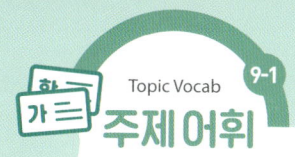

Topic Vocab 9-1 주제 어휘

1 다음은 우리 사회에서 도움이 필요한 사람들입니다. 관계있는 것끼리 연결해 보세요.

- 불우 이웃 •   • 가정 형편이 어려운 집안의 아이
- 빈곤 아동 •   • 형편이 어려운 이웃
- 조손 가정 •   • 18세 미만인 손자나 손녀와 65세 이상인 할아버지, 할머니로 구성된 가정
- 취약 계층 •   • 다른 계층에 비해 약하여 사회적으로 보호가 필요한 계층

2 다음은 나눔의 실천과 관련된 표현입니다. 빈칸에 알맞은 표현을 찾아 써 보세요.

> **K 기업, 빈곤 아동 치료비 후원**
> K 기업이 빈곤 아동을 위한 치료비 10억 원을 _후원하기로_ 했다고 밝혔다.

> **이태석 신부의 박애 정신을 기리기 위한 다큐멘터리 〈울지마 톤즈 2〉 개봉**
> 의료 봉사와 교육을 통해 1) _____ 이태석 신부의 삶을 그린 다큐멘터리 〈울지마 톤즈 2〉가 다음 달 20일 개봉한다.

> **A 축구단 선수들, 따뜻한 나눔의 손길 내밀어**
> A 축구단 소속 선수들이 보육원 자원봉사에 나섰다. 선수들은 보육원 측에 간식 및 학용품을 전달하고 아이들에게 축구를 가르치는 등 2) _____ .

> **이은수 시장, "행복한 도시를 만들겠습니다."**
> 이번 선거를 통해 선출된 이은수 시장은 소외된 이웃 없이 모두가 행복한 도시를 만들겠다는 3) _____ 열심히 일할 것이라고 밝혔다.

> **연예인 B 씨, 서울시에 2억 원 전달**
> B 씨는 이번 사고의 피해자들을 위해 써 달라며 서울시에 2억 원의 4) _____ 것으로 알려졌다.

> **주민들이 5) _____ 으로 마음 모아 치료비 전달**
> C 아파트 입주자 대표는 건강 악화로 일을 그만둔 경비원 김 모 씨에게 주민들이 조금씩 모은 치료비 500만 원을 전달했다.

| 십시일반 | 자원봉사 | 박애 정신 | 후원하다 | 기부금/성금을 내다 |
| 사명감을 가지다 | 선한 영향력을 실천하다 | 재능을 기부하다 | 참된 인술을 펼치다 | 희생하는 삶을 살다 |

듣기 (Listening) 9-1

들어 보세요 1

준비

1. 다음 포스터를 보고 이 사람은 어떤 삶을 살았을지 추측해 보세요.

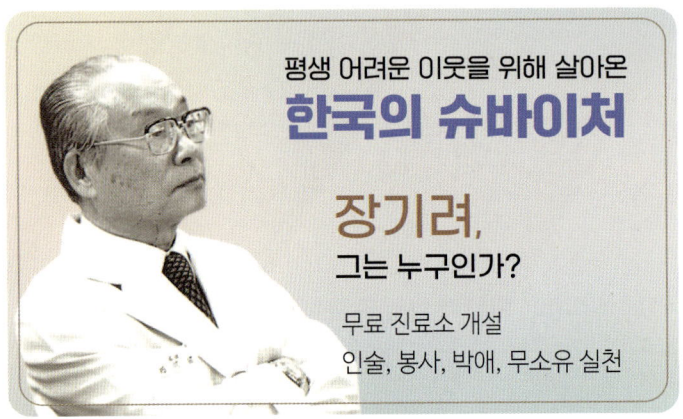

평생 어려운 이웃을 위해 살아온
한국의 슈바이처
장기려,
그는 누구인가?
무료 진료소 개설
인술, 봉사, 박애, 무소유 실천

듣기 다음은 장기려 박사에 대한 다큐멘터리입니다. 잘 듣고 질문에 답해 보세요.

중심 내용 파악하기

1. 다큐멘터리의 주인공은 어떤 삶을 살았습니까?

세부 내용 파악하기

2. 주인공에 대한 설명으로 맞는 것을 고르세요.

   ① 전쟁 때 혼자 부산으로 피난했다.
   ② 부산에서 무료 진료소를 개설했다.
   ③ 돈이 없는 환자들에게 진료비를 빌려주었다.
   ④ 남은 재산을 모두 아들에게 주고 세상을 떠났다.

3. 주인공이 이산가족 상봉의 기회를 거절한 이유는 무엇입니까?

문법과 표현

명 이라고는 4쪽
마지막에 그가 가지고 있던 재산이라고는 1,000만 원뿐이었다.

🎧 들어 보세요 2

준비

1. 다음 광고를 보고 '꿈나무음악학교'는 어떤 곳일지 추측해 보세요.

듣기 다음은 '꿈나무음악학교' 설립자의 인터뷰입니다. 잘 듣고 질문에 답해 보세요.

중심 내용 파악하기

1. '꿈나무음악학교'는 누가, 어떤 목적으로 설립했습니까?

세부 내용 파악하기

2. '꿈나무음악학교'에서 하는 활동으로 언급된 것을 모두 고르세요.

   ☐ 유명 연예인을 초청해서 콘서트를 연다.
   ☐ 소외 계층 학생에게 음악을 무료로 가르친다.
   ☐ 은퇴한 노인을 대상으로 음악 교실을 운영한다.
   ☐ 자선 음악회를 열어 수익금을 소외된 이웃을 위해 기부한다.

3 재능 기부에 대한 남자의 생각을 정리해 보세요.

1) 재능 기부는 꼭 전문가 수준의 재능을 가진 사람만이 할 수 있는 것이 아니라 _____.

2) 재능 기부는 베풀기만 하는 것이 아니라 _____.

태도 파악하기

4 남자의 태도로 맞는 것을 고르세요.

① 사람들에게 나눔에 동참하기를 촉구하고 있다.
② 정부에게 더 나은 세상을 만들기를 요구하고 있다.
③ 자신이 속한 단체에 기부금을 내 달라고 부탁하고 있다.
④ 자신의 노력이 세상에 도움이 되는지 의구심을 품고 있다.

이야기해 보세요

1 여러분은 누구를 대상으로 어떤 재능을 기부하고 싶은지 이야기해 보세요.

문법과 표현

동 -건대 ☞ 4쪽
바라건대 모두가 행복해지는 세상을 만들어 가는 일에 더 많은 사람이 동참했으면 좋겠다.

말하기 (Speaking 9-1)

🗣 나눔 활동에 참여를 요청해 보세요.

준비해 보세요

1 다음과 같은 영상을 본 적이 있습니까? 이런 프로그램을 만든 목적은 무엇인지 이야기해 보세요.

2 나눔 활동에 참여를 요청할 때 고려해야 할 점을 모두 골라 보세요.

- ☐ 당위성을 강조한다.
- ☐ 문제의 원인을 찾아 강하게 비판한다.
- ☐ 문제 상황에 대한 관심을 촉구한다.
- ☐ 긍정적인 영향이나 변화를 제시한다.

표현을 연습해 보세요

1 다음은 문제 상황 제시에 사용하는 표현입니다. 다음 표현을 사용하여 연습해 보세요.

> **문제 상황 제시하기**
> ▶ 현재의 문제 상황을 제시하며 참여를 요청하는 이유를 밝힙니다.
>
> - …에 의하면 [따르면] …은 […이] …에 달한다고 합니다 [이를 전망입니다]
> - …은커녕 …도 어려운 실정입니다
> - …기에는 역부족입니다

- 최근 통계청 **자료에 의하면** 국내 빈곤 **아동은** 약 17만 **명에 달한다고 합니다**. 조손 가정의 수도 계속 증가해 2035년에는 35만 **가구에 이를 전망입니다**.
- 이 아이들은 꿈을 **펼치기는커녕** 생계를 꾸려 나가는 **것도 어려운 실정입니다**.
- 정부에서 경제적 지원을 하고 있지만, 아이들이 마음껏 꿈을 펼칠 수 있는 여건을 **만들기에는 역부족입니다**.

삶을 변화시키는 희망의 집수리

1)
- 경기도에서 실시한 조사, 열악한 주거 환경에서 살고 있는 아동 약 5만 명

2)
- 집수리는 고사하고 생계를 꾸려 나가는 것도 어려움.

3)
- 정부에서 집수리 비용을 최대 50%까지 지원하지만 주거 빈곤 문제 해결은 어려움.

2 다음은 참여를 요청할 때 사용하는 표현입니다. 다음 표현을 사용하여 연습해 보세요.

참여 요청하기

▸ 긍정적인 영향이나 변화를 제시하며 동참해야 하는 이유를 강조합니다.
- …다면 …게 될 것입니다 […다고 믿습니다]
- …은 사례가 많습니다

▸ 직접적인 참여를 촉구하며 마무리합니다.
- 이제는[지금은] 우리가 나서야 할 때입니다
- …에 여러분도 함께해 주십시오
- 바라건대 …었으면 좋겠습니다

- 지역 사회가 소외된 아이들에게 더 많은 관심을 가지고 다 함께 어울려 살려는 노력을 **기울인다면** 아이들도 꿈과 희망을 **품게 될 것입니다**. 이제는 우리가 나서야 할 때입니다.
- 십시일반으로 큰 변화를 **이룬 사례가 많습니다**. 불우 이웃 **돕기에 여러분도 함께해 주십시오**.
- **바라건대** 모두가 행복해지는 세상을 만들어 가는 일에 더 많은 분이 **동참했으면 좋겠습니다**.

삶을 변화시키는 희망의 집수리

1) • 주거 환경이 개선되면 아이들이 희망을 갖게 됨.

2) • 주거 환경 개선으로 아이들의 마음이 치유된 경우가 많음.
   • 희망의 집수리

3) • 아이들에게 깨끗하고 안전한 보금자리를 만들어 주는 일에 많은 사람이 참여하기를 바람.

3 다음 나눔 활동에 참여를 요청해 보세요.

아이들에게 희망을 선물하는 기부

문제 상황	기대 효과
• UN 조사, 전 세계 2억 5,800만 명의 어린이와 청소년이 학교에 다니지 못하고 있음. • 경제적인 이유로 교육도 못 받고 굶주림에 시달림.	• 기부를 통해 아이들이 교육을 받아 빈곤에서 벗어날 수 있음. • 아이들이 성장하는 모습을 보며 보람을 느낄 수 있음.

- 이야기해 보세요

1. 우리의 관심과 나눔이 필요한 문제 상황에는 어떤 것들이 있을까요? 관련 자료를 찾아 보세요.

2. 보기와 같이 이야기할 내용을 메모해 보세요.

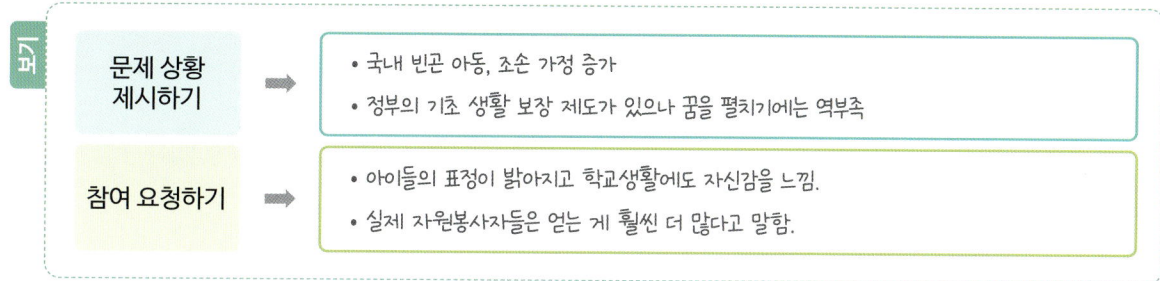

3. 메모한 내용을 바탕으로 나눔 활동에 참여를 요청해 보세요.

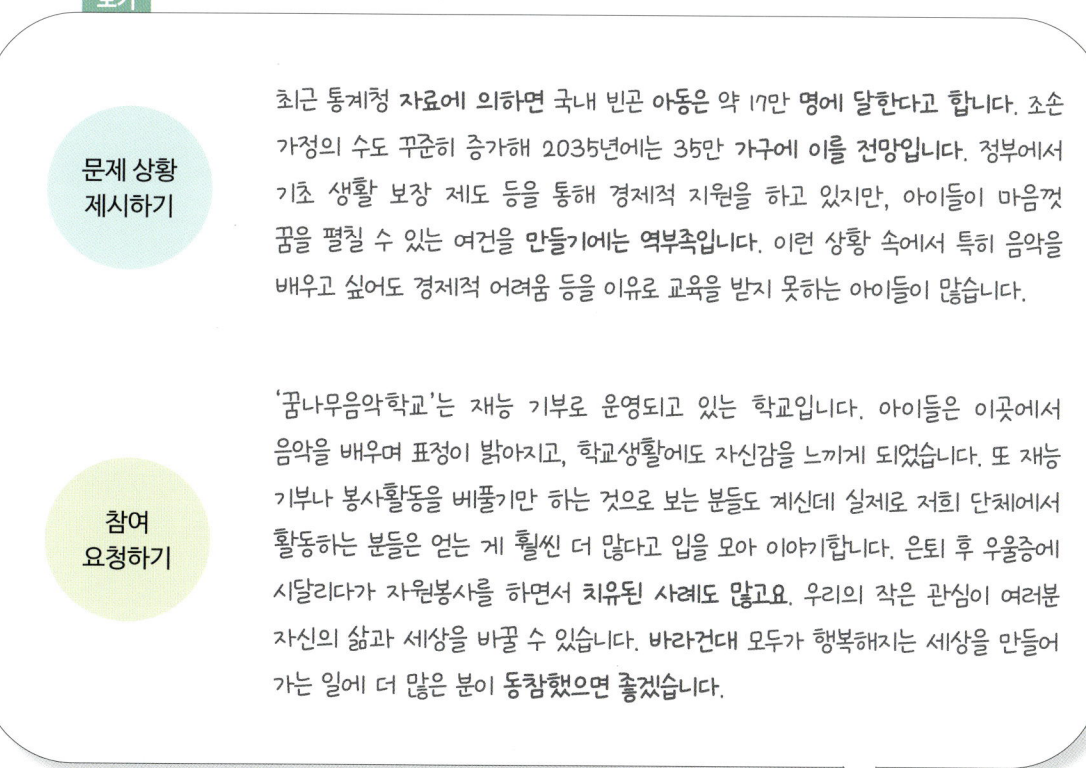

참여하는 삶

1. 위의 단체들은 무슨 일을 하는 곳일까요? 로고를 보고 추측해 보세요.

2. 위의 단체 중 후원하거나 가입하고 싶은 단체가 있습니까? 그 이유를 이야기해 보세요.

1 다음은 사회 문제 참여와 관련된 표현입니다. 빈칸에 알맞은 표현을 모두 찾아 써 보세요.

동물 보호 단체에서 동물 실험 **문제의 심각성을 알리고** 동물 실험 반대 1) _____ 있다. 이들은 또한 시민들에게 모피 제품 불매 운동에 **동참을 권유했다**.

신음하는 지구를 살리기 위해서는 '나 하나쯤이야 어때'라는 생각을 버리고 나의 작은 행동 변화가 환경 보호에 **기여할** 수 있다는 2) _____ 이 필요하다.

환경 전문가 A 씨가 환경 문제에 대한 글을 3) _____. 플라스틱 사용을 가능한 한 자제해 달라고 **촉구하는** 내용이었다.

음주 운전으로 인한 사고 피해가 늘면서 음주 운전자에 대한 처벌을 강화해 달라고 정부에 4) _____ 사람들이 증가하고 있다.

A 지역 주민들이 환경 훼손을 막기 위해 **발 벗고 나섰다**. 이들은 인근 지역 주민들과 **연대하여** 정부의 지역 개발 정책에 반대하는 5) _____.

최근 이웃 사랑을 **몸소 실천하는** 사람들이 줄고 있다. 나눔, 자원봉사 등을 6) _____ 필요가 있다.

인식의 전환	건의하다	기여하다/이바지하다	연대하다
청원하다	촉구하다	농성에 돌입하다	동참을 권유하다
몸소 실천하다	문제의 심각성을 알리다	발 벗고 나서다	시위를 진행하다
서명 운동을 벌이다/실시하다	신문에 투고하다	적극적으로 홍보하다	

읽기

읽어 보세요 1

준비

1. 여러분은 사회 문제에 대해 의견을 내거나 사회 발전에 이바지하는 활동에 참여한 적이 있습니까?

읽기 다음은 한 시민 단체의 활동 보고서입니다. 글을 읽고 질문에 답해 보세요.

지구사랑연합회 20△△년 활동 보고서

작년 한 해도 지구사랑연합회는 회원님들의 적극적인 참여와 지원 덕분에 크고 작은 변화들을 이루어 낼 수 있었습니다. 지난 한 해 회원님들과 함께 만들어 나간 변화의 발자취를 정리해 봅니다.

◆ '플라스틱 없이 일주일 살기' 캠페인

플라스틱 쓰레기에 상처를 입거나 플라스틱을 삼켜 생명을 위협받는 일은 해양 동물만의 이야기가 아닙니다. 우리가 섭취하는 소금, 식수 등에서도 미세 플라스틱이 발견되고 있습니다. 지난 3월, 지구사랑연합회는 플라스틱 문제의 심각성을 알리고 플라스틱 쓰레기를 줄이기 위한 '플라스틱 없이 일주일 살기' 캠페인을 진행하였습니다. 캠페인을 진행하기에 앞서 먼저 다큐멘터리 〈알바트로스〉 상영회를 진행하였습니다. 어미 새가 먹이로 잘못 알고 물어다 준 플라스틱 쓰레기로 인해 죽어가는 새들의 삶을 담은 〈알바트로스〉는 회원님들의 마음을 움직였습니다. '플라스틱 없이 일주일 살기'를 몸소 실천해 본 회원님들은 '처음에는 어려웠지만 차츰 플라스틱 줄이기를 습관화할 수 있었으며 자연스레 주변의 지인에게도 캠페인에 동참할 것을 권유하게 되었다'는 후기를 남겨 주셨습니다.

◆ '화력 발전소 건설 백지화' 릴레이 시위

기후 위기에 대응하기 위한 수단으로 화석 연료의 감축을 주장하는 목소리가 높아지는 가운데 S시가 석탄 화력 발전소 건설을 추진하여 논란이 되었습니다. 이에 지난 9월 지구사랑연합회는 한국시민환경연합 등 37개 단체와 연대하여 화력 발전소 건설 중단을 촉구하는 릴레이 시위를 진행하였습니다. S 시청 앞에서 진행된 시위에는 전국 방방곡곡에서 모인 600여 명의 회원이 동참하였으며 기자 회견도 진행하였습니다. 공사 중단을 요구하며 농성에 돌입한 주민들과 지구사랑연합회의 연대로 S시 화력 발전소 건설 백지화라는 쾌거를 이루어 냈습니다.

◆ '일회용품 보증금 인상 건의' 온라인 서명 운동

음식 배달과 포장의 급증으로 일회용품 사용량이 기하급수적으로 늘고 있는 가운데 일회용품 사용 규제는 여전히 제자리걸음입니다. 폐기물에 신음하는 지구를 살리기 위해서는 현재 규제 대상인 매장 내부의 일회용 플라스틱 컵뿐만 아니라 종이컵, 포장 용기 등 일회용품의 사용에 대한 전반적인 규제가 시급합니다. 이에 지구사랑연합회에서는 지난 9월 일회용품 보증금 인상을 위한 온라인 서명 운동을 시작했습니다. 참여가 저조하여 **우려하던 차에** 회원 여러분들께서 신문 독자 투고, SNS 등을 통해 적극적으로 홍보해 주신 결과, 12월 말까지 총 2만 5,324명의 참여를 끌어낼 수 있었습니다.

목적 파악하기

1 이 글을 쓴 목적은 무엇입니까?

세부 내용 파악하기

2 각 활동의 목적과 결과를 정리해 보세요.

	목적	결과
캠페인	1)	플라스틱 줄이기를 습관화 함. 주변 지인에게도 동참을 권유함.
릴레이 시위	화력 발전소 건설 중단을 촉구하기 위해	2)
온라인 서명 운동	3)	4)

3 이 글의 내용과 일치하는 것을 고르세요.

① 단체의 활동을 회원들이 직접 홍보하기도 한다.
② 일회용품 사용 규제 법안은 순조롭게 추진되고 있다.
③ 회원들은 발전소 건설 중단을 위해 계속 농성하고 있다.
④ 캠페인 종료 후, 환경 관련 다큐멘터리를 상영할 예정이다.

문법과 표현

동형 **-던 차에/차이다** ☞ 5쪽
참여가 저조하여 우려하던 차에 회원들이 적극적으로 홍보해 준 결과, 총 2만 5,324명의 참여를 끌어낼 수 있었다.

읽어 보세요 2

준비

1 다음 그래프가 나타내고 있는 문제점은 무엇입니까?

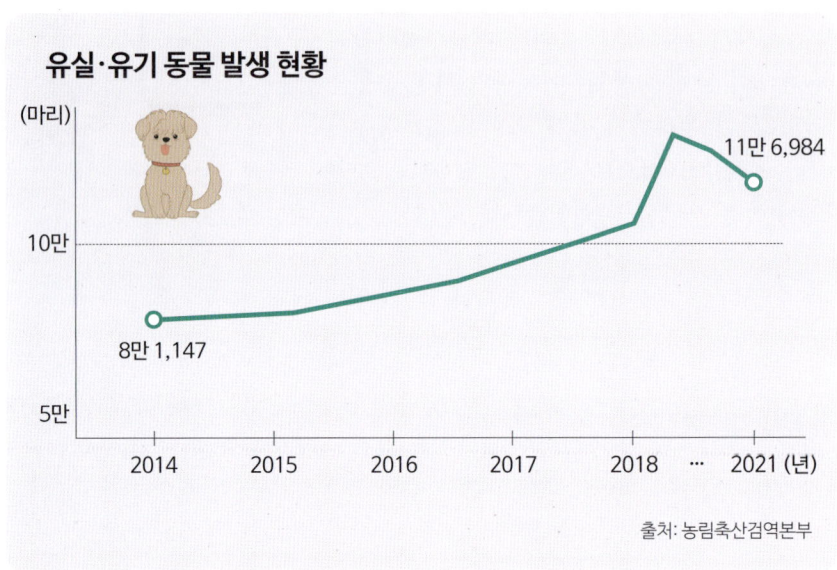

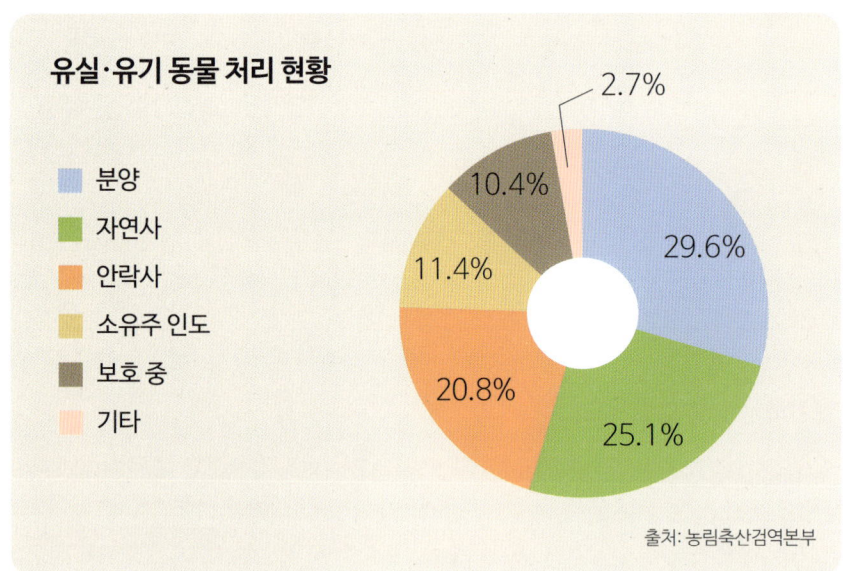

읽기 다음은 반려동물과 관련된 건의문입니다. 글을 읽고 질문에 답해 보세요.

반려동물 매매 금지를 건의합니다

김은주 의원님께

안녕하세요? 저희는 동물 보호 시민 단체 '댕댕' 회원들입니다. 시민 단체 '댕댕'은 유기되거나 학대를 당하는 동물을 구조하는 일을 하고 있습니다.

저희는 명절이나 휴가철이 되면 더욱 바빠집니다. 처음에는 가족이라면서 애지중지하다가 돌보기 어려운 상황이 되면 반려동물을 쉽게 유기해 버리는 사람들이 있기 때문입니다. 새 가족을 만나지 못하고 임시 보호소에서 쓸쓸히 죽어 가는 동물들을 보면서 관련 제도의 개선이 시급하다는 생각에 이렇게 의견을 모으게 되었습니다.

반려동물을 키우는 인구가 급증하면서 유기 동물 문제가 심각해지고 있습니다. 작년 한 해 길을 잃거나 유기되어 보호 시설에 맡겨진 반려동물이 12만 마리에 육박한다는 통계는 이런 문제를 여실히 보여 줍니다. 저희는 이러한 문제의 시작점이 허가 없이 동물을 사육하는 불법 번식장이라고 봅니다. 불법 번식장의 열악한 환경에서 태어나 사육된 동물들은 입양이 되더라도 건강이나 정서에 문제가 생겨 버려질 가능성이 크기 때문입니다. 또한 우후죽순으로 생겨나는 반려동물 판매점도 문제입니다. 진열장 속 동물들의 귀여운 모습만 보고 키울 능력이 없으면서도 충동적으로 구매하는 경우가 많기 때문입니다.

이에 저희는 '반려동물 매매 금지 법안'을 발의해 주실 것을 건의합니다. 세계 여러 나라는 이미 반려동물 매매를 법적으로 금지하고 있습니다. **독일만 해도** 상점에서 반려동물을 구매할 수 없고, 반려동물을 키우고 싶은 사람들은 동물 보호소에서 까다로운 절차를 거쳐 동물을 입양해야 합니다. 이러한 제도가 있기에 치료할 수 없는 경우를 제외하고는 유기 동물을 안락사시키는 일도 없다고 합니다.

반려동물의 매매가 법적으로 금지되면 불법 번식장이나 반려동물 판매점이 존재할 수 없습니다. 그러므로 진열장 속 동물의 귀여운 모습에 반해 쉽게 구매하고, 싫증 난다고 책임감 없이 버리는 일도 사라질 것입니다. 또한 반려동물 판매점이 없어지면 반려동물을 키우고 싶은 사람은 모두 동물 보호소를 통해 입양해야 하므로 유기 동물 문제도 해결할 수 있습니다. 입양 전 교육 프로그램 이수를 의무화하면 반려동물과 살아갈 준비가 된 사람만이 신중하게 입양을 결정할 것이고, 반려동물은 상품이 아니라 가족이라는 인식의 전환도 자연스럽게 이루어질 수 있을 것입니다.

바쁘신데도 건의문을 끝까지 읽어 주셔서 감사합니다. 반려동물 매매 금지법이 제정된다면 동물을 학대하고 유기하는 근본적인 문제가 해결되면서 진정한 반려동물과의 공생이 시작될 것입니다. 적극적으로 검토해 주실 것을 부탁드립니다.

20△△. 9. 1. 동물 보호 시민 단체 '댕댕' 회원 일동 드림

Reading 읽기 9-2

목적 파악하기

1 이 글을 쓴 목적은 무엇입니까?

세부 내용 파악하기

2 이 단체는 어떤 활동을 합니까?

3 이 건의문에서 회원들이 파악한 문제 상황, 문제의 시작점, 해결 방안을 정리해 보세요.

문제 상황	
문제의 시작점	1) 2)
해결 방안	

추론하기

4 이 건의가 받아들여졌을 때 일어날 수 있는 일이 <u>아닌</u> 것을 고르세요.

① 반려동물에 관련된 교육 프로그램이 활성화될 것이다.
② 입양을 통해 반려동물을 가족으로 인식하게 될 것이다.
③ 동물 보호소의 유기 동물이 입양될 기회가 늘어날 것이다.
④ 사람들이 반려동물 판매점에서 반려동물을 입양할 것이다.

이야기해 보세요

1 여러분 나라의 반려동물 관련 법을 알고 있습니까? 검색하여 소개해 보세요.

2 유기 동물 문제를 해결하기 위한 방안에 대해 이야기해 보세요.

문법과 표현

명 만 해도 ☞ 5쪽

세계 여러 나라는 이미 반려동물 매매를 법적으로 금지하고 있다. 독일만 해도 상점에서 반려동물을 구매할 수 없다.

쓰기

건의문을 써 보세요.

준비해 보세요

1 건의문을 쓸 때 고려해야 할 점을 모두 고르고 왜 그렇게 생각하는지 이야기해 보세요.

- ☐ 공공의 이익을 대변한다.
- ☐ 한 번에 여러 주제를 다룬다.
- ☐ 건의하는 목적을 분명히 한다.
- ☐ 문제에 대한 대안을 제시한다.
- ☐ 문제 상황이 잘 드러나게 한다.
- ☐ 무조건 길게 써서 최대한 많은 정보를 전달한다.

2 건의문의 소재가 될 수 있는 것에는 무엇이 있을까요? '학교'와 관련된 주제로 건의문의 소재가 될 수 있는 것들을 생각해 보세요.

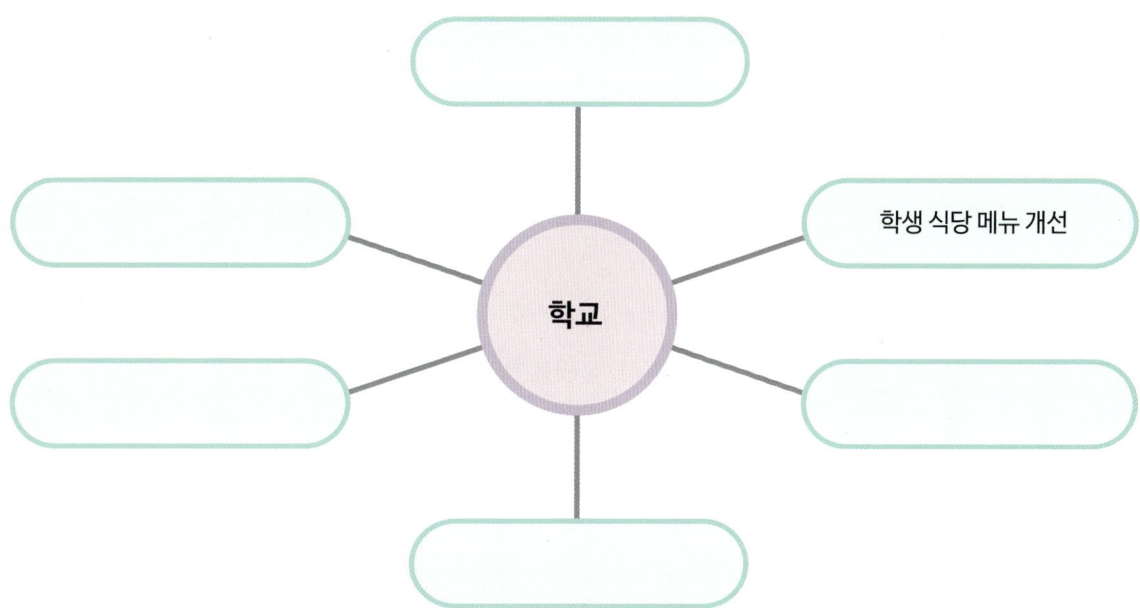

표현을 연습해 보세요

1 다음은 문제 상황을 제시할 때 사용하는 표현입니다. 다음 표현을 사용하여 연습해 보세요.

문제 상황 제시하기

> 건의하게 된 배경이나 문제 상황을 제시합니다.

- …으면서 … 문제가 심각해지고 있다
- …은 … 문제점을 여실히 보여 주다
- …은 여전히 제자리걸음이다

- 반려동물을 키우는 인구가 **급증하면서** 유기 동물 **문제가 심각해지고 있습니다.**
- 작년 한 해 길을 잃거나 유기되어 보호 시설에 맡겨진 반려동물이 12만 마리에 육박한다는 **통계는** 이러한 **문제점을 여실히 보여 줍니다.**
- 반려동물의 보호소 입소는 늘어나는 데 반해 유기 동물 **입양은 여전히 제자리걸음입니다.**

해양 쓰레기 문제

1)
- 일회용품 사용이 증가함.
- 바다에 버려진 플라스틱에 상처를 입거나 플라스틱을 삼켜 피해를 입는 해양 동물 문제가 심각해지고 있음.

2)
- 매년 100만 마리 이상의 해양 동물이 해양 쓰레기로 인해 죽어 간다는 통계

3)
- 해양 쓰레기 문제를 완전히 해결하기 위한 방안은 여전히 논의 중임.

2 다음은 건의 내용을 제시할 때 사용하는 표현입니다. 다음 표현을 사용하여 연습해 보세요.

건의 내용 제시하기

> 문제 상황을 해결하기 위한 의견이나 희망을 제시합니다.

> 해결 방안에 대한 부연 설명 또는 강조로 마무리합니다.

- …어 주실 것을 건의하다
- …을 고려해 줄 것을 요청드리다

- …다면 …을 것이다
- …이 있기에 …다고 하다

- '반려동물 매매 금지 법안'을 **발의해 주실 것을 건의합니다.** 반려동물 매매 금지법이 **제정된다면** 동물을 학대하고 유기하는 근본적인 문제가 **해결될 것입니다.**
- 반려동물 매매의 법적 **금지를 고려해 주실 것을 요청드립니다.** 독일에는 반려동물 매매 **금지법이 있기에** 유기 동물을 안락사시키는 일도 **없다고 합니다.**

해양 쓰레기 문제

1)
- 매장 내부의 일회용 플라스틱 컵 사용을 법적으로 금지
- 일회용품 사용 금지법이 제정되면 해양 쓰레기를 줄일 수 있음.

2)
- 해양 쓰레기 처리법 제정
- 해외에는 해양 쓰레기 처리법이 있어서 해양 쓰레기 감소를 위한 예산 지원이 가능함.

- 써 보세요

1 다음 중 건의하고 싶은 주제를 선택해 보세요.

학교 시설 이용   대중교통   식당이나 카페의 서비스   공동 주거 생활

2 보기와 같이 개요를 작성해 보세요.

보기	
받는 사람	김은주 의원님
인사말 및 건의 목적	• 임시 보호소에서 쓸쓸히 죽어 가는 동물들을 보며 반려동물 관련 제도의 개선이 시급하다고 생각
문제 상황	• 작년 한 해 보호 시설에 맡겨진 반려동물이 12만 마리에 육박함.
건의 내용	• '반려동물 매매 금지 법안'의 발의를 건의함.
근거	• 세계 여러 나라는 이미 반려동물 매매를 법적으로 금지하고 있음. • 반려동물 판매점이 사라지면 쉽게 동물을 구매할 수 없고 동물 보호소를 통해 입양해야 하므로 유기 동물 문제도 해결할 수 있음.
마무리	• 반려동물 매매 금지법이 제정된다면 동물을 학대하고 유기하는 근본적인 문제가 해결되면서 진정한 반려동물과의 공생이 시작될 것임.

개요 짜기	
받는 사람	
인사말 및 건의 목적	
문제 상황	
건의 내용	
근거	
마무리	

3 개요를 바탕으로 건의문을 써 보세요.

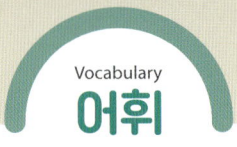

9-1. 나누는 삶

주제 어휘

기부금(寄附金)을 내다
자선 사업이나 공공사업을 돕기 위하여 대가 없이 돈을 내놓다.
졸업생들이 후배들을 위해 학교에 기부금을 냈다.
to make a donation

박애(博愛) 정신(精神)
인종·종교·습관·국적 등을 초월한 인간애.
테레사 수녀는 박애 정신을 가지고 일생을 살아간 존경스러운 인물이다.
philanthropic spirit

불우(不遇) 이웃
형편이 어려운 이웃.
이번 바자회의 판매 수익은 전액 불우 이웃을 위해 기부될 예정이다.
the less fortunate

빈곤(貧困) 아동(兒童)
가정 형편이 어려운 집안의 아이.
빈곤 아동 문제를 해결하기 위해 보건·의료 서비스 지원을 확대하기로 했다.
children in poverty

사명감(使命感)을 가지다
맡겨진 일을 잘 해내고자 하는 마음을 품다.
영지는 학생들을 잘 가르치고자 하는 사명감을 가지고 교사가 되었다.
to have a sense of duty

선(善)한 영향력(影響力)을 실천(實踐)하다
좋은 행동을 해서 주변에 좋은 영향을 미치다.
연예인 A 씨는 어린이날을 맞아 기부 릴레이에 참여하는 것으로 선한 영향력을 실천했다.
to practice positive influence

성금(誠金)을 내다
정성스러운 마음으로 대가 없이 돈을 내다.
불우 이웃을 돕기 위한 모금 행사를 하고 있길래 나도 성금을 냈다.
to donate money

십시일반(十匙一飯)
명 밥 열 숟가락이 한 그릇이 된다는 뜻으로, 여러 사람이 힘을 합치면 한 사람을 쉽게 도울 수 있음을 가리키는 말.
반 친구들이 십시일반으로 돈을 모은 덕분에 하진이의 수술비를 마련할 수 있었다.
unified effort to help a person

자원봉사(自願奉仕)
명 어떤 일을 보상 없이 자발적으로 참여하여 도움. 또는 그런 활동.
미주는 노숙자 쉼터에서 자원봉사를 하고 있다.
volunteering

재능(才能)을 기부(寄附)하다
개인의 재주와 능력을 대가 없이 내놓다.
성우 김민영 씨는 장애 아동에게 책을 읽어 주는 활동을 통해 재능을 기부하고 있다.
to donate one's talent

조손(祖孫) 가정(家庭)
18세 미만인 손자나 손녀와 65세 이상인 할아버지, 할머니로 구성된 가정.
그는 조손 가정의 아동들을 지속적으로 지원해 왔다.
grandparent family

참된 인술(仁術)을 펼치다
돈을 목적으로 하지 않고 의사로서 환자를 치료하기 위해 진심을 다하다.
어려서 병으로 목숨을 잃을 뻔했던 그녀는 참된 인술을 펼치는 의사가 되었다.
to perform medical benevolence

취약(脆弱) 계층(階層)
다른 계층에 비해 약하여 사회적으로 보호가 필요한 계층.
정부는 독거노인이나 조손 가정 등 취약 계층을 지원하는 여러 정책을 마련해 놓고 있다.
vulnerable social group

후원(後援)하다
동 뒤에서 도와주다.
A 기업은 가정 형편이 어려운 학생들을 후원하고 있다.
to sponsor

희생(犧牲)하는 삶을 살다
다른 사람을 위해 자신의 목숨, 재산, 명예, 이익 등을 바치는 인생을 살다.
이태석 신부는 의료 시설이 거의 없는 나라에서 아이들을 보살피면서 희생하는 삶을 살았다.
to live a life of sacrifice

듣기

들어 보세요 1

귀감(龜鑑)
명 본받을 만한 모범이나 본보기.
최 선생님의 높은 학문적 지식과 소양은 많은 후학에게 학자로서 귀감이 되었다.
example

금전적(金錢的)
관·명 돈과 관련된 (것).
우리 부부는 자신이 번 돈을 각자 관리해서 금전적인 문제로 다투는 일이 없다.
monetary

마다하다
동 거절하거나 싫다고 하다.
승규는 힘든 일도 마다하지 않고 열심히 했다.
to refuse

보험료(保險料)
명 보험에 가입한 사람이 보험 회사 등에 내는 일정한 돈.
형편이 어려워 지난달 보험료를 내지 못했다.
insurance premium

부(富)
명 많은 재산.
부를 추구하는 삶을 살다 보면 건강을 잃을 수도 있다.
wealth

성인(聖人)
명 지혜와 인격이 매우 뛰어나 본받을 만한 사람.
성인의 사상은 사람들에게 큰 영향을 미친다.
saint

세상(世上)을 떠나다
'죽다'를 부드럽게 표현하는 말.
내가 키우던 강아지는 얼마 전 세상을 떠났다.
to pass away

소액(少額)
명 적은 액수.
소액의 자본으로 시작했던 사업이 매우 잘되면서 큰 돈을 벌게 되었다.
small amount

영양실조(營養失調) [영양실쪼]
명 영양소의 부족으로 일어나는 신체의 이상 상태.
지민이는 제대로 먹지 못해 영양실조에 걸린 아이들을 지원하는 단체에 매달 돈을 기부하고 있다.
malnutrition

의료 보험(醫療保險)
다치거나 병이 났을 때 치료받을 수 있게 하거나 치료 비용을 덜어 주는 사회 보험.
나는 의료 보험 덕분에 돈 걱정 없이 치료를 받았다.
medical insurance

의료인(醫療人)
명 병을 치료하는 일에 종사하는 사람.
이날 회의에는 의사, 간호사, 약사 등 모든 의료인이 참석했다.
medical personnel

의술(醫術)
명 병이나 상처를 고치는 기술, 또는 의학에 관련되는 기술.
현대 의술로는 치료할 수 없는 병이 여전히 많다.
medical technique

이산가족(離散家族) 상봉(相逢)
남북 분단, 전쟁으로 흩어져서 서로 소식을 모르고 지내던 가족이 서로 만남.
방송에서 본 이산가족 상봉 장면이 아직도 잊히지 않는다.
seperated family reunion

저명인사(著名人士)
명 사회에 널리 알려진 사람.
이 프로그램은 각계의 저명인사들이 나와서 토론하는 방송이다.
famous person

천막(天幕)
명 비를 막기 위한 목적 등으로 말뚝을 박고 기둥을 세우고 천을 씌워 막처럼 지어 놓은 것.
비가 내리자 모두 천막을 치기 시작했다.
tent

취득(取得)하다
동 자기 것으로 만들어 가지다.
수미는 작년에 운전면허를 취득했다.
to obtain

특혜(特惠)
명 특별히 받은 은혜나 혜택.
정부가 특정 기업에 특혜를 주면 안 된다.
preferential treatment

피난(避難)하다
동 재난을 피해 멀리 옮겨 가다.
한국 전쟁이 발발했을 때 많은 사람이 부산으로 피난했다.
to evacuate

학위(學位)
명 어떤 부문의 학문을 전문적으로 공부하여 일정한 수준에 오른 사람에게 대학에서 주는 자격.
토머스 씨는 H 대학교에서 석사 학위를 받았다.
academic degree

흉내
명 남이 하는 말이나 행동을 그대로 따라 하는 것.
영민이는 동물 흉내를 잘 낸다.
imitation

들어 보세요 2

기초(基礎) 생활(生活) 보장(保障) 제도(制度)
의식주를 해결하는 데에 기본이 되는 생활을 약속해 주는 제도.
한국에서는 기초 생활 보장 제도를 통해 저소득층에게 금전적인 지원을 하고 있다.
National Basic Livelihood Security Act

달(達)하다
동 일정한 표준, 수량, 정도 등에 이르다.
한국의 인구는 5,000만 명에 달한다.
to reach

동참(同參)하다
동 어떤 모임이나 일에 같이 참가하다.
우리 학교는 쓰레기 줄이기 운동에 동참하고 있다.
to join

선율(旋律)
명 소리의 높낮이가 길이나 리듬과 어울려 나타나는 소리의 흐름.
그 카페에서는 부드러운 클래식의 선율이 흐르고 있었다.
melody

소속감(所屬感)
명 자신이 어느 집단에 소속되어 있다는 느낌.
나는 지금 다니고 있는 회사에 강한 소속감을 느낀다.
sense of belonging

수준급(水準級) [수준끕]
명 상당히 높은 수준에 있는 등급.
지호의 피아노 실력은 수준급이다.
top notch

의구심(疑懼心)을 품다
믿지 못하고 두려워하는 마음을 가지다.
나는 그녀가 한 말의 진정성에 의구심을 품고 있다.
to have doubts

자선(慈善)
명 남을 불쌍히 여겨 도와줌.
이 회사는 취약 계층을 위한 자선 사업을 하고 있다.
charity

주저(躊躇)하다
동 쉽게 결정하거나 행동하지 못하고 망설이다.
안나는 한국으로 유학 가는 것을 주저하고 있다.
to hesitate

말하기

굶주림 [굼주림]
명 먹을 것이 없어서 조금밖에 못 먹거나 굶는 것.
빈곤에서 벗어나지 못해 굶주림에 시달리는 사람들을 위해 정부가 대책을 마련하고 있다.
hunger

당위성(當爲性)
명 당연히 그렇게 하거나 되어야 할 특성.
젊은 세대는 남북통일의 당위성에 의구심을 품는 경향이 있다.
imperativeness

보금자리
명 지내기에 매우 포근하고 아늑한 곳을 비유적으로 가리키는 말.
정부는 소년 소녀 가정을 위해 새로운 보금자리를 마련해 주었다.
haven

실정(實情) [실쩡]
명 실제의 사정.
집값이 너무 많이 올라 2030 세대는 집을 사는 것을 포기하고 있는 실정이다.
actual state

9-2. 참여하는 삶

주제 어휘

건의(建議)하다
동 개인이나 단체가 바라는 점을 내놓다.
시민 단체는 장애인을 위한 편의 시설을 늘려 달라고 정부에 건의했다.
to make a proposition

기여(寄與)하다
동 도움이 되도록 힘쓰다.
두 국가 간의 무역은 서로의 경제 발전에 크게 기여했다.
to contribute

농성(籠城)에 돌입(突入)하다
어떤 목적을 이루기 위해 한곳에 자리를 잡고 시위하는 일을 시작하다.
택배 노동조합은 시청 앞에서 농성에 돌입하겠다고 발표했다.
to start a sit-in

동참(同參)을 권유(勸誘)하다
어떤 일이나 모임에 같이 참여하기를 권하다.
그는 모두가 행복한 세상을 만들기 위해 음식 나눔 행사를 진행하고 있다며 시민들에게 동참을 권유했다.
to encourage to join

몸소 실천(實踐)하다
생각하거나 계획했던 것을 직접 행동으로 옮기다.
나는 나눔의 기쁨을 몸소 실천하기 위해 주말마다 봉사 활동을 한다.
to practice personally

문제(問題)의 심각성(深刻性)을 알리다
문제가 심각하며 빠른 해결이 필요하다는 것을 알게 하다.
동물 보호 협회에서는 동물 실험 문제의 심각성을 알리기 위해 노력하고 있다.
to raise awareness of the seriousness

발 벗고 나서다
어떤 일을 적극적으로 시작하다.
B 단체는 돌아갈 곳 없는 청소년을 보호하기 위해 발 벗고 나섰다.
to take an active part in

서명 운동(署名運動)을 벌이다
사회 문제나 정책에 찬성하거나 반대할 때, 그 의견에 동의하는 사람들의 이름을 모으는 활동을 시작하거나 펼치다.
A 지역 주민들은 지역 내 쓰레기 처리장 건립을 반대하는 서명 운동을 벌이고 있다.
to organize a petition

서명 운동(署名運動)을 실시(實施)하다 [실씨하다]
사회 문제와 정책에 찬성하거나 반대할 때, 그 의견에 동의하는 사람들의 이름을 모으는 활동을 실제로 시행하다.
최근 온라인으로 서명 운동을 실시하는 경우가 많아졌다.
to conduct a petition drive

시위(示威)를 진행(進行)하다
자신의 의사를 표시하기 위해 집회나 행진을 해 나가다.
교사들은 업무 환경 개선을 촉구하며 시위를 진행하였다.
to hold a demonstration

신문(新聞)에 투고(投稿)하다
자신의 주장 등이 담긴 원고를 실어 달라는 목적으로 신문사에 보내다.
학교 폭력 예방에 대한 글을 써서 신문에 투고했는데 채택되었다.
to submit to a newspaper

연대(連帶)하다
동 함께 어떤 일을 하거나 책임을 지다.
노동자들은 연대하여 근무 환경 개선을 요구했다.
to be in solidarity

이바지하다
동 어떤 일이나 대상이 잘되도록 도움을 주다.
많은 봉사 단체가 어려운 사람들을 도우며 사회에 이바지하고 있다.
to contribute to

인식(認識)의 전환(轉換)
생각을 다른 방향으로 바꿈.
차별을 없애기 위해서는 사람들의 인식의 전환이 필요하다.
change of perception

적극적(積極的)으로 홍보(弘報)하다
자발적이고 열정적으로 널리 알리다.
방송국은 시청자들에게 새로 시작하는 드라마를 적극적으로 홍보했다.
to actively promote

청원(請願)하다
동 (주로 기관을 상대로) 어떤 일이 이루어지도록 요청하고 원하다.
어머니는 아들의 퇴학 조치를 취소해 달라고 학교에 청원했다.
to petition

촉구(促求)하다
동 어떤 일을 급하게 빨리하도록 요구하다.
환경 오염이 심각해지자 시민 단체는 정부에 대책 마련을 촉구했다.
to urge

읽기

읽어 보세요 1

기하급수적(幾何級數的)
관 명 증가하는 수나 양이 아주 많은 (것).
전 세계 인구가 기하급수적으로 늘어나고 있다.
exponentially

미세(微細) 플라스틱
크기가 5mm 이하인 작은 플라스틱.
버려진 플라스틱은 미세 플라스틱이 되어 음식을 통해 인체에 들어오므로 플라스틱 사용량을 줄여야 한다.
microplastic

백지화(白紙化)
명 어떤 일을 하기 이전의 상태가 됨. 또는 그런 상태로 돌림.
국민들이 반대하자 정부는 계획의 백지화를 검토했다.
cancellation

법안(法案)
명 법으로 제정하고자 하는 사항을 항목별로 정리하여 국회에 제출하는 문서나 안건.
국회의원 서른 명이 모여 성평등을 위한 법안을 제출하였다.
bill

순조롭다(順調롭다)
형 일 등이 아무 문제 없이 예정대로 잘되어 가는 상태에 있다.
우리 회사의 사업은 순조롭게 진행되고 있다.
to be smooth

식수(食水)
명 먹기 위한 물.
이 물은 식수가 아니므로 마시지 마십시오.
drinking water

신음(呻吟)하다
동 고통이나 괴로움으로 고생하다.
세상에는 수없이 많은 사람이 가난에 신음하고 있다.
to groan

자연스레(自然스레)
부 힘들이거나 애쓰지 않고 저절로.
텔레비전 시청 시간을 줄이면 가족 간의 소통이 자연스레 늘어난다는 연구 결과가 있다.
naturally

총(總)
관 모두 합하여 몇임을 나타내는 말.
이번 회의에 참석한 인원은 총 80명입니다.
total

쾌거(快擧)를 이루다
가슴이 후련할 정도로 기쁘고 자랑스러운 일을 이루다.
김세운 선수는 올림픽에서 세 번이나 금메달을 따는 쾌거를 이루었다.
to accomplish a feat

화력 발전소(火力發電所) [발쩐소]
석탄, 석유, 천연가스 등의 화석 연료를 태운 화력을 이용하여 에너지를 발생시키는 시설을 갖춘 곳.
화력 발전소는 대기 오염을 일으키므로 많은 나라에서 그 수를 감축하려 노력 중이다.
thermal power station

화석 연료(化石燃料)
땅속에 묻혀 있고, 오늘날 연료로 이용할 수 있는 물질.
석탄은 대표적인 화석 연료이다.
fossil fuel

읽어 보세요 2

건의문(建議文)
명 개인이나 단체가 내놓은, 의견이나 희망을 적은 글.
학생들이 급식 메뉴를 개선해 달라는 건의문을 학교에 제출했다.
proposal

매매(賣買)
명 물건을 팔고 사는 일.
경제가 안 좋아지자 중고 물품의 매매가 활성화되고 있다.
buying and selling

발의(發議)하다
동 회의 등에서 논의할 안건을 내놓다.
국회의원들이 새로운 선거법을 발의했다.
to propose

시민(市民) 단체(團體)
사회적인 문제를 해결하기 위해 시민들이 스스로 만든 단체.
시민 단체는 사회 개혁, 사회 복지, 환경 등과 관련된 일을 한다.
civic group

쓸쓸히
부 외롭고 조용하게.
아무도 없는 집을 나 혼자 쓸쓸히 지키고 있었다.
lonesomely

안락사(安樂死)
명 매우 심한 고통을 받고 있는 환자에 대해, 본인 또는 가족의 요구에 따라 고통이 적은 방법으로 생명을 단축하는 행위.
안락사는 인간의 생명이 걸린 문제이므로 찬반 논란이 끊이지 않고 있다.
euthanasia

애지중지(愛之重之)하다
동 매우 사랑하고 소중히 여기다.
지훈이는 부모님이 애지중지하며 길러서 긍정적인 성격으로 자랄 수 있었다.
to pamper

여실(如實)히
부 사실과 꼭 같이.
그 다큐멘터리는 한국 사회의 문제점을 여실히 보여 주고 있다.
realistically

우후죽순(雨後竹筍)
명 어떤 일이 한때에 많이 생겨남을 비유적으로 가리키는 말.
몇몇 작은 IT 기업이 대기업 규모로 성장하면서 IT 기업들이 우후죽순으로 생겨나고 있다.
springing up

유기(遺棄)하다
동 내다 버리다.
그는 저명인사로서 사회적 책임을 유기하지 않겠다고 밝혔다.
to abandon

의무화(義務化)하다
동 반드시 해야 하는 것으로 만들다.
코로나19가 확산되면서 마스크 착용을 의무화했던 시기가 있었다.
to make it mandatory

이수(履修)
명 어떤 과정을 순서대로 공부하여 마침.
한국에서 운전면허를 취득하기 위해서는 안전 교육 이수가 필수이다.
completion

진열장(陳列欌) [지녈짱]
명 여러 사람에게 보이기 위해 물건을 늘어놓아 두는 장.
진열장에는 보통 유리를 끼워 안을 볼 수 있게 한다.
display case

학대(虐待)
명 몹시 괴롭힘.
동물 학대는 범죄 행위이다.
abuse

10

변화와 도전

- **10-1** 변화와 갈등
- **10-2** 꿈과 도전

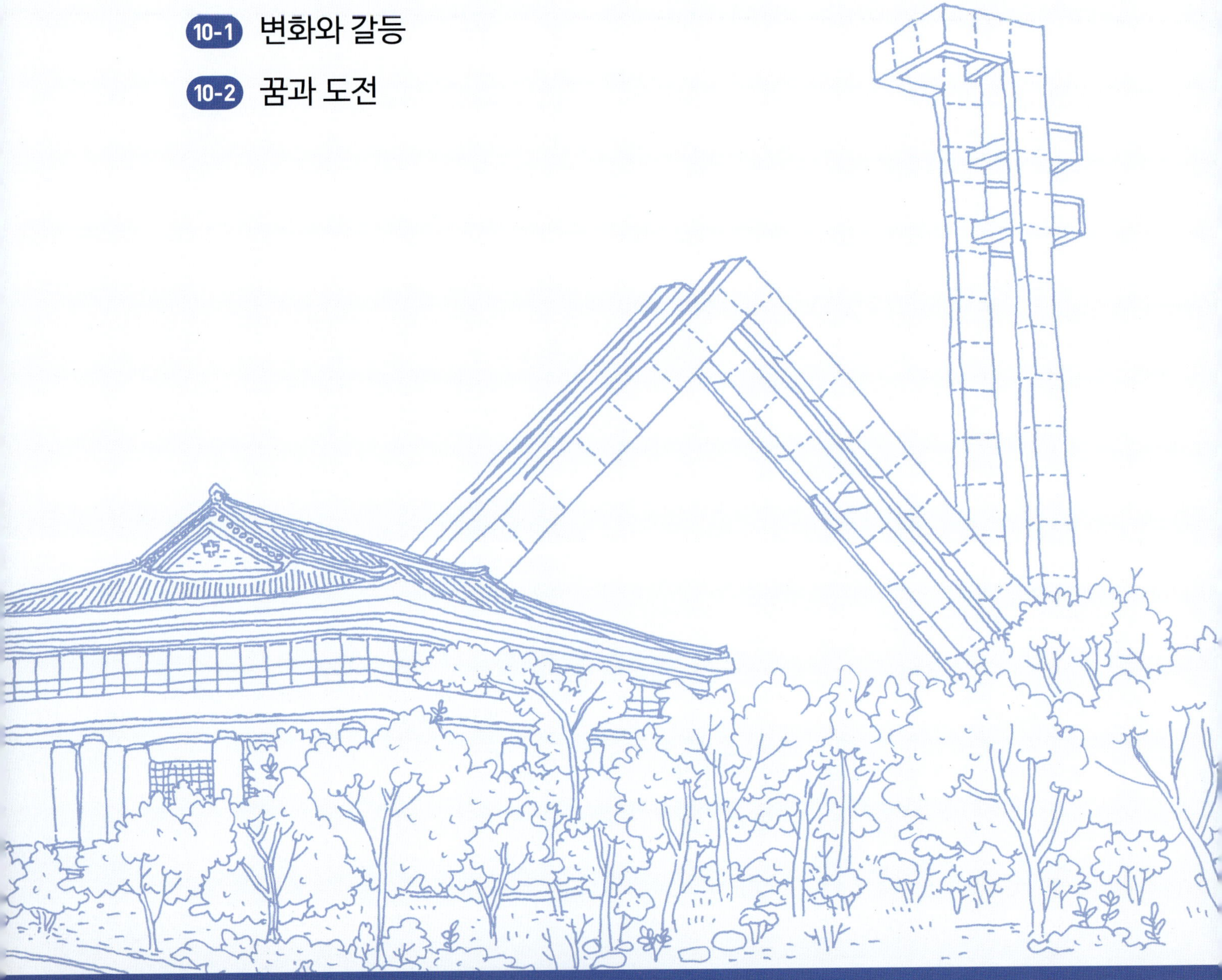

10-1	변화와 갈등	10-2	꿈과 도전
듣기 1	세대 갈등에 대한 대담을 듣고 내용 파악하기	읽기	전기 〈강영우, 희망의 빛을 보다〉를 읽고 교훈 파악하기
듣기 2	청년 문제에 대한 대담을 듣고 내용 파악하기	쓰기	자서전이나 전기 쓰기
말하기	불만과 희망 이야기하기		

Intro 들어가기 10-1 변화와 갈등

1. 위 그림 속의 사람들은 어떤 갈등을 겪고 있습니까?

2. 여러분은 가족이나 직장 상사 등 주변 사람과 갈등을 겪어 본 적이 있습니까? 여러분의 경험을 이야기해 보세요.

Topic Vocab 10-1 주제 어휘

1. 다음은 세대 갈등과 관련된 표현입니다. 빈칸에 알맞은 표현을 찾아 써 보세요.

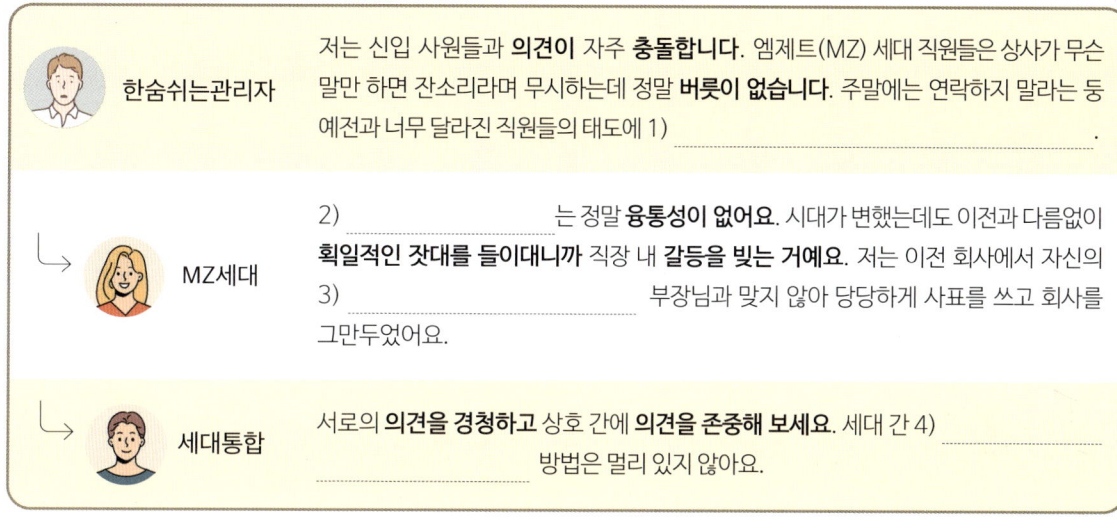

한숨쉬는관리자	저는 신입 사원들과 **의견이** 자주 **충돌합니다.** 엠제트(MZ) 세대 직원들은 상사가 무슨 말만 하면 잔소리라며 무시하는데 정말 **버릇이 없습니다.** 주말에는 연락하지 말라는 등 예전과 너무 달라진 직원들의 태도에 1) _____ .
MZ세대	2) _____ 는 정말 **융통성이 없어요.** 시대가 변했는데도 이전과 다름없이 **획일적인 잣대를 들이대니까** 직장 내 **갈등을 빚는 거예요.** 저는 이전 회사에서 자신의 3) _____ 부장님과 맞지 않아 당당하게 사표를 쓰고 회사를 그만두었어요.
세대통합	서로의 **의견을 경청하고** 상호 간에 **의견을 존중해 보세요.** 세대 간 4) _____ 방법은 멀리 있지 않아요.

기성세대	가치관을 강요하다/고집하다	갈등을 빚다/해소하다	격세지감을 느끼다
버릇이/예의가 없다	의견을 존중하다	융통성이 없다	의견을 경청하다
의견이 충돌하다	획일적인 잣대를 들이대다		

2. 다음은 청년 세대와 관련된 표현입니다. 관계있는 표현을 모두 찾아 써 보세요.

일자리 / 주거 / 생활 / 교육

1) 청년 세대의 특징

　도전 정신,

2) 청년 세대가 겪고 있는 현재 상황/문제

　취업난,

3) 이를 극복하기 위한 청년 세대의 노력

　스펙을 쌓다,

취업난	과열 경쟁	도전 정신	자기 계발
스펙을 쌓다	실업률이 높다	열정을 쏟다	패기가 넘치다

듣기 10-1

들어 보세요 1

준비

1 이런 사람들을 주변에서 본 적이 있습니까?

2 다음 테스트를 진행하고 테스트 결과에 대한 여러분의 생각을 이야기해 보세요.

- ☐ 사람을 처음 만나면 나이부터 확인한다.
- ☐ 후배의 사생활에 대해서도 조언해 주고 싶다.
- ☐ "내가 네 나이 때…."라는 이야기를 자주 한다.
- ☐ 후배가 나에게 먼저 인사하지 않으면 불쾌하다.
- ☐ 요즘 후배들은 노력이 부족하고 불만이 많다고 생각한다.
- ☐ 나보다 더 열심히 공부하거나 일하는 사람은 없는 것 같다.
- ☐ 나이 많은 사람의 조언은 대부분 옳으니 따르는 게 좋다고 생각한다.
- ☐ 후배에게 공부하는 방법이나 일하는 방법을 제대로 가르쳐 주고 싶다.

7개 이상: 당신은 꼰대입니다.
4개 이상 6개 이하: 당신은 꼰대가 될 가능성이 있습니다.
3개 이하: 당신은 꼰대가 아닙니다.

| 듣기 | 다음은 세대 갈등을 주제로 한 대담입니다. 잘 듣고 질문에 답해 보세요.

중심 내용 파악하기

1 무엇에 대해 이야기하고 있습니까?

세부 내용 파악하기

2 기성세대는 '꼰대'라는 말이 유행어가 된 것에 대해 어떻게 생각합니까?

3 들은 내용과 일치하면 O, 일치하지 않으면 X 하세요.

1) 2010년에 '꼰대'라는 단어가 처음 생겼다. (   )
2) '꼰대'라는 단어는 해외에서도 소개된 적이 있다. (   )
3) '꼰대'라는 말에는 기성세대에 대한 긍정적인 인식이 담겨 있다. (   )

4 청년 세대가 생각하는 꼰대의 특징으로 맞는 것을 고르세요.

① 젊은 사람들의 의견을 경청한다.
② 어른들의 경험과 지혜를 존중하지 않는다.
③ 자신의 가치관을 아랫사람들에게 강요한다.
④ 젊은 사람들이 원하는 삶의 방식에 대해 이야기한다.

추측하기

5 사회자의 마지막 질문에 뭐라고 대답할 수 있을까요?

문법과 표현

동 -자니 ☞ 6쪽
우리 세대는 사회 발전을 위해 열심히 달려왔는데, '꼰대'라는 소리를 듣고 있자니 사실 좀 억울하기는 하다.

들어 보세요 2

준비

1. 다음 그래프에서 알 수 있는 문제는 무엇입니까?

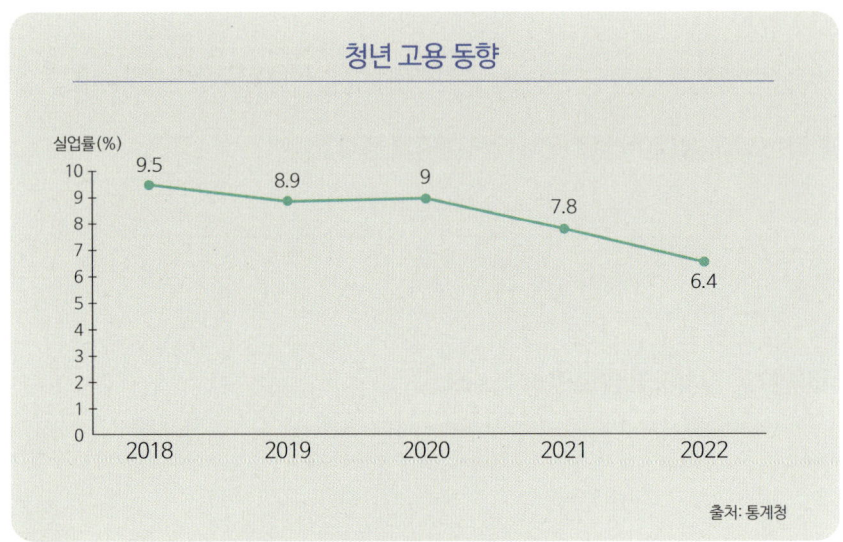

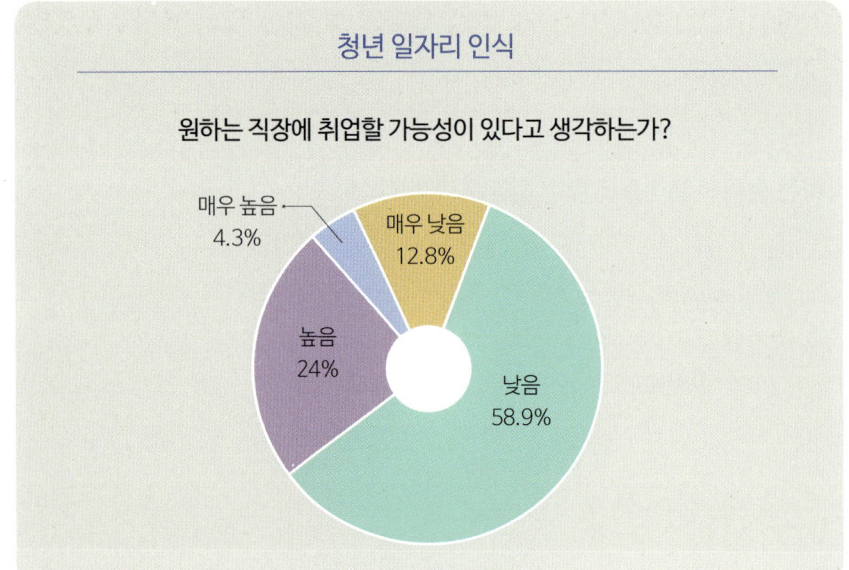

듣기 다음은 청년 문제를 주제로 한 대담입니다. 잘 듣고 질문에 답해 보세요.

중심 내용 파악하기

1 무엇에 대해 이야기하고 있습니까?

세부 내용 파악하기

2 대담의 내용을 정리해 보세요.

사회자의 질문 1	실업률이 높아지는 한편 중소기업은 구인난을 겪고 있는 이유가 청년들의 기업 선택 기준이 너무 높기 때문이라는 분석에 대해 어떻게 생각하는가?
청년 1 (여성 패널)	1)
사회자의 질문 2	청년 세대가 개인의 삶을 우선시하며 회사 일에는 상대적으로 열정을 덜 쏟는다는 비난에 대해 어떻게 생각하는가?
청년 2 (남성 패널)	2)

전략 익히기

3 이 대담에서 패널들이 사용한 전략에 해당하는 것을 모두 고르세요.

여성 패널: 자신의 노동력이 낮게 평가받는 곳에서 누가 일하고 싶겠습니까?

남성 패널: 열정을 쏟는 대상이 굳이 회사일 필요가 있을까요?

☐ 질문의 형식을 사용해 설명을 요구한다.
☐ 질문의 형식을 사용해 주의를 환기한다.
☐ 질문의 형식을 사용해 자신의 입장을 강조한다.
☐ 질문의 형식을 사용해 청자의 공감을 이끌어 낸다.

이야기해 보세요

1 여러분 나라의 청년들이 겪고 있는 문제는 무엇인지 이야기해 보세요.

문법과 표현

동-으랴 동-으랴 ☞ 6쪽
많은 청년이 직장 생활 하랴 아르바이트하랴 바쁘게 살고 있다.

10-1. 변화와 갈등 **49**

말하기 Speaking 10-1

🎙 불만과 희망을 이야기해 보세요.

― 준비해 보세요

1 한국에 살면서 불만스러운 상황을 경험한 적이 있습니까? 어떤 상황이었는지 이야기해 보세요.

> 변경된 버스 노선에 대한 정보를 어디에서 찾아야 하는지 안내문이 없어 답답할 따름입니다. 또한 공과금 청구서도 한국어로만 적혀 있어서 불편하기 짝이 없습니다.

2 그 상황이 어떻게 바뀌었으면 좋겠다고 생각합니까?

> 외국인을 위한 생활 지원이 좀 더 확대되었으면 합니다. 외국인 전용 교통 정보 앱이나 여러 나라 언어로 된 공과금 청구서가 마련되었으면 좋겠습니다.

- 표현을 연습해 보세요

1 다음은 불만을 표현할 때 사용하는 표현입니다. 다음 표현을 사용하여 연습해 보세요.

불만 표현하기
> 만족스럽지 못한 점에 대해 토로합니다.

- …자니 좀 억울합니다[속상합니다/서운합니다/섭섭합니다/아쉽습니다]
- 왜 …는지 안타까울[답답할] 따름입니다
- 누가 …고 싶겠습니까?

- 제가 요즘 젊은 세대에게 조언하면 '꼰대'라고 몰아세우기 일쑤입니다. 저희 세대는 사회 발전을 위해 열심히 달려왔는데 '꼰대'라는 소리를 듣고 **있자니 좀 억울합니다**.
- 우리의 살아온 경험을 나누어 젊은 세대들이 더 나은 삶을 살기를 바라는 마음을 **왜 몰라주는지 답답할 따름입니다**.
- 자신의 노동력이 낮게 평가받는 곳에서 **누가 일하고 싶겠습니까**?

1) • 열심히 했는데도 성적이 잘 나오지 않았음. 성적이 떨어졌다고 부모님께 잔소리를 듣고 있으니까 속상함.

2) • 장애인이 공공시설을 이용할 때 도움을 줄 수 있는 서비스가 제대로 이루어지지 않아서 안타까움.

3) • 문화 시설이 부족한 지역에 살고 싶지 않음.

2 다음은 희망을 표현할 때 사용하는 표현입니다. 다음 표현을 사용하여 연습해 보세요.

희망 표현하기
> 바라는 상황을 표현합니다.

- …었으면 합니다
- …는 것이 …의 바람[희망 사항]입니다
- …다면 얼마나 좋을까요?

- 나와 다른 생각을 한다고 무조건 틀렸다고 보지 말고 위 세대의 경험과 지혜를 존중해 **줬으면 합니다**.
- 각자의 가치관이 있는 그대로 존중받는 분위기를 **만드는 것이** 우리의 가장 큰 **바람입니다**.
- 중소기업도 업무 환경이 **개선된다면 얼마나 좋을까요**?

1) • 열심히 노력한 과정도 부모님께서 알아주셨으면 좋겠음.

2) • 장애인을 위한 편의 시설이 확대되고 서비스가 개선되는 것이 우리의 바람임.

3) • 수도권 이외의 지역에도 문화 시설이 많이 생기면 좋겠음.

3 다음 상황에 대해 이야기해 보세요.

불만: 상사가 퇴근 후나 주말에도 업무 관련 연락을 함. 퇴근 후에도 마음 편히 쉴 수 없고 언제 연락이 올지 몰라서 항상 불안함.

희망: 퇴근 후에는 긴급한 상황일 때만 연락하고 개인 생활을 존중해 주면 좋겠음.

이야기해 보세요

1 다음 중 의견을 표현하고 싶은 주제를 선택해 보세요.

청년 문제   세대 갈등   학교생활   직장 생활

2 보기와 같이 이야기할 내용을 메모해 보세요.

보기		
	불만 표현하기	• 기성세대 입장: 사회 발전을 위해 열심히 달려왔는데 '꼰대'라는 소리를 듣고 있자니 억울함.
	희망 표현하기	• 의견이 다르다고 꼰대라고 부르지 말고 위 세대의 경험과 지혜를 존중해 주기를 바람. • 각자의 가치관이 있는 그대로 존중받는 분위기를 만들어 세대 갈등이 해결되기를 바람.

메모하기		
	불만 표현하기	
	희망 표현하기	

3 메모한 내용을 바탕으로 불만과 희망 사항을 이야기해 보세요.

보기

불만 표현하기

젊은 세대가 우리를 '꼰대'라고 많이 부르는데요, 저희 세대는 사회 발전을 위해 열심히 달려왔는데 꼰대라는 소리를 듣고 있자니 사실 좀 억울합니다. 우리가 젊은 세대에게 조언하면 낡은 가치관을 고집한다고 비난받습니다. 우리의 살아온 경험을 나누어 젊은 세대들이 더 나은 삶은 살기를 바라는 마음을 왜 몰라주는지 답답할 따름입니다.

희망 표현하기

나와 다른 생각을 한다고 무조건 꼰대라고 부르면서 틀렸다고 보지 말고, 위 세대의 경험과 지혜를 존중해 줬으면 합니다. 각자의 가치관이 있는 그대로 존중받는 분위기를 만들어 세대 갈등이 해결되는 것이 우리의 가장 큰 바람입니다.

꿈과 도전

단 한 번도 이룰 수 없는 꿈을 꾸어 보지 않은 청춘,
단 한 번도 현실 밖의 일을 상상조차 하지 않는 청춘,
그 청춘은 청춘도 아니다.

허무맹랑하고 황당무계해 보이는 꿈이라도
가슴 가득 품고 설레어 보아야
청춘이라 할 수 있지 않겠는가?
이것이야말로 젊음의 특권이 아니겠는가?

한비야, 《그건, 사랑이었네》, 푸른숲, 2009

1 이 글이 전하고자 하는 메시지는 무엇입니까?

2 여러분의 꿈은 무엇입니까? 그 꿈을 위해 도전해 보고 싶은 일에 대해 이야기해 보세요.

1 다음은 성공과 실패에 관련된 표현입니다. 아래 표현을 다음 그룹에 따라 나눠 보세요.

역경, 시련	노력, 과정	성공, 결과
• 난관에 부딪히다	• 삶을 개척하다	• 목표를 달성하다

설상가상	칠전팔기	불굴의 의지	자수성가하다
각고의 노력을 기울이다	난관에 부딪히다	능력을 인정받다	목표를 달성하다
방황을 끝내다	불운이 몰려오다	뼈를 깎는 고통을 감수하다	삶을 개척하다
생계가 막막하다	시련이 찾아오다	역경을 이겨 내다	혼신의 힘을 다하다

읽기

읽어 보세요

준비

1 이 책의 저자는 어떤 인생을 살았을지 추측해 보세요.

1944년	경기도 양평에서 출생
1958년	축구공에 맞아 실명
1976년	미국 피츠버그대학교 교육학 박사 학위 취득
1979년	미국 노스이스턴 일리노이대학교 특수 교육학 겸임 교수
2001년	백악관 국가장애위원회 정책 차관보
2012년	췌장암으로 별세

" 두 눈을 잃고,
저는 한평생을 살면서
너무나 많은 것을
얻었습니다. "

강영우 박사의 마지막 편지 중에서

읽기 다음은 강영우 박사의 전기입니다. 글을 읽고 질문에 답해 보세요.

강영우, 희망의 빛을 보다

가 시작보다 끝이 더 아름다운 삶을 살다 간 사람이 있다. 영화 〈빛은 내 가슴에〉의 실제 모델인 강영우 박사가 바로 그 주인공이다. 그는 1944년 경기도 양평에서 사 남매 중 둘째로 태어났다. 그의 가족은 한국 전쟁 때 고향을 떠나 서울에 정착했는데 얼마 지나지 않아 그의 아버지가 병으로 세상을 떠났다.

나 아버지를 여읜 슬픔을 겨우 극복해 갈 무렵, 그의 인생에는 더 큰 시련이 찾아왔다. 중학교 3학년이 된 영우는 여느 때처럼 친구들과 축구 시합을 하다가 날아오는 공에 맞아 정신을 잃었다. 영우는 곧 정신을 차렸지만, 그날 이후 눈앞에 생긴 이상한 점들이 계속 사라지지 않았다. 영우는 처음에는 대수롭지 않게 여겨 가족들에게 말하지 않았다. 몇 개월 후 영우의 증상에 대해 알게 된 어머니는 영우를 데리고 안과를 찾았다. 영우는 '망막 박리'라는 진단을 받고 두 번의 수술을 받았지만 모두 성공적이지 못했다.

다 어린 소년이 감당하기 어려웠던 불운은 여기서 끝나지 않았다. 병원에서 퇴원한 날, 영우는 어머니가 자신의 수술 실패에 충격을 받아 갑자기 돌아가셨다는 사실을 알게 되었다. 설상가상으로 어머니가 돌아가신 후 봉제 공장에 다니며 가족의 생계를 책임지던 누나마저 과로로 세상을 떠났다. 생계가 막막했던 남은 삼 남매는 결국 뿔뿔이 흩어질 수밖에 없었다. 부모와 누나를 잃고 실명 선고까지 받은 영우는 동생들과의 이별이라는 인생의 가장 절망적인 순간을 맞이하게 되었다.

라 영우는 한동안 절망으로 가득 찬 세상을 원망하며 지냈다. 그러나 어느 날 문득, 갖지 못한 한 가지를 불평하기보다 가진 열 가지에 감사해야 한다는 사실을 깨닫고 긴 방황을 끝냈다. 영우는 시력을 잃게 된 것은 큰 시련이지만 이것이 그의 인생의 전환점이라고 생각하며 대학에 진학하여 남을 도우며 살겠다는 커다란 목표를 세웠다. 영우의 꿈을 비웃는 친구들도 있었지만, 영우는 목표를 달성하기 위해 도전을 멈추지 않았다.

마 대학교에 입학한 후에는 또 다른 어려움이 그를 기다리고 있었다. 책을 읽을 수 없는 것은 물론이거니와 시각 장애인이라는 이유로 친구들이 같이 공부하기를 꺼렸기 때문이다. 그러나 각고의 노력을 **기울인 끝에** 영우는 1학기 때 전 과목에서 A 학점을 받아 장학생이 되었다. 그러자 처음에는 영우를 무시하던 친구들도 차츰 마음을 열고 교재를 녹음해 주는 등 도움을 주기 시작했다. 결국, 영우는 문과 대학을 차석으로 졸업했다. 졸업 후에는 주변 사람들의 우려와 **반대에도 불구하고** 시각 장애 학교에 다닐 때 알게 된 자원봉사자와 결혼식을 올렸다.

바 결혼 후 영우는 유학이라는 두 번째 꿈에 도전하게 된다. 영우는 국제로타리재단의 장학금을 받고 미국 피츠버그대학교 대학원에 합격했다. 그러나 당시 장애인은 유학 시험을 볼 수 없다는 법 때문에 또 한 번 난관에 부딪히게 되었다. 영우는 여기에서 포기하지 않고 정부에 불합리한 법을 바꿔 달라는 청원을 했다. 법을 개정해야 하는 문제라서 쉽지 않았지만 결국 영우는 학교와 사회단체의 도움을 받아 제출한 청원서 덕분에 유학길에 오를 수 있었다.

사 영우의 유학 생활에는 언제나 그의 아내가 함께했다. 그녀의 헌신적인 도움으로 영우는 교육학 박사 학위를 취득할 수 있었지만, 그 후에도 일자리를 얻기까지는 많은 어려움을 극복해야 했다. 그러나 '치밀한 계획, 과감한 실천, 냉철한 반성'이라는 그의 좌우명대로, 영우는 자신의 목표를 향해 계획을 세우고 실패를 두려워하지 않았으며, 실패했을 때도 포기하지 않고 도전을 계속했다. 그는 인디애나주의 공무원으로 시작하여 노스이스턴 일리노이대학교의 겸임 교수가 되었으며, 이후 능력을 인정받아 백악관 국가장애위원회 정책 차관보에 임명되었다. 또한 한국인 최초로 미국 루스벨트재단이 선정한 공로자가 되었다. 그는 자신이 걸어온 길에 늘 따뜻한 도움의 손길이 있었다는 걸 알았기에 박사가 된 후 국제로타리재단의 회원으로 활동하며 나눔의 삶을 실천해 왔다. 그는 췌장암으로 사망하기 전 그가 받은 '사랑의 빚'을 갚기 위해 국제로타리재단 평화센터에 평화장학금으로 25만 달러를 기부했다.

아 수많은 역경을 이겨 내고 자신의 꿈을 이룬 강영우 박사. 그의 삶의 매 순간에는 사랑하는 아내와 가족, 그에게 손을 내밀어 주었던 친구들과 선생님 등 소중한 인연들이 있었다. 만약 강영우 박사가 자신의 불운을 탓하며 세상과 멀어졌다면 이러한 만남의 기적들은 일어나지 않았을 것이다. 힘든 상황 속에서도 좌절하지 않고 삶을 개척해 나갔던 긍정의 힘이 그를 일으켜 세운 원동력이었다. 희미한 빛조차 볼 수 없는 캄캄한 세상에서도 희망만을 보았던 그의 삶은 우리에게 큰 울림을 주고 있다.

ⓒ 강영우 박사

중심 내용 파악하기

1 아래의 그림을 보고 가~아 중 해당하는 단락을 써 보세요.

1) (가) 2) (   ) 3) (   )
4) (   ) 5) (   ) 6) (   )

세부 내용 파악하기

2 영우가 방황을 끝내게 된 계기는 무엇입니까?

3 대학 입학 후 영우에게 닥친 어려움은 무엇입니까?

4 영우의 두 번째 꿈은 무엇이었습니까?

5 사에서 '사랑의 빛'이 의미하는 것은 무엇입니까?

이야기해 보세요

1 이 글을 읽고 독자가 얻을 수 있는 교훈은 무엇입니까?

문법과 표현

동 -은 끝에, 명 끝에 ☞ 7쪽
각고의 노력을 기울인 끝에 영우는 1학기 때 전 과목에서 A 학점을 받아 장학생이 되었다.

명 에도 불구하고 ☞ 7쪽
졸업 후에는 주변 사람들의 우려와 반대에도 불구하고 시각 장애 학교에 다닐 때 알게 된 자원봉사자와 결혼식을 올렸다.

10-2. 꿈과 도전 59

쓰기 (Writing) 10-2

여러분의 자서전이나 존경하는 인물의 전기를 써 보세요.

준비해 보세요

1. 자서전이나 전기를 쓰는 목적은 무엇일까요? 여러분이 자서전을 쓴다면 어떤 내용을 담고 싶은지 이야기해 보세요.

표현을 연습해 보세요

1. 다음은 출생 및 성장 과정을 기술할 때 사용하는 표현입니다. 다음 표현을 사용하여 연습해 보세요.

출생 및 성장 과정 기술하기
> 출생, 가정 환경, 학교생활, 시대적 배경을 기술합니다.

- …에서 태어나다 [출생하다]
- …에서 자라다 [성장하다/어린 시절을 보내다]
- …에서 …을 공부하다 [전공하다]

- 강영우는 1944년 경기도 **양평에서** 사 남매 중 둘째로 **태어났다**.
- 이후 온 가족이 함께 고향으로 돌아와 **그곳에서 어린 시절을 보냈다**.
- 그는 미국의 **피츠버그대학교에서 교육학을 전공했다**.

1) 헬렌 켈러
- 1880년 미국 앨라배마주에서 태어남.
- 뉴욕과 보스턴에서 자람.
- 래드클리프대학에서 영문학·역사 등을 공부함.

2) 스티브 잡스
- 1955년 미국 캘리포니아주에서 출생함.
- 태어나자마자 친부모와 헤어지고 잡스 부부에게 입양되어 캘리포니아에서 성장함.
- 리드대학에서 철학을 전공함.

2 다음은 인생의 전환점을 기술할 때 사용하는 표현입니다. 다음 표현을 사용하여 연습해 보세요.

인생의 전환점 기술하기

▶ 위기, 시련을 이야기하고 이를 극복한 과정을 설명합니다.

- …는 시련[역경]에 부딪혔지만, …은 끝에 …을 수 있었다
- …에도 불구하고 도전을 멈추지 않다

- 영우는 눈에 축구공을 맞아 실명 선고를 받고 어머니와 누나마저 잃게 **되는** 큰 **시련에 부딪혔지만**, 혼신의 힘을 **다한 끝에** 대학교를 우수한 성적으로 마치고 원하는 유학길에 **오를 수 있었다**.
- 그러나 그는 이러한 **역경에도 불구하고 도전을 멈추지 않았다**.

▶ 인생이 바뀌게 된 계기를 설명합니다.

- 인생의 전환점이 된 사건이 발생하다
- …은 …의 인생의 전환점이 되다

- 그의 나이 스물둘, **인생의 전환점이 된 사건이 발생하였다**. 바로 그의 인생을 다시 일으켜 세운 아내를 만나게 된 것이다.
- 대학 **진학은 그의 인생의 전환점이 되었다**. 이후 그는 새로운 인생의 목표를 세우고 드디어 기회를 잡게 되었다.

1) 헬렌 켈러

시련과 극복
- 생후 19개월에 뇌척수막염을 앓고 시각 장애, 청각 장애, 언어 장애를 갖게 됨.
- 노력으로 극복함. 교육자이자 사회주의 운동가가 됨.

전환점
- 일곱 살, 앤 설리번 선생님과의 만남.

2) 스티브 잡스

시련
- 연속된 실패

전환점
- 애니메이션 〈토이스토리〉의 성공, 애플사의 경영권을 다시 잡음.

3 다음은 인물의 좌우명이나 독자에게 주는 교훈을 기술할 때 사용하는 표현입니다. 다음 표현을 사용하여 연습해 보세요.

좌우명 및 교훈 기술하기

▶ 인생을 성공으로 이끈 좌우명이나 독자에게 주는 교훈으로 마무리합니다.

- …이라는 (…의) 좌우명대로 …
- …은 우리에게 큰 울림[감동/교훈]을 주고 있다

- '**치밀한 계획, 과감한 실천, 냉철한 반성**'이라는 그의 **좌우명대로** 영우는 자신의 목표를 향해 계획을 세우고 실패를 두려워하지 않았으며, 실패했을 때도 포기하지 않고 도전을 계속했다.
- 희미한 빛조차 볼 수 없는 캄캄한 세상에서도 희망만을 보았던 그의 **삶은 우리에게 큰 울림을 주고 있다**.

1) 헬렌 켈러
- 좌우명: '행복의 한쪽 문이 닫히면 다른 쪽 문이 열린다'
- 어떤 불행이 와도 항상 희망을 갖고 역경을 극복해 나갔음.

2) 스티브 잡스
- 실패를 두려워하지 않고 끊임없이 도전하는 정신

4 다음 정보를 이용하여 '라면왕 이철호'의 전기를 완성해 보세요.

라면왕 이철호

- 출생: 1937년, 천안
- 시련: 아내의 죽음, 실직
- 꿈/목표: 라면 사업
- 인생의 전환점: 52세에 라면 사업 시작
- 좌우명: 끝까지 포기하지 말자.
- 교훈: 상황을 탓하지 말고 긍정적인 마음으로 꾸준히 노력하자.

제목	라면왕 이철호
출생 및 성장 과정	이철호는 _____. 그는 한국 전쟁 중 가족과 헤어지게 되었고 열다섯 살 때 폭격을 맞아 다리를 심하게 다쳤다. 열일곱 살이 되던 해에는 그를 치료해 준 의사의 도움으로 노르웨이로 건너가게 되었다.
인생의 전환점	이철호는 노르웨이에서 온갖 어려움을 겪었지만 결국 언어의 장벽과 신체적 장애를 극복하고 제빵 회사의 관리자가 되었다. 그러나 1980년 아내가 암 선고를 받으면서 그의 불행은 다시 시작되었다. 이철호는 _____ 에도 불구하고 _____. 그리고 _____.
좌우명 및 교훈	라면 사업 초기에 노르웨이에서는 아무도 라면에 관심을 갖지 않았다. 그래도 이철호는 _____ 좌우명대로 _____. _____.

- 써 보세요

1. 여러분 자신 또는 존경하는 인물의 인생에 대해 정리해 보세요.

2. 보기와 같이 개요를 작성해 보세요.

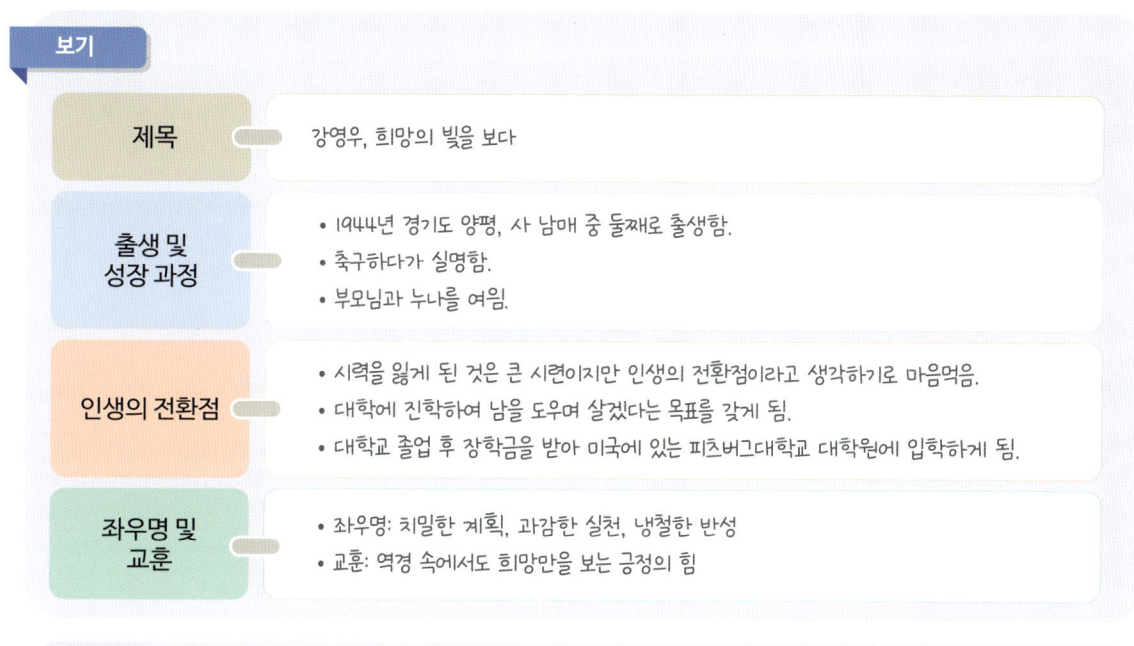

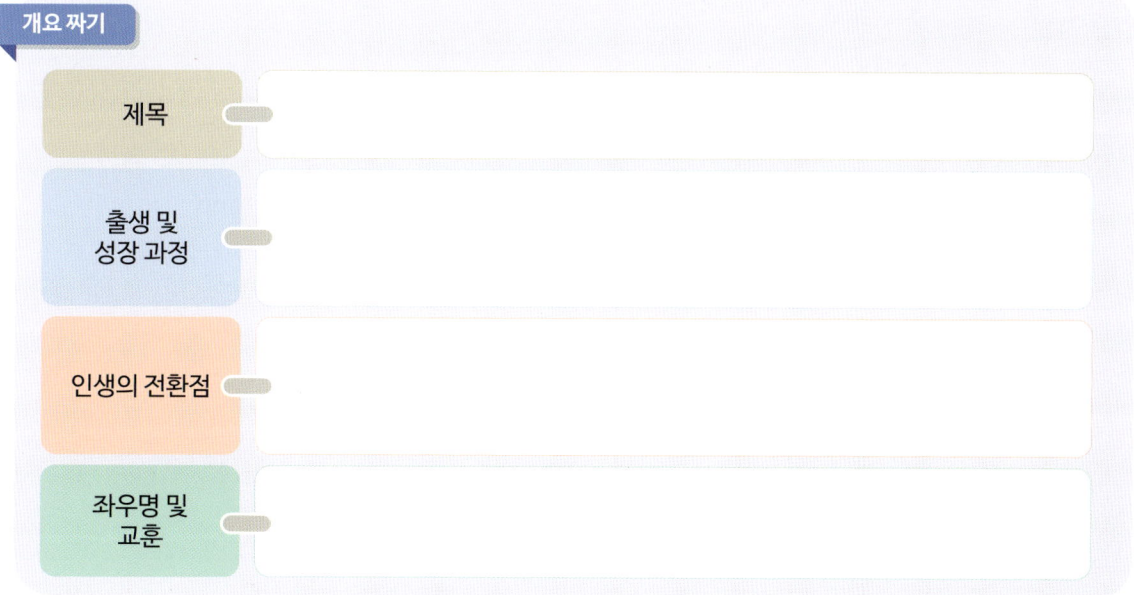

3. 개요를 바탕으로 자서전이나 전기를 써 보세요.

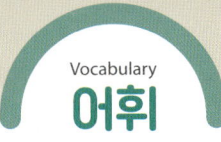

10-1. 변화와 갈등

주제 어휘

가치관(價値觀)을 강요(强要)하다
어떤 것의 가치에 대한 자신의 태도나 판단 기준을 다른 사람도 동일하게 갖도록 강제로 요구하다.
자신의 가치관을 강요하는 사람은 다양한 가치관이 있다는 것을 인정하지 않는다.
to impose values

가치관(價値觀)을 고집(固執)하다
어떤 것의 가치에 대한 자신의 태도나 판단의 기준을 굽히지 않다.
오래된 가치관을 고집하는 세대는 새로운 세대와의 갈등을 피할 수 없다.
to insist on values

갈등(葛藤)을 빚다 [갈뜽]
서로 생각이 달라 부딪치다.
A 씨는 층간 소음 문제로 이웃과 갈등을 빚었다.
to have conflict

갈등(葛藤)을 해소(解消)하다
생각이 달라 부딪쳤던 상태를 해결하다.
유엔(UN)에서는 국제적 갈등을 해소하기 위한 여러 가지 방안을 마련하였다.
to resolve conflict

격세지감(隔世之感)을 느끼다
많은 변화를 겪어 아주 다른 세상이 된 것 같은 느낌이 들다.
오랜만에 고향에 방문했는데 너무나 달라진 모습을 보고 격세지감을 느꼈다.
to be amazed how things have changed in a short time

과열(過熱) 경쟁(競爭)
지나치게 활기를 띠는 경쟁.
학생을 모으기 위해 학원들이 과열 경쟁을 하고 있다.
overheated competition

기성세대(旣成世代)
명 현재 사회를 이끄는 나이가 든 세대.
젊은 세대는 기성세대에 비해 경제적으로 풍요로운 환경에서 성장했다.
older generation

도전(挑戰) 정신(精神)
어려운 일이나 기록을 달성하고자 하는 마음.
신 회장은 직원들에게 적극적인 도전 정신을 강조했다.
spirit of challenge

버릇이 없다
윗사람이나 다른 사람 앞에서 지켜야 할 예의를 가지고 있지 않다.
아이가 어른을 보고도 인사를 안 하면 버릇이 없다는 소리를 듣는다.
to be rude

스펙을 쌓다
취업을 위해 학력, 학점, 자격증 등의 성과를 모으다.
치열한 경쟁 사회 속에서 살아남기 위해 대학교 1학년 때부터 스펙을 쌓는 사람도 있다.
to build one's qualifications

실업률(失業率)이 높다
일할 의지와 능력을 갖춘 인구 가운데 실업자가 차지하는 비율이 낮지 않다.
기업들이 신규 채용 인원을 줄이자 실업률이 더 높아졌다.
unemployment rate be high

열정(熱情)을 쏟다 [열쩡]
어떤 일에 뜨거운 애정을 가지고 열심히 하다.
김 감독은 요즘 찍고 있는 영화에 열정을 쏟고 있다.
to pour passion

예의(禮儀)가 없다
사회생활을 하며 마땅히 지켜야 하는 예절을 지키지 않다.
내 동생은 예의가 없어서 어른 앞에서 말을 함부로 할 때가 많다.
to have no manners

융통성(融通性)이 없다
그때그때의 사정과 형편을 보아 일을 적절하게 처리하는 능력이 없다.
그는 원칙만을 지키려고 하는, 융통성이 전혀 없는 사람이다.
to be inflexible

의견(意見)을 경청(傾聽)하다
다른 사람의 생각이나 말을 귀 기울여 듣다.
토론할 때는 상대의 의견을 경청하는 태도가 필요하다.
to listen to opinions

의견(意見)을 존중(尊重)하다
다른 사람의 생각이나 말을 높여 귀중하게 대하다.
우리 회사는 상호 간에 의견을 존중하기 위해 노력하고 있다.
to respect each other's opinions

의견(意見)이 충돌(衝突)하다
어떤 일이나 문제에 대한 생각이나 말이 일치하지 않아 서로 부딪치다.
나는 사장님과 서로 생각이 달라 의견이 충돌하는 경우가 많다.
to have clash of opinions

자기(自己) 계발(啓發)
자신의 지혜나 재능, 사상 등을 일깨워 줌.
최근 취업 경쟁이 심해지자 자기 계발에 관련된 서적이 인기를 끌고 있다.
self-development

취업난(就業難)
명 일자리를 구하는 사람은 많고 일자리는 적기 때문에 일자리를 구하는 데에 겪는 어려움.
대학 졸업자의 취업난이 장기화되면서 20대의 어려움이 더 커지고 있다.
unemployment crisis

패기(覇氣)가 넘치다
어떤 어려운 일이라도 해내려는 정신이 매우 강하다.
이번에 당선된 회장은 젊고 패기가 넘치는 인물이다.
to be full of spirit

획일적(劃一的)인 잣대를 들이대다 [회길쩍]
하나의 똑같은 기준을 적용하다.
모든 사람에게 획일적인 잣대를 들이대는 평가 방식은 안 좋다고 생각한다.
to apply a uniform standard

듣기

들어 보세요 1

달갑다
형 불만이 없고 만족스럽다.
직장 상사와 식사하는 것은 별로 달갑지 않은 일이다.
to be pleasant

담론(談論)
명 어떤 주제에 대해 체계적으로 논의를 함. 또는 그렇게 쓴 체계적인 말이나 글.
성평등 담론은 현재 한국 사회에서 뜨거운 이슈 중 하나이다.
discourse

불쾌(不快)하다
형 마음에 들지 않아 기분이 좋지 않다.
싫어하는 사람이 내 앞에 나타나서 불쾌한 감정을 숨길 수 없었다.
to be displeased

어제오늘 일이 아니다
예전부터 계속되어 온 상황이다.
서울 지하철에 사람이 많은 것은 어제오늘 일이 아니다.
nothing new

들어 보세요 2

경신(更新)하다
동 기존의 최고 기록이나 최저 기록을 깨뜨리다.
달러의 환율이 최고치를 경신하였다.
to set a new record

부당(不當)하다
형 이치에 맞지 않다.
똑같은 일을 하는데 여자라는 이유로 월급이 적은 것은 부당하다.
to be unfair

수식어(修飾語)
명 표현을 아름답고 강렬하게 또는 명확하게 하기 위하여 붙이는 말.
A 씨에게는 국민 MC라는 특별한 수식어가 항상 따라다닌다.
modifier

양호(良好)하다
[형] 대단히 괜찮다.
이 컴퓨터는 사용한 지 10년이 됐는데도 아직 상태가 양호하다.
to be greatly good

정시(定時)
[명] 일정한 시간 또는 시기.
우리 회사는 정시 퇴근을 기본 원칙으로 하고 있다.
on time

주의(注意)를 환기(喚起)하다
어떤 한 곳이나 일에 관심을 집중하게 하다.
그는 청중의 주의를 환기하기 위해 재미있는 동영상으로 발표를 시작했다.
to call attention

최고치(最高値)
[명] 어떤 수치 가운데 가장 높은 수치.
이번 방송의 시청률은 역대 최고치를 기록했다.
all-time high

타령
[명] 어떤 생각을 말이나 소리로 자꾸 반복하는 행위.
아이가 계속 스마트폰 타령을 해서 어쩔 수 없이 비싼 스마트폰을 사 줬다.
saying over and over

현명(賢明)하다
[형] 똑똑하고 지혜롭다.
성수기에 여행할 계획이 있으면 항공권을 미리 사 두는 것이 현명한 행동이다.
to be wise

말하기

공공시설(公共施設)
[명] 국가나 공공 단체가 공공의 편의나 복지를 위하여 설치한 시설.
도서관과 공원 등 공공시설이 많은 지역으로 이사해서 생활이 편리해졌다.
public facility

청구서(請求書)
[명] 요금 등 돈이나 물건을 달라고 요구하는 내용의 문서.
관리비 청구서를 종이가 아닌 이메일로 받아 종이를 절약하는 곳이 많아지고 있다.
invoice

토로(吐露)하다
[동] 마음에 있는 것을 다 드러내서 말하다.
지수는 남편에게 결혼 생활의 불만을 토로하였다.
to express one's mind

10-2. 꿈과 도전

주제 어휘

각고(刻苦)의 노력(努力)을 기울이다
어떤 일을 이루기 위해 어려움을 견디며 몸과 마음을 다하여 무척 애를 쓰다.
우리 회사는 고객의 만족도를 높이기 위해 각고의 노력을 기울이고 있다.
to make every effort

난관(難關)에 부딪히다
어려운 상황을 만나다.
어떠한 고난과 난관에 부딪히더라도 나는 결코 꿈을 포기하지 않겠다.
to run into difficulties

능력(能力)을 인정(認定)받다
능력이 확실하다고 여겨지다.
박 감독은 이번 작품을 통해 세계적으로 능력을 인정받았다.
to be recognized for one's ability

목표(目標)를 달성(達成)하다 [달썽하다]
어떤 목적을 이뤄 내다.
줄리언 씨는 S 대학교에 입학하려는 목표를 달성했다.
to achieve a goal

방황(彷徨)을 끝내다
분명한 방향이나 목표를 정하지 못하고 헤매던 것을 끝내다.
영지는 해외 유학을 계기로 방황을 끝내고 자신의 목표를 세웠다.
to end one's wandering

불굴(不屈)의 의지(意志)
온갖 어려움에도 꿋꿋하게 지켜 나가는 힘.
그는 사고로 인해 두 팔을 쓸 수 없었지만, 불굴의 의지로 대학까지 마쳤다.
indomitable will

불운(不運)이 몰려오다
좋지 않은 일이 한꺼번에 밀려오다.
작고 어렸던 나에게 감당하기 어려운 불운이 몰려왔다.
bad luck surges

뼈를 깎는 고통(苦痛)을 감수(甘受)하다
뼈를 자르는 것처럼 괴롭고 힘든 일을 받아들이다.
선우는 꿈을 이루기 위해 뼈를 깎는 고통을 감수했다.
to endure enormous amount of pain

삶을 개척(開拓)하다
인생의 새로운 영역이나 길을 찾다.
고생스러울지라도 독립은 스스로 삶을 개척하기 위한 첫 단추라고 생각한다.
to pioneer one's life

생계(生計)가 막막(漠漠)하다
돈을 벌어 먹고살 것이 걱정이다.
사고로 남편을 잃은 그녀는 생계가 막막하다면서 눈물을 흘렸다.
livelihood be dreary

설상가상(雪上加霜) [설쌍가상]
명 곤란하거나 불행한 일이 잇따라 일어나는 모습을 비유적으로 가리키는 말.
전국적으로 큰 홍수가 난 데다가 설상가상으로 전염병까지 돌아 당국에 비상이 걸렸다.
making matters worse

시련(試鍊/試練)이 찾아오다
힘든 고난이나 고비가 오다.
살면서 작든 크든 누구에게나 시련이 찾아오기 마련이다.
trials come

역경(逆境)을 이겨 내다
괴롭고 어려운 일을 극복하다.
그는 불경기로 인한 역경을 이겨 내기 위해 부단히 노력했다.
to overcome adversity

자수성가(自手成家)하다
동 물려받은 재산 없이 자기 혼자의 힘으로 큰돈을 벌어 집안을 일으키다.
지수는 어려운 가정 형편으로 학교도 다닐 수 없었지만 자수성가해서 지금은 대기업의 회장이 되었다.
to be self-made

칠전팔기(七顚八起) [칠쩐팔기]
명 일곱 번 넘어지고 여덟 번 일어난다는 뜻으로, 여러 번 실패해도 포기하지 않고 계속 노력하는 모습을 가리키는 말.
언니는 취업에 여러 번 실패했지만, 칠전팔기의 정신으로 도전해서 결국 원하는 곳에 취직했다.
persevering through failures

혼신(渾身)의 힘을 다하다
어떤 목적을 이루기 위해 몸 전체의 힘을 들여 애를 쓰다.
선수들은 승리하기 위해 마지막까지 혼신의 힘을 다했다.
to do with all one's might

읽기

읽어 보세요

겸임(兼任) 교수(敎授)
특정 분야에 종사하면서 대학의 강의를 동시에 하는 행위. 또는 그러한 자격을 가진 사람.
정만호 씨는 연구소에서 일하면서 일주일에 두 시간씩 한국대학교에서 학생들을 가르치는 겸임 교수이다.
adjunct professor

냉철(冷徹)하다
형 생각이나 판단 등이 감정에 치우치지 않다.
그 사람은 항상 냉철한 판단으로 좋은 결과를 가져온다.
to be level-headed

망막 박리(網膜剝離)
망막이 그 아래층의 맥락막에서 떨어져 시력 장애를 일으키는 병.
망막 박리는 처음부터 눈이 안 보이는 것이 아니라 눈앞에 점이 떠다니는 것 같은 증상부터 시작된다.
retinal detachment

백악관(白堊館)
명 미국 워싱턴에 있는 대통령의 관저.
새로운 미국 대통령은 많은 국민의 환영을 받으며 백악관에 들어갔다.
the White House

별세(別世) [별쎄]
명 윗사람이 세상을 떠남.
교수님의 별세를 알리는 연락이 왔다.
passing

봉제(縫製)
명 바느질하여 의류나 인형 등을 만듦.
예전에는 봉제 공장에서 일하는 여성들이 많았다.
sewing

불합리(不合理)하다
형 이치에 맞지 않다.
자녀의 양육을 여성에게만 맡기는 것은 불합리한 일이다.
to be unreasonable

뿔뿔이 흩어지다
모여 있던 사람들이 각자 다른 곳으로 가다.
우리 가족은 돈을 벌기 위해서 뿔뿔이 흩어졌다.
to be scattered

선고(宣告)를 받다
의사에게 어떤 병에 걸렸다는 이야기를 듣거나, 재판에서 어떤 처벌을 받아야 한다는 이야기를 듣다.
사람을 열 명이나 죽인 범죄자는 사형 선고를 받았다.
to be sentenced

선정(選定)하다
동 여럿 가운데서 어떤 것을 뽑아 정하다.
선생님들은 영미를 가장 우수한 학생으로 선정하였다.
to select

시각 장애인(視覺障礙人)
시각에 이상이 생겨 앞을 보지 못하는 사람.
한국에서는 시각 장애인들이 생계를 꾸려 나갈 수 있도록 안마사 자격을 시각 장애인들에게만 주고 있다.
the visually impaired

실명(失明)
명 시력을 잃어 앞을 못 보게 됨.
그는 어렸을 때 사고로 눈을 다쳐서 실명 판정을 받았다.
loss of sight

여느 때처럼
항상 그랬던 것처럼.
민수는 그날도 여느 때처럼 학교에 가고 있었다.
as usual

원망(怨望)하다
동 못마땅하게 여기거나 불만을 가지고 미워하다.
초희는 자기 꿈을 막은 부모님을 원망하고 있다.
to resent

장학생(獎學生)
명 장학금을 받는 학생.
그녀는 성적이 좋아 매 학기 장학생으로 선정되었다.
scholarship student

전기(傳記)
명 한 사람의 일생 동안의 업적이나 행동 등을 적은 기록.
스티브 잡스가 죽은 후 그의 전기 판매량이 급증하였다.
biography

절망적(絶望的)
관 명 앞으로의 희망이 없어진 (것).
그는 절망적인 상황에서도 희망을 놓지 않으려고 노력하였다.
hopeless

정신(精神)을 차리다
잘못이나 실패의 원인을 알고 다시 집중하다.
그는 정신을 차리고 새로운 삶을 살기 위해 노력하였다.
to come to one's senses

정착(定着)하다
동 일정한 곳에 자리를 잡고 살다.
그는 일본에 정착해 새로운 생활을 시작하였다.
to settle

차관보(次官補)
명 장관이나 차관을 보좌하며 사무를 맡아보는 기관. 또는 그 직위에 있는 공무원.
한국의 차관보는 지위가 높은 공무원이다.
deputy minister

차석(次席)
명 수석에 다음가는 자리. 또는 그런 사람.
차석이란 대학교 입학이나 졸업 성적이 2등인 사람을 말한다.
second place(person)

췌장암(膵臟癌)
명 췌장에 생기는 암의 한 종류.
췌장암은 조기 발견이 쉽지 않아 생존율이 낮다.
pancreatic cancer

치밀(緻密)하다
형 자세하고 꼼꼼하다.
그는 이번 프로젝트를 성공시키기 위해 치밀한 계획을 세웠다.
to be meticulous

캄캄하다
형 희망이 없는 상태에 있다.
캄캄한 세상 속에서 헤맬 때 손을 내밀어 준 것이 성진이었다.
to be hopeless

특수(特殊) 교육학(敎育學)
신체적·정신적으로 장애가 있는 아동을 위한 교육을 다루는 학문.
솔지는 장애인을 돕고 싶다는 마음으로 특수 교육학 전공을 선택했다.
special education

헌신적(獻身的)
관 명 몸과 마음을 바쳐 있는 힘을 다하는 (것).
그는 학생들을 위해 헌신적인 삶을 산 교육자였다.
devoted

장벽(障壁)
명 장애가 되는 것이나 극복하기 어려운 것.
명수는 언어 장벽에도 불구하고 외국 생활에 잘 적응했다.
barrier

폭격(爆擊)
명 비행기에서 폭탄을 떨어뜨려 적의 군대나 시설물 등을 파괴하는 일.
이 건물은 폭격으로 인해 파괴되었다.
bombing

쓰기

뇌척수막염(腦脊髓膜炎)
명 뇌에 생기는 병의 일종.
뇌척수막염에 걸리면 심한 두통이나 목이 뻣뻣해지는 증상 등이 나타난다.
cerebrospinal meningitis

생후(生後)
명 태어난 후.
지희는 지금 생후 3개월이다.
after birth

실직(失職) [실찍]
명 직업을 잃음.
1997년에 시작된 한국의 외환 위기 때 많은 사람이 실직을 당했다.
job loss

11 문학과 인생

- **11-1** 마음을 나누는 시
- **11-2** 소설 속의 인생

11-1 마음을 나누는 시

듣기 1 문학을 주제로 한 라디오 방송을 듣고 공통점 찾기

듣기 2 정희성의 시 〈숲〉에 대한 감상 수업을 듣고 상징하는 의미 파악하기

말하기 시 소개하기

11-2 소설 속의 인생

읽기 박상률의 소설 《봄바람》을 읽고 등장인물의 심리 이해하기

쓰기 소설의 결말 쓰기

Intro 들어가기 11-1 마음을 나누는 시

1. 일상생활에서 아름다움, 사랑, 슬픔 등을 느낀 경험을 떠올려 보세요. 그 느낌을 어떻게 다른 사람과 공유했습니까?

2. 일상생활에서 접한 시나 감명 깊은 구절을 이야기해 보세요.

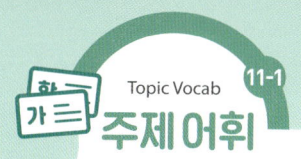

1 다음은 시의 특징과 관련된 표현입니다. 아래 표현을 사용하여 이 시의 특징을 이야기해 보세요.

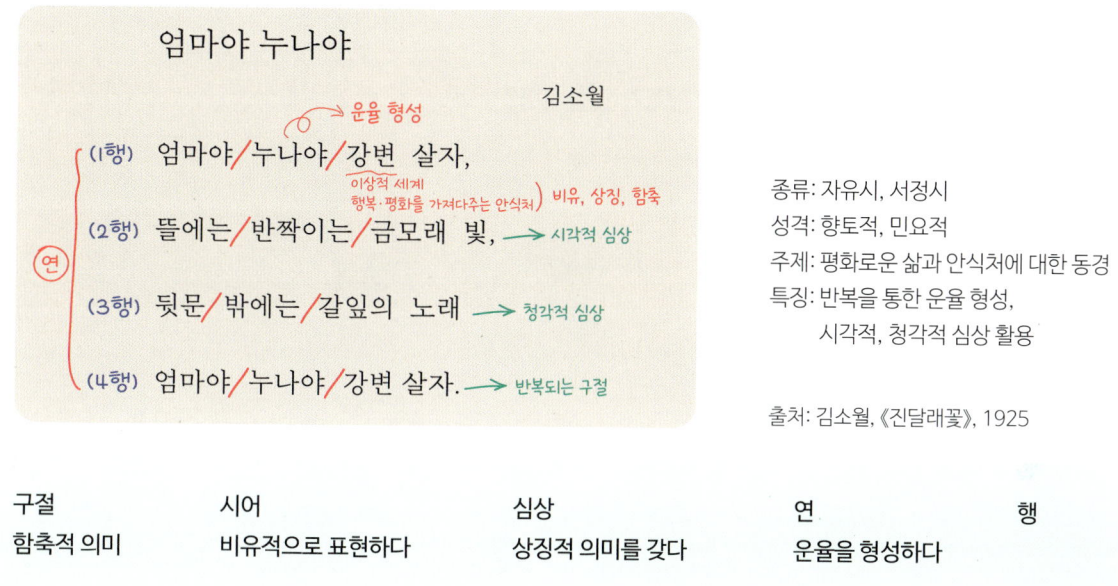

구절	시어	심상	연	행
함축적 의미	비유적으로 표현하다	상징적 의미를 갖다	운율을 형성하다	

2 다음은 시의 창작과 감상에 관련된 표현입니다. 관계있는 것끼리 연결해 보세요.

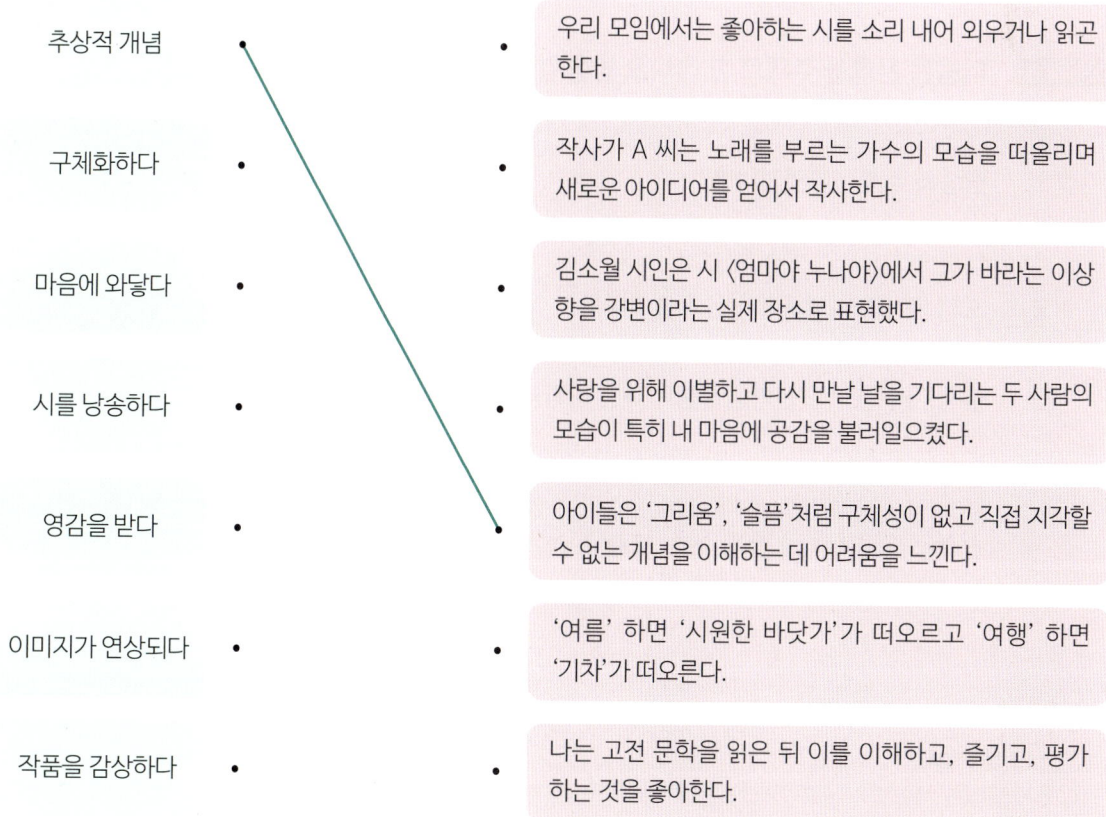

Listening 11-1 듣기

🎧 **들어 보세요 1**

준비

1 왼쪽 시와 오른쪽 노래는 어떤 관계가 있습니까?

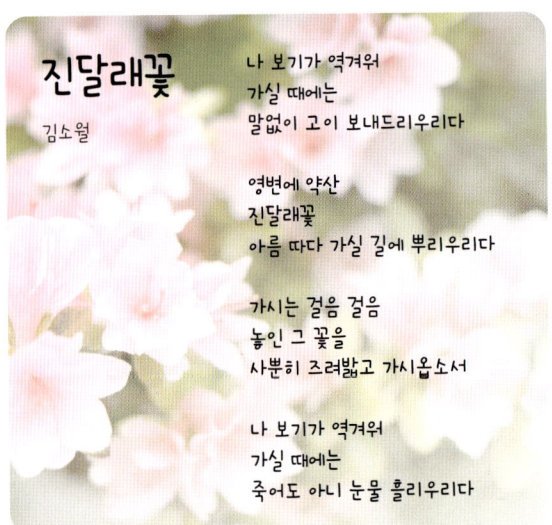

2 여러분이 알고 있는 시 중에 노래가 된 시가 있습니까?

듣기 다음은 문학을 주제로 한 라디오 방송입니다. 잘 듣고 질문에 답해 보세요.

중심 내용 파악하기

1 방송의 주제는 무엇입니까?

세부 내용 파악하기

2 노래 가사와 시의 공통점은 무엇입니까?

3 유명 가수의 노벨 문학상 수상에 대한 여자의 의견으로 맞는 것을 고르세요.

① 시와 노래는 서로 다른 장르에서 시작되었다.
② 해당 노래의 가사가 좋다는 것을 인정할 수 없다.
③ 가수는 작가가 아니므로 문학상의 대상이 될 수 없다.
④ 문학은 감동, 즐거움 등을 주는 모든 콘텐츠를 포함해도 된다.

문법과 표현

동 형 -을 성싶다 8쪽
감동과 즐거움을 주거나 지혜와 교훈이 담긴 콘텐츠라면 모두 문학의 범위에 포함해도 될 성싶습니다.

들어 보세요 2

준비

1. 아래의 시를 낭송해 보고 떠오르는 분위기나 느낌을 이야기해 보세요.

정희성(1945~)

절제된 감정과 차분한 어조로 우리 사회의 문제를 성찰하는 시를 많이 썼다. 주요 저서로 시집《저문 강에 삽을 씻고》,《한 그리움이 다른 그리움에게》,《흰 밤에 꿈꾸다》 등이 있다.

듣기 다음은 시를 감상하는 수업의 일부입니다. 잘 듣고 질문에 답해 보세요.

중심 내용 파악하기

1. 이 시의 주제로 맞는 것을 고르세요.

   ① 인간과 자연의 조화
   ② 산업화 과정에 대한 비판
   ③ 파괴되는 숲에 대한 안타까운 마음
   ④ 함께 조화를 이루며 살아가는 공동체에 대한 소망

세부 내용 파악하기

2. 그림과 시의 공통적인 역할은 무엇입니까?

듣기

3 아래의 시어가 상징하는 의미는 각각 무엇입니까?

- 숲: _____
- 광화문 지하도: _____

4 이 시에 나타난 '나무들'과 '사람들'의 대조적인 모습을 정리해 보세요.

- 나무들: _____
- 사람들: _____

이야기해 보세요

1 여러분은 노래를 듣다가 노래 가사에 위로나 감동을 받은 적이 있습니까? 친구들에게 소개하고 싶은 노래를 찾아 그 노래에 얽힌 여러분의 사연을 이야기해 보세요.

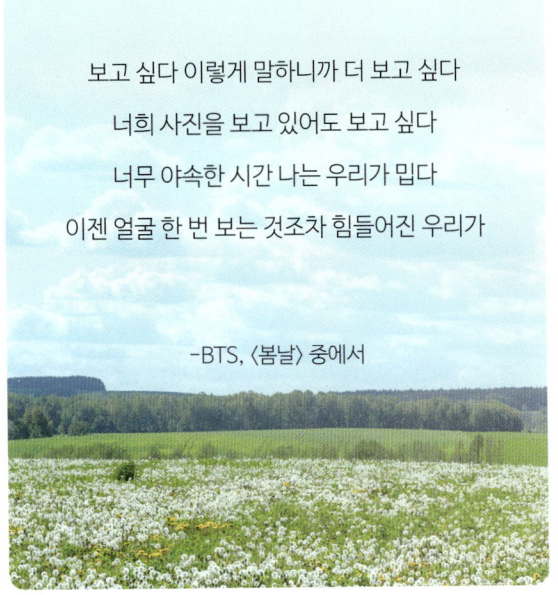

보고 싶다 이렇게 말하니까 더 보고 싶다
너희 사진을 보고 있어도 보고 싶다
너무 야속한 시간 나는 우리가 밉다
이젠 얼굴 한 번 보는 것조차 힘들어진 우리가

–BTS, 〈봄날〉 중에서

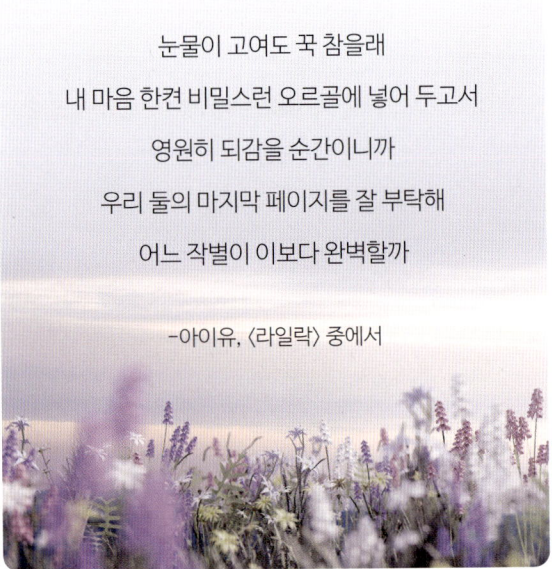

눈물이 고여도 꾹 참을래
내 마음 한켠 비밀스런 오르골에 넣어 두고서
영원히 되감을 순간이니까
우리 둘의 마지막 페이지를 잘 부탁해
어느 작별이 이보다 완벽할까

–아이유, 〈라일락〉 중에서

문법과 표현

동 -노라면 8쪽

이 시를 읽고 있노라면 주변의 이웃에게 먼저 손을 내밀지 않았던 내 자신이 부끄러워진다.

Speaking 11-1 말하기

💬 여러분이 좋아하는 시를 소개해 보세요.

• 준비해 보세요

1 다음 시를 읽고 어떤 느낌이 드는지 이야기해 보세요.

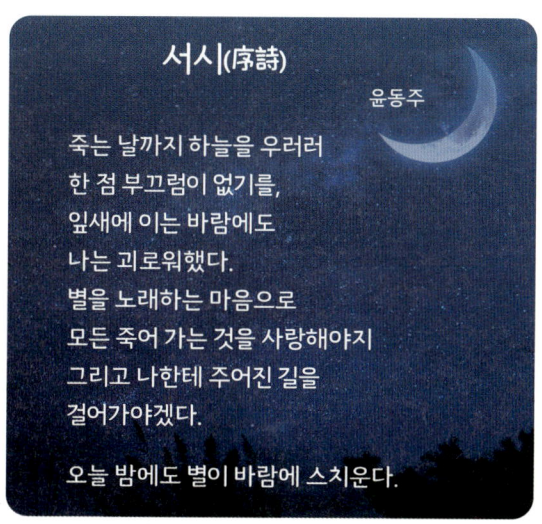

> 윤동주의 시는 '하늘, 별, 달' 등 서정적이면서도 친근한 어휘가 많이 사용되어 쉽게 읽힐 뿐만 아니라 독자의 감성도 자극합니다. 특히 그의 대표작 〈서시〉는 자기 성찰과 반성을 담담하게 이야기하고 있습니다. 이 시를 읽고 있노라면 화자의 삶과 고뇌가 고스란히 느껴져 내 삶의 모습을 되돌아보게 됩니다.

2 여러분 나라에서 사랑받거나 널리 알려진 시를 찾아 보세요. 사람들이 그 시를 좋아하는 이유는 무엇입니까?

• 표현을 연습해 보세요

1 다음은 시를 분석할 때 사용하는 표현입니다. 다음 표현을 사용하여 연습해 보세요.

> **시 분석하기**
> ▶ 시 제목과 시어의 의미를 파악합니다.
> ▶ 규칙적으로 반복되거나 동일한 구조가 있는지를 찾습니다.
> ▶ 화자의 상황, 태도를 찾습니다.
>
> • …은 …이라는 상징적 의미를 지니고 있습니다
> • …은 …을 비유적으로 표현한 것입니다.
> • …는 구조로 되어 있습니다
> • (…을 통해) …을 드러내고[담아내고] 있습니다

- '숲'은 한 그루 한 그루의 나무가 모여서 이룬 **공동체라는 상징적 의미를 지니고** 있습니다.
- '제가끔 서있어도 나무들은 숲이었어'라는 **구절**은 개인이 각자의 개성을 잃지 않으면서도 함께 어우러져 살아가는 이상적인 **세상을 비유적으로 표현한 것입니다**.
- 숲과 인간, 즉 자연과 인간이 **대비되는 구조로 되어 있습니다**.
- 이 시는 숲과 인간 사회의 **대비를 통해** 나무들이 모여 숲을 이루듯 우리도 서로 교감을 나누고 조화를 이루며 살았으면 하는 **소망을 드러내고 있습니다**.

1)
엄마야 누나야
김소월

엄마야 누나야 강변 살자,
뜰에는 반짝이는 금모래 빛,
뒷문 밖에는 갈잎의 노래
엄마야 누나야 강변 살자.

➡
- 강변: 평화와 행복을 보장해 주는 안식처, 이상향을 상징함.
- 갈잎의 노래: 갈잎이 바람에 흔들리는 소리를 비유적으로 나타낸 표현
- '엄마야 누나야 강변 살자'라는 문장이 반복됨.
- 소년처럼 현실에서 벗어나 순수하고 평화로운 세계에 살고 싶은 꿈

2 다음은 시를 읽고 감상을 이야기할 때 사용하는 표현입니다. 다음 표현을 사용하여 연습해 보세요.

감상 이야기하기

> 시를 읽고 느낌을 이야기합니다.

- 가장 인상적인 구절은 …입니다
- 특히 …이 마음에 와닿습니다
- 이 시를 읽고 있노라면 [있자면] …어집니다 […이 떠오릅니다]

- **가장 인상적인 구절은** "제가끔 서 있어도 나무들은 숲이었어"**입니다.**
- **특히** '하늘, 별, 잎새' 등 아름다운 **시어들이 마음에 와닿고**, "잎새에 이는 바람에도 나는 괴로워했다"라는 구절은 제 마음을 어루만져 주는 듯합니다.
- **이 시를 읽고 있노라면** 주변의 이웃에게 먼저 손을 내밀지 않았던 저 자신이 **부끄러워집니다**.

1)
- 인상적인 구절: 뜰에는 반짝이는 금모래 빛
- 마음에 와닿는 시어: 엄마, 누나, 강변
- 시인이 꿈꾸는 평화로운 세상에 가고 싶어도 갈 수 없는 서러운 마음이 느껴짐.

3 다음 정보를 이용하여 시를 분석하고 감상을 이야기해 보세요.

흔들리며 피는 꽃
도종환

흔들리지 않고 피는 꽃이 어디 있으랴.
이 세상 그 어떤 아름다운 꽃들도
다 흔들리면서 피었나니.
흔들리면서 줄기를 곧게 세웠나니.
흔들리지 않고 가는 사랑이 어디 있으랴.

젖지 않고 피는 꽃이 어디 있으랴.
이 세상 그 어떤 빛나는 꽃들도
다 젖으며 젖으며 피었나니.
바람과 비에 젖으며 꽃잎 따뜻하게 피웠나니.
젖지 않고 가는 삶이 어디 있으랴.

➡

▶ **시 분석**
- 꽃은 인생을 상징함. 흔들림과 젖음은 시련과 역경을 의미함.
- 대칭적 구조
- 삶과 사랑은 시련과 고통을 견디면서 완성된다는 의미

▶ **감상**
- 인상적인 구절: 바람과 비에 젖으며 꽃잎 따뜻하게 피웠나니.
- 지금 내가 겪는 시련은 아름다운 인생의 결실을 만들어 내기 위함이라는 위로가 느껴짐.

- **이야기해 보세요**

1. 친구들에게 들려주고 싶은 시를 하나 선택하고 시에 관련된 정보를 찾아 보세요.

2. 보기와 같이 이야기할 내용을 메모해 보세요.

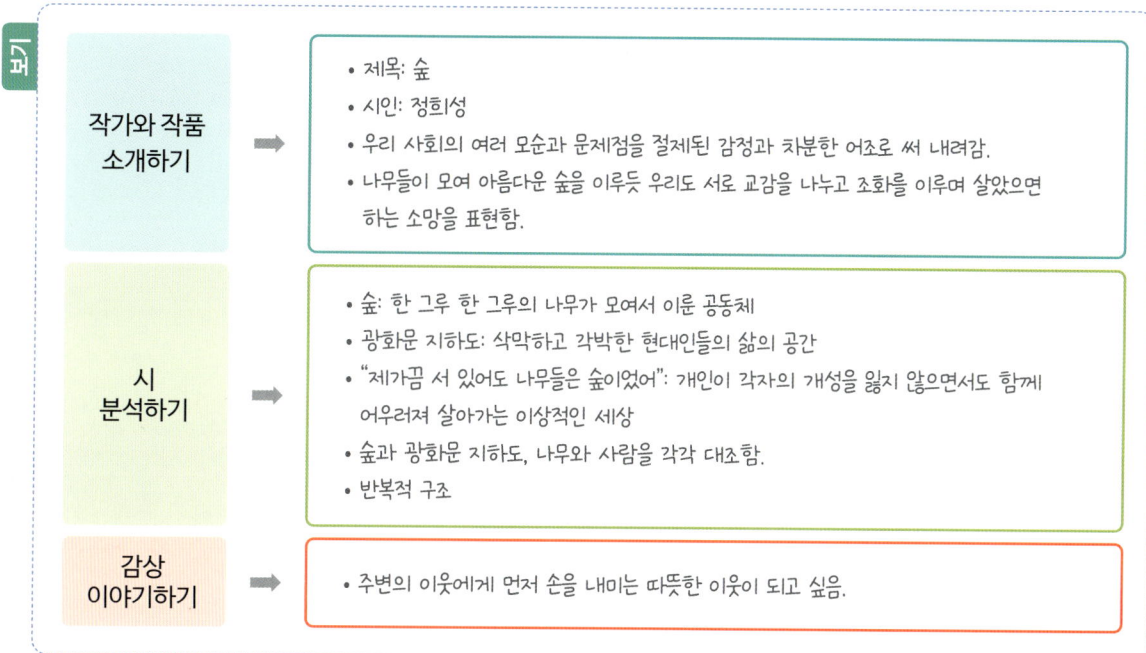

3. 메모한 내용을 바탕으로 친구들에게 시를 소개해 보세요.

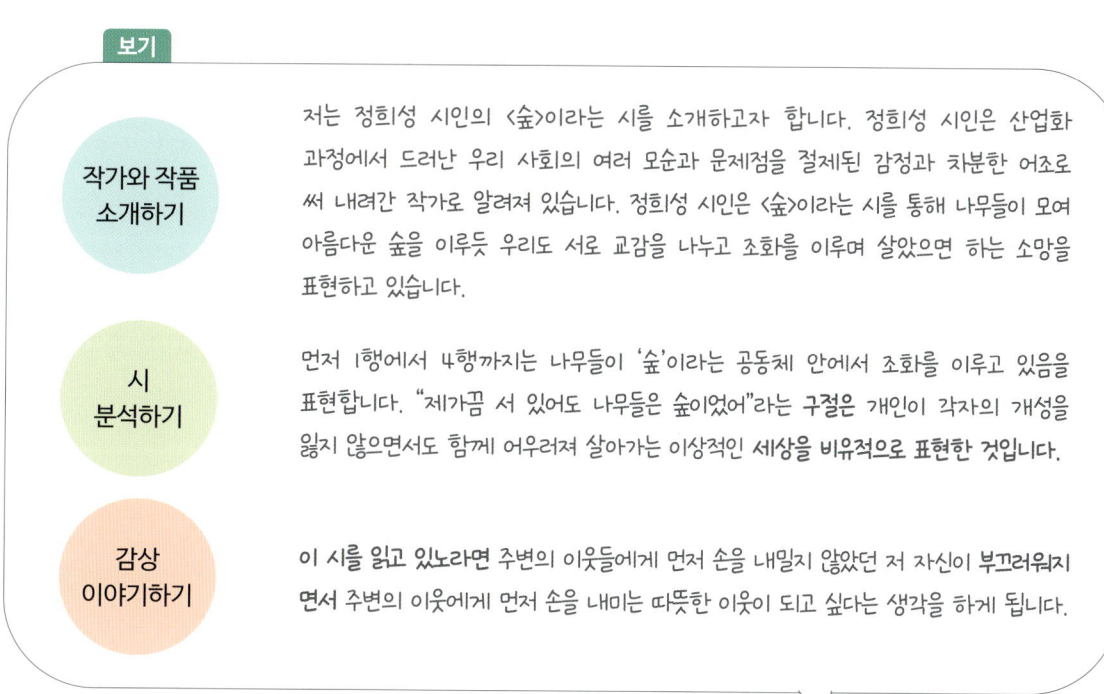

소설 속의 인생

1. 여러분은 어떤 장르의 소설을 좋아합니까?

2. 여러분이 읽었던 소설 중 기억에 남는 작품이 있습니까? 그 소설에서 가장 공감 가는 등장인물은 누구였고, 그 이유는 무엇인지 이야기해 보세요.

1 다음은 부정적 상황에 따른 감정과 행동에 관련된 표현입니다. 그림을 보고 여러분의 경험과 관련 지어 이야기해 보세요.

학교 예산이 줄어서 우리 학교 야구부가 폐지된대. 그동안 야구 국가 대표를 꿈꾸며 살아왔는데 모든 **희망이 무너지고 꿈이 깨졌어.**

50번째 불합격

먼저 갈게. 그동안 고마웠어.

뒤척 뒤척

| 좌절하다 | 가슴이 시리다 | 가슴이 아리다 | 꿈이 깨지다 | 답답함을 느끼다 |
| 불길한 예감이 들다 | 잠을 설치다 | 허탈감에 빠지다 | 희망/꿈이 무너지다 | |

2 다음은 사춘기와 관련된 표현입니다. 관계있는 표현을 모두 찾아 써 보세요.

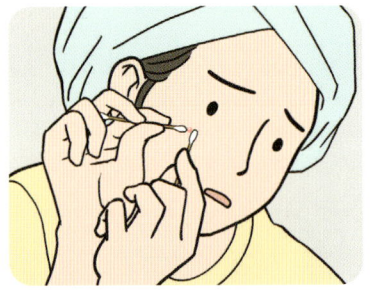

2개월 만에 키가 1cm 더 자랐다. 오늘은 아침에 거울을 보니 오른쪽 볼에 여드름이 났다. 거울에 비친 내 모습이 낯설기만 하다.

➡ 1) <u>신체적 변화를 겪다, 혼란을 겪다</u>

좋아하는 가수의 노래 가사가 다 내 이야기 같다. 어제도 노래를 듣다가 울음을 터뜨렸다. 떨어지는 낙엽을 보면 슬퍼서 갑자기 눈물이 나기도 한다.

➡ 2) _____

같은 반 친구 소은이에게 자꾸 관심이 간다. 소은이랑 이야기할 때면 가슴이 두근거리고 종일 그 아이의 얼굴이 생각난다. 이런 느낌은 처음이다.

➡ 3) _____

시험을 망쳤다. 잔소리하시는 부모님께 소리를 지르고 무작정 집을 나왔다. 대학은 꼭 가야 하는 걸까? 내가 진정으로 하고 싶은 것은 무엇일까? 이런저런 생각을 하면서 거리를 헤맸다.

➡ 4) _____

소은이에게 용기를 내어 고백했는데 거절당했다. 실연의 아픔을 겪고 나니 어른이 된 느낌이 든다.

➡ 5) _____

| 첫사랑 | 풋사랑 | 가출하다 | 반항하다 | 방황하다 | 성숙해지다 |
| 성장하다 | 감수성이 예민하다 | 신체적/심리적 변화를 겪다 | | 혼란을 겪다 | |

읽기 11-2

📖 읽어 보세요

준비

1 여러분은 살던 곳에서 떠나고 싶었던 적이 있습니까? 그 이유는 무엇입니까?

2 다음은 사춘기 소년의 방황과 성장을 소재로 한 소설 《봄바람》의 등장인물 소개입니다. 각 인물에 대한 설명을 보고 앞으로 어떤 일이 펼쳐질지 추측해 보세요.

은주
훈필이가 좋아하는 여학생. 내성적인 성격이라 훈필이를 좋아하지만 표현하지 못한다.

나(훈필)

서울 아이
서울에서 전학 온 여학생. 은주와 달리 쾌활하고 옷차림도 세련되었다. 훈필이한테 관심이 있다.

꽃치
마을을 떠돌아다니면서 구걸로 먹고 사는 사람. 꽃을 꽂고 다닌다고 하여 사람들이 '꽃치'라고 부른다. 항상 노래를 부르면서 다니지만 말을 하는 걸 본 사람은 없다.

할머니의 딸
훈필이가 가출 소년이라는 것을 알아보고 집으로 돌아가라고 타이른다. 훈필이가 고향으로 돌아갈 수 있게 도와준다.

할머니
훈필이가 목포까지 갈 수 있도록 도와준다.

11-2. 소설 속의 인생

1 다음은 소설 《봄바람》의 전체 줄거리입니다. 계절의 변화에 따른 글의 흐름을 파악해 보세요.

봄

"바람이 불어왔다. 봄바람이다. 해마다 이맘때쯤이면 바다 건너 봄바람이 불어온다. 봄바람은 처음엔 부드럽고 따스한 느낌을 준다. 그러나 봄이 좀 깊어진다 싶을 때쯤 해선 제법 강해져서 마당 우물가에 있는 양철 세숫대야를 굴러다니게 할 정도로 기운이 세진다."

- 열세 살인 나(훈필)는 은주에게 잘 보이기 위해 웅변대회에 나가지만 망신만 당하고 만다. 아버지는 나에게 염소 한 마리를 사 주시며 염소를 잘 키워 중학교 학비를 마련하라고 하신다.
- 꽃치 탓에 웅변대회를 망쳤다고 생각한 나는 한동안 꽃치를 미워하고 경계했지만 차츰 꽃치와 그의 노래에 관심이 생기기 시작한다.
- 봄바람이 심하게 분 다음 날엔 꼭 마을 청년 몇몇이 도시로 떠난다. 봄바람을 타고 집을 나간 은주네 언니가 세상을 떠났다는 소식에 은주에게 위로를 건네고 싶었지만 은주에게 다가가는 건 쉽지 않다.

여름

"봄이 무르익을 대로 익었다가 금세 수그러지고 여름 첫머리에 가까워졌다. 모내기 준비를 하느라 새벽부터 집 안이 소란하고 부산했다."

- 나는 은주에게 방학 숙제 책을 빌려준 것을 계기로 은주와 가까워진다.
- 나의 염소는 제법 자랐다. 나는 염소가 자라 새끼를 낳고, 염소가 점점 늘어나서 중학교에 가고, 농업 고등학교에 가고, 마침내 목장 주인이 되어 은주와 결혼하는 꿈을 꾼다.

가을

"가을바람이 선선하게 불어왔다. 나는 푸른 목장에 서서 마을 앞 들을 바라보았다. 누렇게 익은 벼들이 바람이 불 때마다 제 몸을 못 이기고 출렁거렸다."

- 꽃치가 코스모스 다발을 꺾어서 은주네 고모에게 갖다주는 것을 보고 나도 들꽃 다발을 은주네 집 문 안쪽에 걸어 놓기 시작한다. 그러나 은주는 내가 가져다 놓은 걸 모르는지 꽃다발은 늘 그 자리에 있다.
- 가을 추수가 끝나자 꽃치는 마을을 떠나 버렸다. 나는 남을 의식하지 않고 자유롭게 살아가는 꽃치에게 부러움을 느낀다.
- 그러던 어느 날 서울에서 여학생이 전학을 온다. 은주와 달리 쾌활하고 서울말을 쓰는 그 아이에게 점점 관심이 간다. 나는 '서울 아이'에게 꽃다발을 선물한다.

겨울

"나는 열세 살의 늦가을에서 초겨울 사이에, 가을도 아니고 겨울도 아닌 계절의 틈에서, 그 틈 사이엔 외로움이 있다는 걸 알아야만 했다. … 초겨울 바람이 방문을 흔들 정도로 쌀쌀했다."

- '서울 아이'에게 꽃다발을 준 걸 은주가 알게 되면서 은주와의 관계는 더 힘들어진다. 게다가 나의 꿈과 희망이자 친구였던 염소가 갑자기 죽어 버린다. 나는 방으로 들어와 이불을 뒤집어 쓰고 눈물을 흘린다. 염소가 죽자 나의 꿈과 희망이 모두 무너져 버린 듯했다.

2 다음은 훈필이가 키우던 염소가 죽고 난 다음의 이야기입니다. 글을 읽고 질문에 답해 보세요.

#1

바람이 세게 불어와서 문을 흔들었다. 겨울바람이었다.

그 바람 소리에 모든 희망이 와르르 무너지는 듯했다. 염소를 키워 중학교를 가고 농업 고등학교를 나오는 꿈도, 은주와 푸른 목장을 운영하는 꿈도 다 무너져 내렸다. 그러자 내일 당장 학교에 가기도 싫었다. 어떻게든 학교에 안 갈 핑계만 있으면 좋겠다는 생각을 하며 뒤척이다가 어느새 잠이 들고 말았다.

잠을 자는 도중 자꾸만 미끄러지는 꿈을 꾸었다. 미끄러지는 곳이 눈 언덕인지 미끄럼틀인지는 잘 모르겠지만, 확실한 것은 어딘가를 올라가다가 미끄러지고 또 올라가다가 미끄러지곤 했다는 것이다.

아침에 마당을 쓰는 비질 소리에 잠이 깼다. 밤새 내린 눈이 마당 가득히 쌓여 있어 아버지가 눈을 치우고 있었다.

첫눈이었다.

나는 아무 생각 없이 양말을 꿰어 신고 방을 나왔다. 정말 아무 생각도 없었다. 다른 때 같았으면 눈을 보자마자 강아지처럼 날뛰며 좋아했을 것이다. 그러나 이젠 눈을 봐도 전혀 반갑지 않았.

아침을 **뜨는 둥 마는 둥** 하고서 염소가 있던 헛간 쪽엔 애써 눈길을 피하면서 마당을 빠져나와 학교에 갔다.

아이들은 눈싸움을 하자며 선생님을 졸라 댔다. 나는 눈싸움에 관심이 없었다. 빨리 학교 수업이나 끝났으면 하는 마음이었다. 운동장에선 벌써 눈싸움을 하기 위해 몰려 나간 다른 학년 아이들이 떠드는 소리가 들려왔다.

나는 배가 아파서 밖에 나가지 못하겠다고 하며 교실을 지키겠다고 했다. 웬일인지 선생님은 다른 때와 달리 선선히 그렇게 하라고 허락했다. 보아하니 운동장에 나가 있는 아이들의 담임 선생님이 여선생님인 것 같았다. 나는 아직도 여자에게 관심이 있는 우리 선생님이 측은하게 여겨졌다. 선생님은 아직도 여자의 본질을 잘 모르는 것 같았다.

교실에 혼자 남아 창밖을 바라보며 오만 가지 생각을 다 했다. 염소는 왜 죽었을까? 저 아이들은 지금 얼마나 행복할까? 나도 저 아이들처럼 되는 대로 살 수는 없을까? 지금 내 심정을 누가 알아줄까?

마침내 이까짓 학교도 더 다닐 필요가 없다는 생각이 들었다. 이제 머지않아 겨울 방학을 하고 나면 금세 졸업식일 텐데, 공부를 더 배우면 얼마나 더 배우겠는가. 결심이 섰을 때 하루라도 빨리 그만두자고 마음먹었다.

나는 결심했다. 이 좁은 시골구석에서 더 이상 썩지 말고 큰물로 나가서 놀자, 나같이 웃자란 사람이 이 시골 촌구석에서 열세 살을 지나 열네 살 때도 썩고 있다면 그건 말이 안 되는 것이다. 더구나 염소까지 죽어 버렸으니 무슨 희망으로 중학교를 가고 고등학교를 다닐 것인가.

뜨는 거다! 한 많고 설움 많은 이 촌구석을 뜨는 거다!

그렇게 결심을 한 뒤 곧바로 호주머니에서 주머니칼을 꺼내 내 책상 위에다 '사랑, 추억, 희망, 성공'이라고 새겼다. 칼끝으로 서너 번씩 그어 글씨가 깊게 파이도록 했다.

운동장의 아이들은 뭐가 그리도 좋은지 소리 지르고 뒹굴며 꼭 강아지들처럼 놀고 있었다.

나는 특히 '사랑'이라는 글자 위에 힘을 주어 한 번 더 칼을 그은 뒤 칼을 거뒀다.

#2

왠지 불길한 예감이 들었다. 난롯가에 앉아 있는데도 몸이 으슬으슬 추웠다. 아침부터 긴장한 채 일찍 설쳐서 그런지 엉뚱하게 졸음까지 밀려왔다.

"아 인마, 일어나!"

나지막하나 시비조의 목소리였다. 하마터면 난로에 이마를 찧을 뻔하면서 잠을 깼다. 검게 물들인 군대 야전 점퍼를 입은 청년이 나를 노려보고 있었다. 나는 순간적으로 판단을 해야 했다. 튀느냐, 대꾸하느냐······.

청년은 깡말랐다. 그래서 그런지 얼굴은 더 날카로워 보였다. 역 직원은 아니다. 그렇다면?

나는 튀기로 마음먹었다.

나는 청년을 쳐다보는 척하다가 잽싸게 일어나서 역사 밖으로 튀어 나갔다. 뒤에서 뭐라고 외치는 소리가 들렸다. 그러나 나는 앞만 보고 한참을 달렸다.

"어유, 까딱했으믄 큰일 날 뻔했네."

역에서 100미터쯤 멀어진 뒤에야 뒤를 돌아보았다. 따라오는 사람이 없다는 걸 확인하고는 걸음을 멈췄다. 그제야 부르튼 발이 아프다는 느낌이 들었다. 다른 사람들의 모습도 눈에 들어왔다. 겨울이라서 그런지 사람들은 모두 옷깃을 단단히 여미고 종종걸음을 쳤다. 짧은 겨울 해는 이미 꼬리를 감춰 거리는 점점 어두워지고 있었다.

'이제 어찌코롬 해야 되까?'

그러나 별로 뾰쪽한 생각이 떠오르지 않았다. 오늘 서울 가는 기차를 타지 못하면 잠은 어디서 자야 할지 우선 그것부터 걱정이었다. 저녁밥도 먹긴 먹어야 할 텐데 밥을 싸게 먹을 수는 없을까?

나는 내 재산 상황을 염두에 두지 않을 수 없었다. 바로 그 순간, 바지 주머니 속의 돈이 퍼뜩 떠올랐다. 어? 그런데 잡히지 않았다. 돈이 없어져 버린 것이다. 세상에! 눈 앞의 길과 건물이 출렁했다. 아무래도 아까 그 야전 점퍼를 입은 청년의 짓인 것 같았다. 도시에선 눈 감으면 코 베어 간다더니, 그 말이 딱 맞는 말이었다.

집 밖에서 잠을 자 보기는 세상에 태어나서 처음이었다. 아니, 잠을 잔 것도 아니었다. 행여 사람들 눈에 띄어 경찰서에라도 끌려갈까 봐 어느 집 모퉁이 처마 아래 쭈그리고 앉아 날이 새기만을 기다린 것이었다. 바다 쪽에서 불어오는 찬바람은 겨우 피했지만 살을 파고드는 추위는 어쩔 수 없었다.

날이 새자 골목 안이 부산해졌다. 이 집 저 집에서 아이들이 떠드는 소리, 설거지하는 소리, 어른들 고함 소리가 새어 나왔다. 사람들이 골목으로 금방이라도 쏟아져 나올 것 같아 서둘러 그곳을 빠져나왔다.

배가 고팠다. 그러나 구리돈 한 닢조차 없으니 어찌해 볼 도리가 없었다.

문득 담임 선생님이 언젠가 우리에게 했던 정신 교육 가운데 한 대목이 떠올랐다. 담임 선생님은 걸핏하면 눈물 젖은 빵을 먹어 보지 않은 사람과는 인생을 논하지 말라'며 서양 어느 아저씨의 말을 곧잘 들먹였다. 선생님은 마치 눈물 젖은 빵을 먹어 봐서 인생의 쓴맛을 다 알고 있다는 표정으로 말이다.

그러나 나는 그 말을 이렇게 바꿔 봤다.

'눈물 젖은 빵이라도 먹어 본 사람은 그래도 행복한 사람이다. 두 끼 이상 배를 곯아 보지 않은 사람과는 아는 체도 하지 말라!'

물어물어 부두를 다시 찾았다. 부두에서부터 더듬어 할머니의 딸 집을 찾을 요량이었다. 어제의 기억을 더듬었다. 이 골목 저 골목을 끼고, 다시 시장통을 지나, 부둣가에 있는 그 집.

희망이니 성공이니 하는 말은 이미 노자와 함께 도둑맞았다. 이제는 할머니의 딸 집을 찾는 것만이 희망이고 성공이었다.

점심때가 거의 다 되었을 무렵 드디어 그 집을 찾았다.

'나그네 식당'이라는 간판이 눈에 들어오는 순간, 나는 거의 울 뻔했다.

#3

나갈 때 설레던 마음은 오간 데 없고 내 마음은 거의 패잔병의 기분으로 변하고 말았다. 패잔병 기분이 되고 보자 배가 어디로 어떻게 가는지조차 관심이 없어 선실 한 구석에 아무 생각 없이 드러누워 있었다. 배가 출렁이는 대로 내 몸도 같이 출렁거렸다.

배의 속도감이 떨어지는가 싶더니 배가 제자리에서 휙 도는 느낌이 들었다. 나는 몸을 일으켜 선실을 나와 갑판으로 갔다. 마침내 배가 고향 땅에 닿은 것이다.

그러나 내겐 읍내로 들어가는 차를 탈 차비도 없었다. 배에서 내린 손님을 태우기 위해 차를 부두 가까이 대 놓고 서서 차비를 받는 차장에게 떼를 써서 공짜 차를 타 볼까 하다가, 차장의 인상이 하도 험악해서 그냥 걷기로 했다. 올 때와는 달리 시간을 맞춰서 가야 할 이유도 없었으니까.

저녁밥을 막 먹었을 시간쯤 해서 마을에 들어섰다. 그러나 꽃치처럼 노래를 부르고 들어갈 수도 없다. 다행히 겨울이라 나다니는 사람이 없어 아무도 모르게 우리 집까지 갈 수 있었다. 사립 안쪽을 슬쩍 들여다보니 마당에 아무도 없었다.

살금살금 걸어서 내 방으로 들어갔다. 부모님에게 써 놓은 편지는 치워지고 없었다. 그런데 방바닥이 따뜻했다. 내가 없어도 어머니는 내 방에 군불을 때 놓은 것이다. 나는 이불을 펼 새도 없이 쓰러지듯 잠이 들었다. 긴 잠이었다.

다음 날 눈을 떠 보니 머리맡에 어머니가 근심스러운 표정으로 앉아 있었다. 투명한 겨울 햇살이 방문에 비쳤다. 나는 아무 말도 하지 않았다. 어머니도 아무 말 하지 않았다. 그러나 분명한 것은 어머니의 눈시울이 붉어졌다는 것이고, 내 눈에서도 뜨거운 것이 끈적거렸다는 것이다.

#4

나는 그렇게 해서 다시 내 자리로 돌아왔다.

다음 날 학교에 가자 아이들 사이에서는 내가 '돌아온 영웅'이 되어 있었다. 아이들은 내가 학교에 나오지 않은 지난 사흘 동안의 이야기를 듣고 싶어 했다. 그러나 나는 아이들에게 들려줄 이야기가 없었다. 나는 결코 '성공해서' 돌아오지 못했기 때문이다.

아이들은 배에 대해서, 기차에 대해서, 그리고 도시와 도시 사람들에 대해서 물었다. 그러나 나는 배고팠던 것 말고는 다른 기억들이 없었다.

내가 말을 하지 않을수록 나에 대한 이야기는 잔뜩 부풀려진 채 퍼져 나갔다. 꽃치가 말을 하지 않으니까 그에 대해 온갖 이야기가 무성했듯이.

그날 나는 단독으로 담임 선생님의 특별 정신 교육을 두 시간이나 받았다. 선생님이 나를 교육시키면서 다그치던 말과 아이들의 이야기를 이리저리 짜 맞춰 보니, 나는 나중에 완벽한 가출을 하기 위해 이번에 잠깐 서울을 다녀온 셈이 돼 있었다. 서울 가는 기차엔 발도 못 올려 봤다고 얘기할까 하다가 그렇게 얘기해도 아무도 믿지 않을 분위기여서 입을 다물었다.

아이들 사이에서 나는 **언제고** 이 촌구석을 떠서 서울로 갈 사람으로 여겨졌다. 심지어 다음에 뜰 때는 자기도 꼭 데려가 달라고 부탁하는 녀석들도 있었다. 하지만 아이들이 그러면 그럴수록 심한 허탈감에 빠져들었다.

내 기분이야 어떻든 아이들 사이에선 내가 책상에 새겨 놓은 '사랑, 추억, 희망, 성공'이라는 말이 유행하게 되어, 저마다 쉬는 시간이면 책상에 칼로 그 말을 새기느라 난리를 피웠다.

6학년을 마감함으로써 시리고 아렸던 내 열세 살의 지난 일 년은 과거의 일로 밀려갔다. 그러나 열세 살의 세월이 뒤로 밀려갔으면 사실은 그 열세 살만큼 자랐다는 생각이 들었다. 뒤로 밀려난 그만큼 앞으로 내달은 것이리라.

중심 내용 파악하기

1 일이 일어난 순서대로 그림에 번호를 써 보고 내용을 요약해서 이야기해 보세요.

1) (1)   2) ( )
3) ( )   4) ( )

세부 내용 파악하기

2 훈필이가 다음의 행동을 하게 된 계기는 각각 무엇입니까?

가출을 결심한 계기	1)
고향으로 다시 돌아온 계기	2)

3 이 글의 내용과 일치하지 <u>않는</u> 것을 고르세요.

① 훈필이는 친구들과 눈싸움을 했다.
② 훈필이는 가진 돈을 모두 잃어버렸다.
③ 훈필이는 가까스로 할머니의 딸 집을 찾았다.
④ 훈필이가 돌아온 후 아이들은 훈필이의 가출담을 듣고 싶어 했다.

추론하기

4 #2에서 다음은 무엇을 의미하는지 써 보세요.

눈 감으면 코 베어 간다

1)

눈물 젖은 빵

2)

추측하기

5 각 상황에서 훈필이의 감정이나 생각을 추측해 보세요.

장면	상황	감정, 생각
#1	염소가 죽었을 때	
	마을을 떠나고자 결심할 때	비장함.
#2	돈이 없어진 걸 알았을 때	
	나그네 식당을 발견했을 때	
#3	배를 타고 돌아올 때	
	어머니의 눈시울이 붉어졌을 때	
#4	아이들이 영웅 취급을 할 때	
	6학년을 마감할 때	자신이 성장했다는 깨달음.

이야기해 보세요

1 위 작품에서 가장 인상에 남는 구절이나 장면은 무엇인지 이야기해 보세요.

2 여러분도 훈필이와 비슷한 경험을 한 적이 있습니까? 여러분의 사춘기는 어땠는지 이야기해 보세요.

문법과 표현

동 -는 둥 마는 둥 하다 ☞ 9쪽
아침을 뜨는 둥 마는 둥 하고서 염소가 있던 헛간 쪽엔 애써 눈길을 피하면서 마당을 빠져나와 학교에 갔다.

명 이고 명 이고 (간에) ☞ 9쪽
아이들 사이에서 나는 언제고 이 촌구석을 떠서 서울로 갈 사람으로 여겨졌다.

쓰기 Writing 11-2

📋 소설의 결말을 써 보세요.

▶ 준비해 보세요

1 다음은 소설의 결말 부분입니다. 두 결말의 성격이 어떻게 다른지 이야기해 보세요.

> "아! 아버지, 제가 바로 청이에요. 아버지 딸 청이요. 어서 눈을 뜨고 저를 보세요."
> 심청이 소리치며 아버지에게 와락 달려들었습니다.
> "청이? 니가 내 딸 청이란 말이냐? 어디 보자!"
> 그 순간 평생 앞을 보지 못했던 심 봉사의 눈이 번쩍 뜨였습니다. 눈을 뜬 심 봉사 앞에는 비단옷을 곱게 차려입은 청이가 서 있었습니다. 심 봉사는 꿈에 그리던 딸의 모습을 눈으로 확인하고는 감격의 눈물을 흘렸습니다. 청이와 심 봉사의 모습을 본 주변 사람들도 모두 기뻐하며 청이의 효심을 칭찬했습니다.
>
> 작자 미상, 《심청전》

> 그날 밤, 소년은 자리에 누워서도 같은 생각뿐이었다. 내일 소녀네가 이사 가는 걸 보나 어쩌나. 가면 소녀를 보게 될까 어떨까. 그러다가 까무룩 잠이 들었는가 하는데,
> "허, 참. 세상일도……."
> "글쎄 말이지. 이번엔 꽤 여러 날을 앓는 걸 약도 변변히 못 써 봤다더군. 지금 같아선 윤 초시네도 대가 끊긴 셈이지. 그런데 참, 이번 계집앤 어린 것이 여간 잔망스럽지가 않아. 글쎄, 죽기 전에 이런 말을 했다지 않아? 자기가 죽거든 자기 입던 옷을 꼭 그대로 입혀서 묻어 달라고……."
>
> 황순원, 《소나기》

2 여러분이 본 소설, 드라마, 영화 등에서 결말이 마음에 들었던 작품과 마음에 들지 않았던 작품은 무엇입니까? 그 이유와 함께 이야기해 보세요.

- **써 보세요**

1. 초등학교를 졸업한 훈필이는 다시 가출했을까요? 훈필이에게 이후 어떤 일이 생겼을지 추측해 보세요.

2. 여러분이 이 소설의 뒷부분을 이어서 쓴다면 어떤 결말을 만들고 싶은지 이야기해 보세요.

3. 보기와 같이 개요를 작성해 보세요.

   보기

   초등학교 졸업
   - 중학교에 입학했으나 다시 가출을 결심함.
   - 동네 형을 따라 서울로 향함.
   - 형을 잃어버리고 돈도 도둑맞음.
   - 형을 찾으려 노력했으나 끝내 못 찾음.
   - 결국 목포로 가출했을 때와 똑같이 노숙을 시작함.
   - 그때 꽃치의 노랫소리가 들려서 쫓아감.
   - 꽃치를 찾지는 못했지만 그 대신 노래로 인해 다시 힘을 얻음.

   개요 짜기

   초등학교 졸업

4 개요를 바탕으로 소설의 결말을 써 보세요.

보기

6학년을 마감함으로써 시리고 아렸던 내 열세 살의 지난 일 년은 과거의 일로 밀려갔다. 그러나 열세 살의 세월이 뒤로 밀려갔으면 사실은 그 열세 살만큼 자랐다는 생각이 들었다. 뒤로 밀려난 그만큼 앞으로 내달은 것이리라.

졸업을 하고 그토록 원하던 중학생이 되었지만 나는 중학교 생활이 따분하기만 했다. 학교생활에 적응하지 못한 나는 다시 뭍으로 가출을 결심했다. 이번에는 기필코 꿈을 이루어 돌아오리라. 책상 위에 '사랑, 추억, 희망, 성공'을 다시 한번 깊이 새긴 후 떠날 준비를 했다. 그러던 어느 날 서울로 돈을 벌기 위해 떠났던 동네 형이 고향에 잠시 부모님을 뵈러 왔다. 형에게 나를 서울에 데려가 달라고 졸랐고, 드디어 이 촌구석을 벗어날 수 있다는 희망을 가지고 형과 함께 서울행 기차에 몸을 실었다. 겨울이 막 끝나 갈 즈음이었다. 서울역에 도착한 나는 눈이 휘둥그레졌다. 서울은 상상보다 훨씬 더 크고 혼이 빠질 만큼 복잡했다. 나는 넋이 나가 그 광경을 한참 동안 보고 있었다. 두 번째 가출에서는 반드시 성공하겠다는 의지가 솟아올랐다. 그런 생각에 한참 잠겨 있다가 주변을 둘러봤는데 형이 보이지 않았다. 몇 시간 동안 서울역 앞을 돌아다녔지만 어디서도 형의 흔적을 찾을 수 없었다. 그때였다. 오토바이를 탄 남자가 내 옆을 지나가며 내가 메고 있는 가방을 확 낚아채고는 그대로 멀리 달아나 버렸다. 처음에는 이게 무슨 일인가 어안이 벙벙했다. 목포에서는 그래도 말이라도 붙이면서 돈을 훔쳐 갔는데……. 나는 갑자기 서울이란 곳이 무서워졌다. 나는 정신이 나간 채로 길을 방황하다가 이름 모를 골목에 자리를 잡고 누웠다. 그리고 그대로 깊은 잠에 빠져들었다.

다음 날부터 나를 서울로 데리고 온 동네 형을 찾기 시작했다. 낮에는 서울역 근처를 샅샅이 뒤지고 밤에는 역 주변 골목에서 잠을 청했다. 그러나 며칠이 지나도 형의 그림자조차 보이지 않았다. 날이 갈수록 절망감은 커지고 형을 찾고자 하는 의지는 점점 줄어들었다. 한 달쯤 지나자, 나는 모든 의욕을 잃어버리고 자고 깨는 것만 반복했다. 몸을 일으키는 것은 하루에 한 번 근처에 있는 무료 급식소에 밥을 얻어먹으러 가는 때뿐이었.

그러던 어느 날이었다. 절망감에 빠져 넋이 나가 있는데 멀리서 웬 남자의 노랫소리가 들려왔다.

이 산 저 산 꽃이 피니
분명코 봄이로구나 ♪
봄은 찾아왔건마는
세상사 쓸쓸하더라 ♬

분명히 꽃치의 노랫소리였다. 나는 반사적으로 몸을 일으켜 노랫소리가 나는 곳을 향해 달려갔지만 꽃치는 찾을 수 없었다. 그런데 한참을 뛴 탓일까. 몸에 에너지가 돌고 있는 느낌이 들었다. 한 달 만에 느끼는 생기였다. 몸에서 생기를 느끼자 그동안 삭막해 보였던 서울의 건물들도 활기차 보이기 시작했다.

"아, 같은 상황인데도 생각하기에 따라 전혀 다르게 보이는구나."

나도 모르게 내뱉은 말에 나는 전율을 느꼈다. 성공을 위해 서울에 온 것인데 고작 동네 형을 잃어버렸다고 절망감에 빠져 있던 것이다. '사랑, 추억, 희망, 성공'이라고 책상에 새기고 나왔으면, 여기서 포기하면 안 되는 것이다. 내 몸 안에 흐르는 에너지와 생동감이 그걸 가르쳐 주고 있었다. 어쩌면 꽃치가 그걸 알려 주기 위해 마음으로 노래해 준 것은 아닐까? 그렇다면 나는 다시 한번 마음을 다잡고 서울에서 성공하기 위해 노력해야 한다. 고향 쪽을 바라보면서 앞으로 절대 좌절하지 않겠다고 다짐했다.

바람이 불어왔다. 봄바람이다.

6학년을 마감함으로써 시리고 아렸던 내 열세 살의 지난 일 년은 과거의 일로 밀려갔다. 그러나 열세 살의 세월이 뒤로 밀려갔으면 사실은 그 열세 살만큼 자랐다는 생각이 들었다. 뒤로 밀려난 그만큼 앞으로 내달은 것이리라.

바람이 불어왔다. 봄바람이다.

11-1. 마음을 나누는 시

주제 어휘

구절(句節)
명 말이나 글의 일부분.
소설 《소나기》에는 풍경을 묘사한 구절이 많다.
phrase

구체화(具體化)하다
동 추상적인 개념이나 생각 등이 실제적이고 자세한 형태와 성질을 가지게 하다.
부장님께서는 추상적이었던 나의 아이디어를 구체화해서 새로운 프로젝트를 시작하셨다.
to concretize

마음에 와닿다
공감을 일으키다.
남자 친구와의 이별로 힘들었던 나에게 이 노래의 가사가 마음에 크게 와닿았다.
to touch one's heart

비유적(比喩的/譬喩的)으로 표현(表現)하다
직접 설명하지 않고 다른 비슷한 현상이나 사물에 빗대어 설명하다.
이 시는 '구름'을 '솜사탕'에 빗대어 비유적으로 표현했다.
to express figuratively

상징적(象徵的) 의미(意味)를 갖다
구체적인 사물이 추상적인 개념을 가지다.
베를린 장벽은 평화와 통일이라는 상징적 의미를 갖는다.
to have a symbolic meaning

시(詩)를 낭송(朗誦)하다
시를 소리 내어 읽다.
그는 한 달에 한 번 시를 낭송하는 모임에 나가고 있다.
to recite a poem

시어(詩語)
명 시에 쓰는 말.
시어 중에는 일상생활에서 잘 쓰이지 않는 어휘도 있다.
poetic diction

심상(心象/心像)
명 (주로 문학에서) 마음속에 떠오르는 인상이나 느낌.
시각적 심상을 잘 표현한 시를 읽자 눈앞에 그림이 펼쳐지는 것 같았다.
mental image

연(聯)
명 시에서 여러 행을 의미적으로 구분하여 한 단위로 묶은 것.
시에서 연과 행이 적절한 길이로 배치되지 않으면 운율이 없고 밋밋하게 느껴질 수 있다.
stanza

영감(靈感)을 받다
창조적인 활동과 관련한 뛰어나고 좋은 생각을 얻다.
이 곡은 작곡가가 순간적인 영감을 받아 즉흥적으로 만든 것이다.
to be inspired

운율(韻律)을 형성(形成)하다
비슷한 소리를 일정하게 반복하다.
음절 수를 반복하거나 같은 자음 또는 모음을 반복하는 것은 운율을 형성하는 대표적인 방법이다.
to form a rhyme

이미지가 연상(聯想)되다
하나의 사물이나 개념으로 다른 사물이나 개념이 떠오르다.
향수 냄새를 맡으니 꽃이 가득한 동산의 이미지가 연상된다.
image comes to mind

작품(作品)을 감상(鑑賞)하다
예술 창작 활동으로 만든 그림, 조각, 소설, 시 등을 즐기고 이해하면서 평가하다.
주말에 미술관에 가서 작품을 감상하는 시간을 가졌다.
to appreciate the work

추상적(抽象的) 개념(概念)
구체적이지 않아 뚜렷하지 않은 관념.
이 책에는 정의, 평등, 자유, 도덕과 같은 추상적 개념들이 알기 쉽게 설명되어 있다.
abstract concept

함축적(含蓄的) 의미(意味)
단어의 사전적 의미 외에, 작품 속의 문맥으로 보아 암시되거나 새롭게 구성되는 의미.
시어들은 함축적 의미를 담고 있는 경우가 많다.
implicit meaning

행(行)
명 시의 한 줄.
오른쪽 시는 두 개의 연과 네 개의 행으로 이루어져 있다.
line (in a poem)

> 빨주노초파남보
> 일곱 색깔 무지개
>
> 일곱 살 내 동생이
> 건너 보고 싶대요

듣기

들어 보세요 1

감안(勘案)하다
동 여러 사정을 참고하여 생각하다.
사장님은 김 대리의 사정을 감안하여 휴가 일정을 조정해 주었다.
to consider

맞추다
동 서로 어긋남이 없이 조화를 이루다.
아내는 옷 색깔과 모자 색깔을 맞췄다.
to match

박자(拍子)
명 리듬.
요즘 한국 랩은 박자가 빨라서 따라 부르기 힘들다.
beat

양측(兩側)
명 두 편.
양측은 서로의 주장을 조금도 양보하지 않는다.
both sides

얹다
동 위에 올려놓다.
'숟가락을 얹다'라는 표현은 다른 사람이 열심히 노력한 결과에 아주 약간의 도움만 주고 손쉽게 이익을 얻는 행동을 말한다.
to place on top of

음정(音程)
명 음의 높낮이.
가수에게는 기본적으로 음정을 맞추는 능력이 필요하다.
pitch

이루 다 헤아리기 어렵다
너무 많아서 세기 어렵다.
친구가 나를 실망시킨 일은 이루 다 헤아리기 어렵다.
cannot count them all

파장(波長)을 일으키다
충격적인 일로 큰 영향을 끼치다.
유명 배우 A 씨의 스캔들은 방송계에 파장을 일으켰다.
to cause a stir

휩쓸다
동 경기 등에서 상이나 메달 등을 모두 차지하다.
영화 〈기생충〉은 2020년에 아카데미상을 휩쓸었다.
to sweep

들어 보세요 2

각박(刻薄)하다
형 정이 없고 삭막하다.
각박한 세상에서 따뜻한 마음을 지니고 사는 것은 쉬운 일이 아니다.
to be harsh

교감(交感)을 나누다
서로 마음이 통하다.
나와 에르셀 씨는 같은 고향 사람으로서 깊은 교감을 나누었다.
to share a connection

빽빽하다
형 사물과 사물 또는 사람과 사람 사이의 거리가 매우 좁다.
서울에는 건물들이 빽빽하게 늘어서 있다.
to be dense

삭막(索寞/索漠)하다
형 쓸쓸하고 막막하다.
도시 생활은 옆집에 누가 사는지도 모를 정도로 삭막하다.
to be dreary

소망(所望)
명 어떤 일을 바람. 또는 그 바라는 것.
나의 소망은 그녀가 다시 나를 만나 주는 것이다.
hope

숱하다
형 아주 많다.
그는 숱한 고난을 극복하고 성공했다.
to be numerous

어조(語調)
명 말의 느낌.
그는 항상 부드러운 어조로 말한다.
tone

저서(著書)
명 책을 지음. 또는 그 책.
김 박사는 많은 저서를 남겼다.
literary work

제가끔
부 저마다 따로따로.
제가끔 다른 주장을 하고 있어서 토론이 끝나지 않는다.
individually

말하기

결실(結實) [결씰]
명 일의 결과가 잘 맺어짐. 또는 그런 성과.
평생을 성실하게 살아오신 부모님의 영향으로 자식들이 모두 성공의 결실을 맺게 되었다.
fruition

고뇌(苦惱)
명 괴로워하고 고민함.
긴 시간 고뇌의 과정을 거쳐 결정을 내릴 수 있었다.
agony

담담(淡淡)하다
형 차분하고 조용하다.
그는 긴급한 상황에서도 담담하게 일을 처리했다.
to be calm

담아내다
동 글, 말 등에 어떤 내용을 나타내다.
그 가수는 자신의 노래에 사랑하는 사람에 대한 마음을 담아냈다.
to capture

대칭적(對稱的)
관/명 두 사물이 서로 크기나 모양이 정확히 같아 한 쌍을 이루는 (것).
그 건물은 왼쪽과 오른쪽이 대칭적으로 지어졌다.
symmetrical

서럽다
형 화가 나고 슬프다.
돈이 없어서 친구한테 무시당하니까 매우 서럽다.
to be sad

서정적(抒情的/敍情的)
관/명 정서를 많이 담고 있는 (것).
이 노래는 서정적인 가사로 많은 사람에게 사랑을 받고 있다.
lyrical

11-2. 소설 속의 인생

주제 어휘

가슴이 시리다
마음이 쓸쓸하고 아프다.
아버지에 대한 그리움으로 가슴이 시리다.
heart pains

가슴이 아리다
마음이 고통스러워서 찌르는 듯이 아프다.
아이들의 불쌍한 모습을 보자 가슴이 아렸다.
heart stings

가출(家出)하다
동 가정을 버리고 집을 나가다.
가출한 딸이 하루빨리 집으로 돌아오기를 바랄 뿐이다.
to run away from home

감수성(感受性)이 예민(銳敏)하다
자극에 빠르게 반응을 보이거나 쉽게 영향을 받는 데가 있다.
감수성이 예민한 사람은 슬픈 영화를 볼 때 쉽게 눈물을 흘린다.
sensibility be sensitive

꿈이 깨지다
이루고 싶은 목표가 실패로 끝나다.
나는 축구 선수가 되고 싶었지만 사고로 다리가 부러지면서 꿈이 깨졌다.
dream be shattered

꿈이 무너지다
희망이나 목표가 이루어지지 못하다.
한순간의 실수로 우리의 꿈이 무너져 버렸다.
dream be crushed

답답함을 느끼다
좁고 닫힌 공간 속에 있는 것처럼 꽉 막힌 느낌이 있다.
계속 똑같은 일만 반복하는 삶에 답답함을 느낀다.
to feel frustrated

반항(反抗)하다
동 다른 사람이나 대상에 맞서 반발하거나 반대하다.
청소년기 아이들은 부모님에게 반항하는 경우가 많다.
to rebel

방황(彷徨)하다
동 목표나 방향을 정하지 못하고 헤매다.
라일리는 아직도 진로를 정하지 못하고 방황하고 있다.
to wander

불길(不吉)한 예감(豫感)이 들다
안 좋은 일이 생길 것 같은 느낌이 들다.
아침부터 까마귀 떼가 울어 대자 불길한 예감이 들었다.
to have an uneasy feeling

성숙(成熟)해지다
동 몸과 마음이 자라서 어른스럽게 되다.
아버지는 아들이 성숙해지는 모습을 글과 사진으로 기록했다.
to be matured

성장(成長)하다
동 점점 커지거나 자라다.
내 친구 민지는 어려운 환경 속에서도 밝게 성장했다.
to grow

신체적(身體的) 변화(變化)를 겪다
몸의 상태나 모습이 달라지는 것을 경험하다.
요즘 청년들은 과도한 스트레스로 인해 정신적 문제뿐만 아니라 체중 증가 등 신체적 변화도 함께 겪고 있다.
to undergo physical change

심리적(心理的) 변화(變化)를 겪다
마음의 상태가 달라지는 것을 경험하다.
열다섯 살 때 나는 많은 신체적 변화와 더불어 심리적 변화를 겪어서 혼란스러웠다.
to undergo psychological change

잠을 설치다
제대로 충분히 자지 못하다.
요즘 고민이 많아 잠을 설치곤 한다.
to not get a good night's sleep

좌절(挫折)하다
동 어떤 일을 하려는 마음이 꺾이다.
그녀는 여러 번 실패했음에도 불구하고 좌절하지 않고 계속 도전하였다.
to despair

첫사랑
명 처음으로 한 사랑.
승규는 첫사랑의 기억을 아직까지도 잊지 못하고 있다.
first love

풋사랑
명 나이가 어려서 서툰 사랑.
초등학교 때 같은 반 여학생은 내 학창 시절의 풋사랑이었다.
puppy love

허탈감(虛脫感)에 빠지다
온몸에 기운이 빠지고 멍한 느낌이 들다.
할머니의 장례식이 끝나자 나는 허탈감에 빠졌다.
to feel empty

혼란(混亂)을 겪다
어지럽고 체계가 없는 느낌을 경험하다.
사랑이라고 믿었던 것들이 무너지면서 갈등과 혼란을 겪었다.
to experience confusion

희망(希望)이 무너지다
이루어지길 바라는 것이 뜻대로 되어 가지 못하고 깨지다.
애타게 기대했던 마지막 희망마저 무너져 버렸다.
hope be crushed

읽기

읽어 보세요

거두다
동 벌이거나 차려 놓은 것을 정리하다.
나는 연필을 거두고 일기 쓰는 것을 그만두었다.
to put away

걸핏하면
부 조금이라도 일이 있기만 하면 곧.
민규는 걸핏하면 돈을 빌려 달라고 해서 만나기 싫다.
leap at any chance

경계(警戒)하다
동 문제가 생기지 않도록 조심하다.
친구 집에 처음 놀러 갔을 때, 친구의 강아지가 나를 경계하는 눈빛으로 쳐다봤다.
to look out

고함(高喊)
명 크게 부르거나 외치는 소리.
할아버지는 나에게 자주 고함을 치셨다.
shout

구걸(求乞)
명 돈이나 먹을 것, 물건 등을 공짜로 달라고 빎.
그는 운영하던 회사가 망해서 구걸로 먹고산다.
begging

기억(記憶)을 더듬다
예전에 했던 경험이나 알았던 사실이 무엇이었는지 알아내기 위해 그때의 기억을 생각해 보다.
나는 그녀의 전화번호를 떠올리기 위해 기억을 더듬어 봤다.
to recall

까딱하다
동 잘못 움직이거나 행동하다.
까딱하면 넘어질 뻔했다.
to come close to

깡마르다
형 몸이 매우 마르다.
어제 구조된 유기견은 제대로 먹지 못해 깡말랐다.
to be scrawny

꼬리를 감추다
달아나거나 도망가다.
도둑은 경찰이 도착하기 전에 꼬리를 감추었다.
to leave no trace

꿰다
동 옷이나 신발 등을 입거나 신다.
나는 바지를 다리에 꿰었다.
to put on

끈적거리다
동 자꾸 들러붙다.
풀이 손에 묻어서 끈적거린다.
to be sticky

끌려가다
동 남이 시키는 대로 억지로 딸려 가다.
도둑이 경찰에게 끌려가고 있다.
to be dragged

나다니다
동 밖으로 나가 여기저기 다니다.
늦은 시간에 나다니는 것은 위험하다.
to wander

나지막하다
형 소리가 낮다.
그는 나지막한 목소리로 이야기를 계속했다.
to be low

난리(亂離)를 피우다
정신없고 어지러운 상태를 만들다.
부모님이 장난감을 안 사준다고 하자 아이는 주변의 물건을 집어 던지며 난리를 피웠다.
to make a fuss

날뛰다
동 날 듯이 껑충껑충 뛰다.
갑자기 말이 날뛰는 바람에 말 위에서 떨어졌다.
to leap

날이 새다
아침이 밝아 오다.
밤새 공부를 하다 보니 날이 새는 줄도 몰랐다.
day breaks

논(論)하다
동 의견이나 이론을 논리적으로 말하다.
인생을 논하기에 수정이는 아직 너무 어리다.
to discuss

눈 감으면 코 베어 간다
한눈을 파는 사이에 큰 피해를 당할 만큼 세상이 각박함을 비유적으로 이르는 말.
눈 감으면 코 베어 가는 세상인 만큼 잘 모르는 사람을 너무 믿으면 안 된다.
catch a weasel asleep

대꾸하다
동 남의 말을 듣고 그대로 받아들이지 않고 그 자리에서 자기 의견을 이야기하다.
한국에서는 어른의 말씀에 대꾸하면 안 된다고 배우는데, 나는 그렇게 생각하지 않는다.
to talk back

대목
명 이야기나 글 등의 특정한 부분.
그 배우는 가끔 중요한 대목의 대사를 잊어버리곤 한다.
passage

도리(道理)
명 어떤 일을 해 나갈 방법.
아무리 생각해도 해결할 도리가 없다.
means

뒤척이다
동 물건이나 몸을 이리저리 뒤집다.
나는 밤새 잠을 못 자고 뒤척였다.
to toss and turn

뒹굴다
동 누워서 이리저리 구르다.
나는 침대에서 뒹굴 때가 제일 행복하다.
to roll

드러눕다
동 편하게 눕다.
나는 너무 피곤해서 집에 들어오자마자 침대에 드러누워 쉬었다.
to lie down

따스하다
형 조금 따듯하다.
비를 많이 맞아서 빨리 따스한 방에 들어가 쉬고 싶다.
to be warm

뜨다
동 다른 곳으로 가기 위하여 있던 곳을 떠나다.
나는 고향을 떠서 서울로 향했다.
to leave

머리맡
명 누웠을 때의 머리 주변.
그는 책을 머리맡에 놓아둔 채 잠들었다.
head of the bed

모퉁이
명 구부러지거나 꺾어져 돌아간 자리.
모퉁이에 한 아이가 앉아서 울고 있다.
corner

목장(牧場)
명 소나 양, 말 등을 놓아기르는 곳.
강원도에 놀러 갔을 때 목장에서 기르는 소들을 본 것이 기억에 남는다.
ranch

무르익다
동 시기나 일이 충분히 성숙되다.
봄이 무르익으면 그동안 집에만 있던 사람들이 운동하러 밖으로 나오기 시작한다.
to be peak

무성(茂盛)하다
형 풀이나 나무 등이 자라서 우거져 있다.
나무에 잎이 무성하다.
to be thick

배를 곯다
아주 조금 먹거나 굶다.
내가 어린 시절엔 돈이 없어서 배를 곯은 날이 많았다.
to go hungry

부두(埠頭)
명 배를 대어 사람과 짐이 배에서 땅으로 오르내릴 수 있도록 만들어 놓은 곳.
작은 배 한 척이 부두를 떠나고 있었다.
wharf

부르트다
동 손이나 발 등의 피부가 부어오르다.
다섯 시간 동안 쉬지 않고 걸었더니 발이 부르텄다.
to swell

부산하다
형 급하게 서두르거나 시끄럽게 떠들어 정신이 없다.
교실에 아이들이 많아서 매우 부산하다.
to bustle

부풀리다
동 어떤 일을 실제보다 과장되게 이야기하다.
그는 자기 월급을 부풀려 말했다.
to exaggerate

비장(悲壯)하다
형 슬프면서도 그 감정을 누르고 씩씩한 태도를 보이다.
세계 랭킹 1위와 시합을 하게 된 김석호 선수는 비장한 태도로 경기장에 나갔다.
to be resolute

뾰쪽한 생각
어떤 문제를 해결하기 위한 좋은 아이디어.
아무리 고민해도 뾰쪽한 생각이 떠오르지 않았다.
good idea

살금살금
부 남이 알아차리지 못하도록 눈치를 살펴 가면서 행동하는 모양.
밤늦게까지 술을 마시고 새벽 세 시에 집에 온 소희는 엄마가 깰까 봐 살금살금 들어왔다.
sneakily

선선히
부 성질이나 태도가 쾌활하고 시원스럽게.
친구랑 여행 가도 되느냐고 물어봤을 때 부모님은 선선히 허락해 주셨다.
willingly

설움
명 서럽게 느껴지는 마음.
엄마에게 억울하게 혼이 난 소정이는 설움에 훌쩍였다.
sorrow

수그러지다
동 정도가 점점 줄어들다.
어제까지 종일 퍼붓던 비가 오늘은 좀 수그러지고 있다.
to subside

시골구석 [시골꾸석]
명 도시에서 멀리 떨어진 시골을 안 좋게 부르는 말.
젊은 사람들은 시골구석에서 빨리 떠나고 싶어 한다.
boondocks

시비조(是非調) [시비쪼]
명 옳고 그름을 따지는 말다툼을 거는 듯한 어조.
영수는 처음 보는 사람에게도 시비조로 말한다.
aggressive tone

시장통(市場通)
명 여러 가지 물건을 늘 사고파는 시장의 거리.
시장통은 언제나 소란하다.
market street

썩다
동 물건이나 사람 또는 사람의 재능 등이 쓰여야 할 곳에 제대로 쓰이지 못하고 버려진 상태에 있다.
그는 시골구석에서 썩기에는 아까운 인물이다.
to go to waste

어찌코롬
부 '어찌'의 전라남도 방언. '어찌'는 '어떠한 방법으로'라는 의미이다.
이제 어찌코롬 해야 할지 전혀 알 수가 없다.
how

어찌하다
동 어떤 방법으로 하다.
앞으로 어찌해야 성공할 수 있을지 고민이 되었다.
to do in some way

언덕
명 땅의 경사가 가파르고 약간 높은 곳.
우리 학교는 언덕 위에 있어서 아침마다 학교 가기가 너무 힘들다.
hill

역사(驛舍)
명 역으로 쓰는 건물.
열차 시간보다 일찍 도착한 그는 역사 안에서 기다리고 있었다.
station building

염두(念頭)에 두다
마음속에 어떤 생각을 가지다.
약을 복용할 때는 부작용이 생길 수 있다는 것을 염두에 두어야 한다.
to keep in mind

오간 데 없다
흔적도 없이 사라졌다.
조금 전까지 사용하던 가위가 오간 데 없다.
to disappear without a trace

오만가지(五萬가지) 생각
매우 많은 생각.
동생이 며칠째 연락이 안 되자 오만가지 생각이 들었다.
millions of thoughts

옷깃을 여미다
옷을 가지런하게 하여 자세를 바로잡다.
그는 옷깃을 여미고 발표하러 나갔다.
to straighten up one's clothes

와르르 무너지다
쌓여 있던 물건 등이 갑자기 야단스러운 소리를 내며 내려앉다.
지진 때문에 석탑이 와르르 무너졌다.
to come crashing down

요량(料量)
명 앞일을 잘 헤아려 생각함. 또는 그런 생각.
나는 앞으로 한국에 유학 갈 요량으로 돈을 마련하고 있다.
intention

웃자라다
동 쓸데없이 보통 이상으로 많이 자라 연약하게 되다.
비가 많이 와서 햇빛을 보지 못한 벼는 웃자라서 쌀을 수확하기 어렵다.
to be overgrown

웅변대회(雄辯大會)
명 청중 앞에서 자신의 의견이나 감정 등을 힘차고 막힘없이 당당하게 발표하는 대회.
웅변대회는 아이들에게 발표에 대한 두려움을 없애 주기 위해 만들어진 것이다.
speech contest

으슬으슬
부 매우 차가운 느낌이 드는 모양.
감기에 걸려서 몸이 으슬으슬 춥다.
freezingly

이까짓
관 겨우 이만한 정도의.
이까짓 일 해 봐야 돈도 얼마 못 받는다.
trifling

잽싸다
형 동작이 매우 빠르다.
그는 수업이 끝나자마자 잽싼 발걸음으로 집으로 뛰어갔다.
to be speedy

전학(轉學)
명 다른 학교로 옮겨 가서 배움.
나는 전학을 많이 다녀서 학창 시절의 친구가 별로 없다.
transfer schools

종종걸음을 치다
발을 가까이 자주 떼며 급하게 걷다.
강아지는 내가 집에 오자 종종걸음을 치며 다가왔다.
to trot

쭈그리다
동 팔다리를 몸 안쪽으로 집어넣어 몸을 작게 만들다.
그는 모퉁이에 쭈그려 앉아 있다.
to crouch

찧다
동 마주 부딪치다.
그는 벽에 이마를 찧었다.
to bang

첫머리
명 어떤 일이나 사물 등이 시작되는 부분.
학기의 첫머리에는 열정적으로 공부를 시작하는 학생들이 많다.
beginning

촌구석(村구석) [촌꾸석]
명 도시에서 멀리 떨어진 시골을 안 좋게 부르는 말.
그는 촌구석에 어울리지 않는 옷차림을 하고 있어서 눈에 띄었다.
boonies

출렁이다
동 물 등이 크게 흔들리다.
출렁이는 파도에 배가 크게 흔들렸다.
to rock

출렁하다
동 놀라거나 떨려서 가슴이 두근거리다.
중요한 면접에 가고 있는데 교통사고를 당해서 가슴이 출렁했다.
to palpitate

취급(取扱)
명 사람이나 사건을 어떤 태도로 대하거나 처리함.
나는 예의가 없는 사람은 사람 취급을 하지 않는다.
handling

쾌활(快活)하다
형 성격이 밝고 활발하다.
민수는 성격이 쾌활해서 주변에 친구가 많다.
to be cheerful

큰물로 나가다
더 큰 세상으로 나가다.
나는 더 큰물로 나가기 위해 외국 유학을 결심했다.
to go in the larger world

타이르다
동 잘 깨닫도록 일의 이치를 밝혀 말해 주다.
동생을 아무리 타일러도 말을 듣지 않는다.
to persuade

튀다
동 '도망가다'를 안 좋게 부르는 말.
범인은 경찰이 움직이기 전에 미국으로 튀었다.
to bounce

파고들다
동 추위 등이 깊이 들어오다.
겨울에 캠핑을 하고 있자니 추위가 몸속으로 파고든다.
to penetrate

파이다
동 그림이나 글씨가 새겨지다.
돌에는 방문객들의 이름이 파여 있었다.
to be engraved

패잔병(敗殘兵)
명 전쟁에 진 군대의 병사 가운데 살아남은 병사.
우리 할아버지는 전쟁 때 패잔병으로 이곳에 들어왔다가 그대로 정착했다고 한다.
defeated soldier

퍼뜩
부 어떤 생각이 갑자기 아주 순간적으로 떠오르는 모양.
갑자기 좋은 아이디어가 퍼뜩 떠올랐다.
suddenly

하마터면
부 조금만 잘못하였다면. 위험한 상황을 겨우 벗어났을 때 쓰는 말이다.
하마터면 비행기를 놓칠 뻔했다.
almost

한(恨)
명 몹시 원망스럽고 억울하거나 안타깝고 슬퍼 감정이 쌓인 마음.
'한'은 한국인의 대표적인 정서 중 하나이다.
resentment

행여(幸여)
부 어쩌다가 혹시.
행여 실수가 있을까 봐 몇 번이나 다시 확인했다.
by any chance

험악(險惡)하다
형 인심, 성질, 태도, 외모 등이 매우 나쁘다.
그는 인상은 험악해 보이지만 사실은 마음이 매우 따뜻한 사람이다.
to be intimidating

획
뷔 갑자기 빨리 움직이는 모양.
그는 뒤에서 들리는 목소리에 획 돌아보았다.
whirlingly

쓰기

대(代)가 끊기다
더 이상 자손이 없다.
예전에는 대가 끊기지 않게 아들이 없는 경우 친척 남자아이를 입양하기도 했다.
family lineage ends

번쩍 뜨이다
감았던 눈이 갑자기 벌려지다.
자고 있다가도 회사에 갈 시간이 되면 눈이 번쩍 뜨인다.
to suddenly open one's eyes

변변히 못 쓰다
제대로 충분히 사용하지 못하다.
그는 약도 변변히 못 써 보고 세상을 떴다.
to not be able to use properly

와락 달려들다
갑자기 달려와 안기거나 매달리다.
조카가 나를 보더니 와락 달려들었다.
to throw oneself

잔망(孱妄)스럽다
형 얄밉도록 영악한 데가 있다.
어린아이가 너무 똑똑하면 잔망스럽게 느껴지기 마련이다.
to be precocious

12 인간과 사회

- **12-1** 더불어 사는 사회
- **12-2** 개인과 사회

12-1	더불어 사는 사회	12-2	개인과 사회
듣기 1	온라인 평등 교육 프로그램을 듣고 정보 찾기	읽기 1	사회학 용어를 설명하는 글을 읽고 정보 찾기
듣기 2	사회 문제에 대한 상반된 입장을 듣고 주장과 근거 파악하기	읽기 2	나 홀로 문화에 대한 칼럼을 읽고 글쓴이의 관점 파악하기
말하기	입장 제시하기	쓰기	새로운 관점 드러내는 글 쓰기

Intro 들어가기 12-1 더불어 사는 사회

1. 각 그림이 어떤 사회 현상을 나타내는지 이야기해 보세요.

2. 여러분 나라에도 이와 비슷한 사회 현상이 있습니까?

1 다음은 차별의 종류입니다. 다음 차별의 사례를 이야기해 보세요.

성차별

다문화 가정 차별

빈부 차별

성 소수자 차별

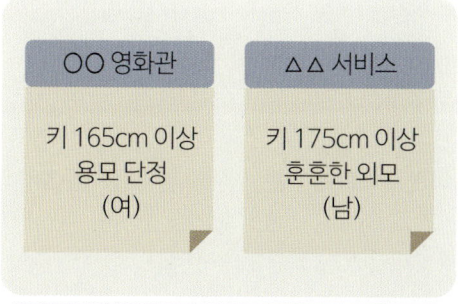
외모 차별

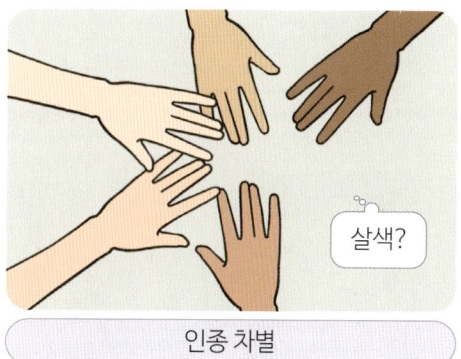
인종 차별

장애인 차별

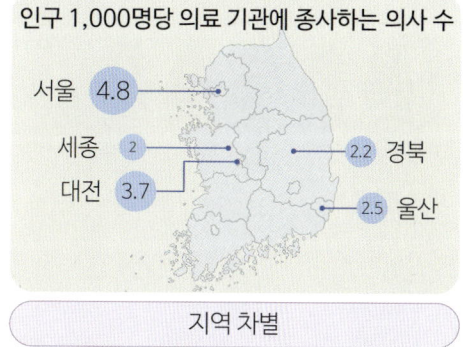
지역 차별

2. 다음은 성차별과 관련된 표현입니다. 빈칸에 알맞은 표현을 찾아 써 보세요.

한국은 전통적으로 남성 위주의 사회였다. 지금은 그런 사회적 분위기가 많이 사라졌지만 아직도 남아 있는 경우가 종종 보인다. 딸보다 아들을 선호하는 1) **남아 선호 사상**이나 아버지가 집안의 중요한 일을 결정하는 2) _____ 등을 그 예로 들 수 있다.

성별에 의해 **차별을 당하는** 사례는 여전히 존재한다. 동일 직급에서 동일 노동을 하더라도 3) _____ 이/가 생기는 경우나, 여성은 일정 수준 이상으로 승진하기가 어려운 4) _____ 등이 있다.

남성은 군 복무로 취업 준비 기간이 짧아지기 때문에 여성에 비해 취업에 불리하다고 생각하는 사람들이 있다. 이들은 군대에 다녀온 남성에게 혜택을 주는 5) _____ 제도의 도입을 요구한다. 그러나 이것이 **형평에 어긋난다는** 이유로 반대하는 사람들도 있다.

요즘 젊은 부부들은 **성평등**을 실현하기 위해 6) _____ 한다는 의식을 가지는 경우가 많으나, 실질적으로는 맞벌이 부부임에도 여성이 남성보다 집안일에 시간을 더 쓴다는 조사 결과가 있다.

다른 성별의 사람이 불편해할 수 있는 말이나 행동을 아무렇지 않게 하는 경우가 있다. 이런 일은 7) _____ 이/가 부족해서 일어나는 것이므로 교육을 통해 깨닫게 해야 한다.

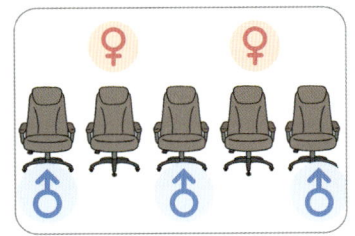

성평등의 실현을 위해 회사 임원 중 일정한 비율을 여성으로 채우는 8) _____ 을/를 도입하는 기업이 늘어나고 있다. 그러나 남성들은 이것이 오히려 남성을 차별하는 9) _____ (이)라며 반발하기도 한다.

가부장제	성평등	역차별	군 가산점	남아 선호 사상	성 인지 감수성
여성 할당제	유리 천장	임금 격차	가사를 분담하다	차별을 당하다	형평에 어긋나다

듣기

들어 보세요 ①

준비

1 아래 그래프를 보고 한국 사람들은 어떤 차별이 심하다고 인식하는지 이야기해 보세요.

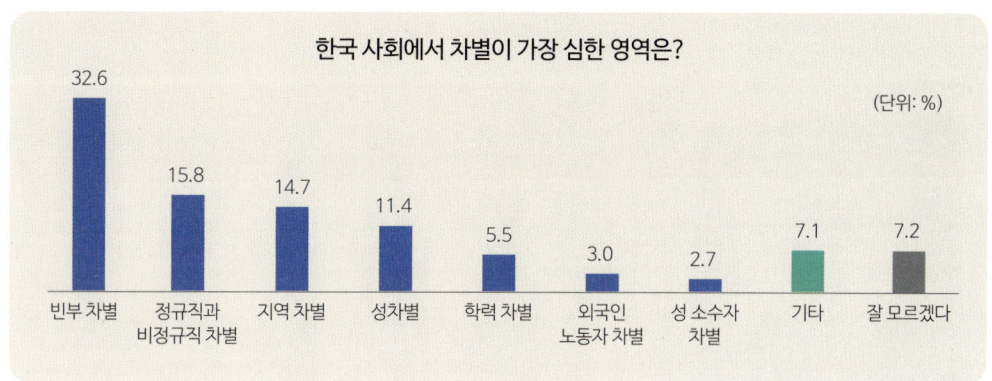

듣기 다음은 온라인 평등 교육 프로그램의 일부입니다. 잘 듣고 질문에 답해 보세요.

중심 내용 파악하기

1 이 교육 프로그램에 제목을 붙여 보세요.

세부 내용 파악하기

2 들은 내용과 일치하지 <u>않는</u> 것을 고르세요.

① 비정규직 여성은 차별받을 가능성이 상대적으로 낮다.
② 차별은 우리가 인식하지 못하는 곳에 늘 존재하고 있다.
③ 한국에서는 일정 규모 이상의 건물에 경사로를 설치해야 한다.
④ 장애인 편의 시설이 생기면 비장애인이 불편을 겪을 수도 있다.

3 설문 조사의 내용을 정리해 보세요.

한국 사회에서 가장 심각하다고 여겨지는 차별 순위	
1위:	2위:
3위:	4위:

4 이 교육 프로그램의 결론으로 적절한 것을 고르세요.

① 차별을 금지하는 법률을 만들어야 한다.
② 정부에서 장애인 편의 시설을 더 늘려야 한다.
③ 비정규직 여성들을 모두 정규직으로 전환해야 한다.
④ 개개인이 차별에 대한 인식을 가지도록 노력해야 한다.

들어 보세요 2

준비

1 아래 자료를 통해 무엇을 알 수 있습니까?

듣기 다음은 사회 문제에 대한 입장 차이를 보여 주는 토론입니다. 잘 듣고 질문에 답해 보세요.

중심 내용 파악하기

1 이 토론의 주제는 무엇입니까?

세부 내용 파악하기

2 두 사람의 의견을 정리해 보세요.

여성	1)
남성	2)

3 여성이 주장을 뒷받침하기 위해 내세운 근거와 일치하면 ○, 일치하지 않으면 ✕ 하세요.

1) 여성 임원 수는 남성 임원 수에 비해 적다. ( )
2) 현재 고용된 여성 수는 남성 수에 비해 많다. ( )
3) 여성의 업무 능력이 남성에 비해 떨어진다는 편견이 존재한다. ( )

4 남성이 제시한 한국 남성의 삶을 정리해 보세요.

20대	1)
30~40대	2)
은퇴 후	3)

이야기해 보세요

1 여러분 나라에서는 어떤 차별이 가장 문제가 되는지, 그 문제를 해결하기 위한 방법에는 무엇이 있을지 이야기해 보세요.

문법과 표현

동 형 -을 법하다 ☞ 10쪽
한국 여성이라면 누구나 한 번쯤 겪어 봤을 법한 다양한 성차별 문제를 다룬 영화가 개봉되어 큰 반향을 일으켰다.

동 형 -건만, 명 이건만 ☞ 10쪽
국가를 위해서 국방의 의무를 수행하고 왔건만, 혜택을 받기는커녕 이미 취업 준비를 하고 있던 여성들과 경쟁해야 하는 현실이 기다릴 뿐이다.

말하기 Speaking 12-1

🎤 자신의 입장을 제시해 보세요.

— 준비해 보세요

1 성차별에 관해 여성과 남성은 각각 어떤 입장입니까?

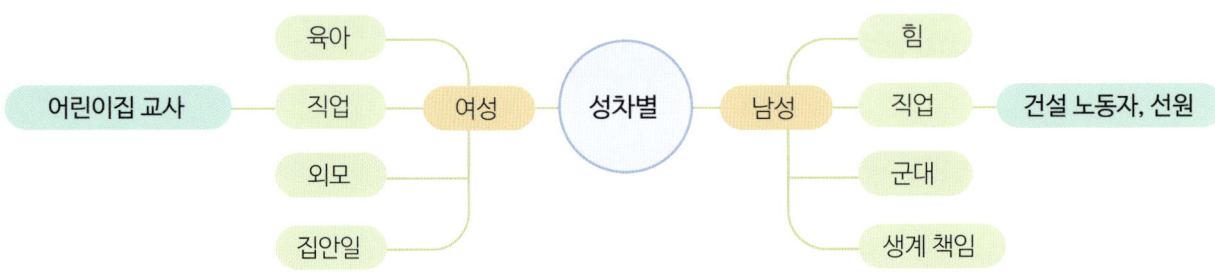

여성의 입장에서 보면 우리 사회는 여성이 살기 힘든 사회입니다. 여성은 예뻐야 한다는 고정 관념도 있고 집안일, 육아 등을 여성이 해야 할 일이라고 보는 시각도 많습니다.

남성의 입장에서 봤을 때 우리 사회에는 남성을 향한 고정 관념이 너무 많습니다. 또한 국방, 가족 부양 등 의무와 책임만 많고 권리는 없는, 남성에게 불리한 사회입니다.

- 표현을 연습해 보세요

1 다음은 입장을 제시할 때 사용하는 표현입니다. 다음 표현을 사용하여 연습해 보세요.

입장 제시하기

> 주장하는 사람의 의견을 제시합니다.

> 주장하는 사람이 놓인 상황에 따른 의견을 제시합니다.

- 저는 …에 …는 입장입니다
- 저는[저도] …의 입장과 다릅니다[같습니다]

- …의 입장에서 보면[봤을 때] …습니다
- …의 입장에서 …에(는) 동의할 수 없습니다 [동의합니다]

- 저는 여성 할당제에 반대하는 입장입니다. 남성의 입장에서 보면 이 제도는 남성에게 역차별이 됩니다.
- 저는 남성 분의 입장과 다릅니다. 여성의 입장에서 이 제도가 남성에게 역차별이 된다는 데에 동의할 수 없습니다.

수업 시간에 휴대폰을 수거하는 것

1)
- 학생
  - 반대하는 입장
  - 휴대폰 수거는 인권 침해임.

2)
- 교사
  - 학생의 입장과 다름.
  - 휴대폰 수거가 인권 침해라는 데에 동의할 수 없음.

2 다음은 강조할 때 사용하는 표현입니다. 다음 표현을 사용하여 연습해 보세요.

강조하기

> 자신의 주장이나 상황을 강조합니다.

- …이야말로 …는 것이 아닐까요?
- …어야만 …을 수 있다고 생각합니다

- 여성에게도 동등한 기회를 주는 정책적 배려와 인식의 **전환이야말로** 이 시점에서 가장 **필요한 것이 아닐까요?**
- 여성의 인권이 **존중되어야만** 남성의 인권도 함께 **신장될 수 있다고 생각합니다.**

1)
- 수업 시간에 휴대폰을 수거하는 것은 인권을 침해함.

2)
- 휴대폰을 활용해야 다양한 수업 활동을 진행할 수 있음.

- **이야기해 보세요**

1 다음 상황에서 충돌하는 양쪽의 입장은 무엇일지 이야기해 보세요.

| 상황 1 | 여성 할당제란 채용이나 승진에서 일정 비율의 자리를 여성에게 할당하는 제도이다. 이 제도에 대해 여성과 남성이 서로 다른 입장을 보이고 있다. |

| 상황 2 | 한국은 2050년에 노령 인구가 40%를 넘어설 전망이다. 이러한 초고령 사회를 대비하여 정년 연장이 논의되면서 정부와 기업 간에 입장 차이가 나타나고 있다. |

| 상황 3 | 서울시 OO구에 벽화 마을을 조성하는 계획과 관련하여 서울시와 지역 주민 간의 입장 차이가 좁혀지지 않고 있다. |

2 위의 주제 중 하나를 선택해 보기와 같이 여러분의 입장을 메모해 보세요.

보기

입장 제시하기	• 여성 할당제는 반드시 도입되어야 함.
근거 제시하기	• 현재 기업들은 여성보다 남성을 선호함. • 여성들은 취업을 위해 남성보다 훨씬 많은 노력이 필요함.
강조하기	• 여성 할당제가 도입되어야 성평등을 실현할 수 있음.

메모하기

입장 제시하기	
근거 제시하기	
강조하기	

3 메모한 내용을 바탕으로 여러분의 입장을 이야기해 보세요.

보기

- 입장 제시하기: 저는 여성에게 동등한 기회를 주는 여성 할당제 도입에 찬성하는 입장입니다.

- 근거 제시하기: 여성 할당제에 대해 여성과 남성이 의견 차이를 보이고 있으며, 일부 남성들은 이 제도가 남성에 대한 역차별이라고 주장하고 있습니다. 그러나 현재 여성들은 취업을 위해 남성보다 훨씬 많은 노력이 필요합니다. 기업들이 여성보다 남성을 선호하는 경향이 있기 때문입니다.

- 강조하기: 그러므로 여성 할당제가 도입되어야만 성평등을 실현할 수 있다고 생각합니다.

개인과 사회

1. 여러분은 어느 사회 집단에 속해 있습니까? 그 집단의 구성원으로서 어떤 활동을 하고 무엇을 배우는지 이야기해 보세요.

2. 사회가 필요한 이유는 무엇일까요? 개인과 사회의 관계에 대해 이야기해 보세요.

Topic Vocab 12-2 주제 어휘

1 다음은 사회화와 관련된 표현입니다. 관계있는 것끼리 연결해 보세요.

사회화	•	•	같은 문화 속에 사는 사람들은 사고방식과 행동, 태도 등에서 공통점을 보인다.
나 홀로 문화	•	•	사람은 성장하면서 주변 사람들의 행동을 보고 사회에서 살아가기 위해 필요한 것들을 배운다.
문화를 공유하다	•	•	요즘은 혼자 영화관을 간다든지 여행을 한다든지 하면서 자신만의 시간을 즐기는 사람들이 많아지고 있다.
사회적 존재로 거듭나다	•	•	어릴 때 조용한 성격이었던 민수는 학교에 가서 활발한 친구들과 어울리며 외향적인 성격으로 바뀌었다.
정서적 유대를 확립하다	•	•	룸메이트와 처음 만났을 때는 성격이 달라 친해지기 어려웠는데 1년간 같이 살다 보니 심리적으로 가까워졌다.
자아 정체성을 확립하다	•	•	집에만 있던 아이가 유치원에 입학해 친구들과 선생님을 만나면서 새로운 사회적 관계를 맺기 시작했다.
후천적으로 형성되다	•	•	나는 한국에서 태어나고 자랐지만 부모님은 일본인이다. 어렸을 땐 내가 누구인지 혼란스러웠으나 지금은 내가 한국인이자 일본인이라고 생각한다.

2 다음은 나 홀로 문화의 장점과 단점에 관련된 표현입니다. 빈칸에 알맞은 표현을 찾아 써 보세요.

- 혼자 있으니까 아무도 내 생활에 간섭하지 않아요. 즉, 1) _____ 염려가 없어요.
- 다른 사람과 있으면 그 사람의 감정을 신경 쓰느라 스트레스를 받게 돼요. 그런데 혼자 있으면 2) _____ 필요가 없어요.

- 인간이 혼자 떨어져 지내는 것은 **고립을 심화하고** 사회화의 **기회를 박탈해요**. 또한 혼자 있으면 새로운 사람을 만날 기회가 줄어들어서 3) _____ 힘들어져요.
- 사회적으로 봤을 때는 개인주의가 심해지므로 4) _____ 수 있어요.

| 감정을 소모하다 | 고립을 심화하다 | 공동체 의식이 약화되다 | 기회를 박탈하다 |
| 사생활을 방해받다 | 인간관계를 형성하다 | | |

읽어 보세요 ❶

준비

1. 인간이 동물과 구별되는 점은 무엇입니까? 인간은 어떤 과정을 거쳐 인간다운 모습을 갖게 됩니까?

읽기 다음은 사회학 용어를 설명하는 글입니다. 글을 읽고 질문에 답해 보세요.

☐의 의미와 기능

1920년 인도의 늑대 굴에서 두 소녀가 발견되었다. 여덟 살과 두 살로 추정되는 소녀들에게는 각각 '카말라'와 '아말라'라는 이름이 붙여졌다. 발견 당시 이들은 사람과의 의사소통이 전혀 불가능했다. 또한 늑대처럼 네 발로 걷고 우유와 날고기만 먹었다. 카말라는 교육을 통해 다른 아이들과 어울리는 등 인간 생활에 적응해 나가는 모습을 보였지만 30개 정도의 제한적인 어휘밖에 구사할 수 없었다.

이 사례에서 보듯 동물과 구별되는 인간의 특성은 선천적이라기보다는 타인과의 상호 작용을 통해 후천적으로 형성되는 것이라 할 수 있다. 갓 태어났을 때의 인간은 다른 동물과 다름없는 존재이다. 그러나 인간은 학습을 통해 사회생활에 적합한 사회적 존재로 거듭나게 된다. 이처럼 인간이 다른 사회 구성원과의 상호 작용을 통해 사회에서 요구되는 지식, 기술, 행동 양식, 역할, 규범 등을 배우고 내면화하는 과정을 '사회화'라고 한다.

인간은 평생에 걸쳐 사회화를 경험하며 사회 구성원으로 성장해 나간다. 유아기에는 가정에서 그 사회의 언어, 생활 양식, 습관 등을 배운다. 카말라와 아말라의 사례에서도 알 수 있듯이 유아기의 사회화 과정은 매우 중요하다. 이 시기에 타인과의 상호 작용이 없다면 의사소통 방식을 배울 수 없어 이후의 사회화도 어려울 수 있다. 좀 더 성장하면 가정에서 또래 집단, 학교로 사회화 장소가 확대된다. 학교에 입학하면서부터 체계적인 사회화 과정을 밟게 되는데, 청소년기에는 또래 집단의 영향을 가장 많이 받는다. 성인이 되어서도 사회화는 계속 이어진다. 일터에서 요구하는 지식과 기술을 익혀야 하며 특히 빠르게 변화하는 현대 사회에 적응하기 위해서는 대중 매체, 평생 교육 프로그램 등을 통해 새로운 지식과 가치 등을 학습해야 한다.

사회화는 개인적 측면과 사회적 측면에서 중요한 기능을 한다. 개인적 측면에서 인간은 사회화를 통해 타인과 구별되는 개성과 자아 정체성을 형성한다. 또한 사회적 측면에서 사회화는 구성원이 자신이 속한 사회의 문화를 공유함으로써 규범과 가치가 전승되도록 한다. 결국 사회화를 통해 한 사회가 지속해서 유지되고 발전하는 것이다.

중심 내용 파악하기

1 이 글의 제목을 완성해 보세요.

세부 내용 파악하기

2 '사회화'란 무엇입니까?

3 카말라와 아말라의 사례를 통해 무엇을 알 수 있습니까?

1) _____.

2) 유아기의 사회화 과정이 중요하다.

4 이 글의 내용과 일치하면 ○, 일치하지 않으면 ✕ 하세요.

1) 나이에 따라 영향을 받는 사회화 장소가 달라진다.　　(　　)

2) 사회화를 통해 한 사회가 지속해서 유지되고 발전한다.　(　　)

3) 인간은 선천적으로 동물과 구별되는 특징을 가지고 태어난다.　(　　)

5 사회화는 개인적 측면과 사회적 측면에서 어떤 기능을 하는지 정리해 보세요.

| 개인적 측면 | ➡ | 1) |
| 사회적 측면 | ➡ | 2) |

읽어 보세요 2

준비

1 여러분은 다음 작품을 본 적이 있습니까? 여러분이 무인도에 표류하게 된다면, 어떤 선택을 하겠습니까?

《로빈슨 크루소》(대니얼 디포, 1719)

《15소년 표류기》(쥘 베른, 1888)

2 최근 나 홀로 문화가 확산되고 있습니다. '나 홀로'라는 단어를 들으면 여러분은 어떤 느낌이 듭니까? 왜 이런 현상이 벌어지는 것일지 이야기해 보세요.

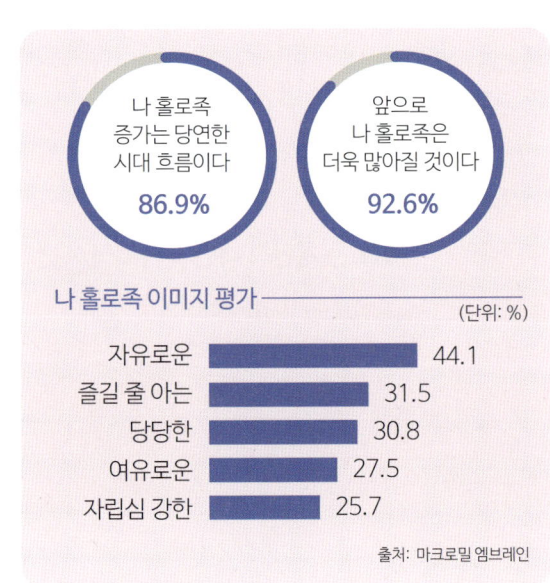

읽기 다음은 나 홀로 문화에 대한 칼럼입니다. 글을 읽고 질문에 답해 보세요.

인간은 사회적 동물?
나 홀로 문화의 확산

《로빈슨 크루소》,《15소년 표류기》의 공통점은 무엇일까? 바로 무인도에 표류한 주인공들이 그들만의 사회를 만들어 가다 결국 그리운 고향으로 돌아온다는 점이다.

인간은 자신이 속한 사회의 구성원과 사회적 관계를 맺고 이들과의 상호 작용을 통해 사회생활에 필요한 일체의 지식을 학습해 나가는 사회화를 경험한다. 소설의 주인공들이 무인도에서도 나름의 '사회생활'을 할 수 있었던 이유는 바로 이러한 사회화를 겪었기 때문이다. 그렇다면 복잡한 인간관계와 반복되는 일상에 지친 21세기의 현대인들이 무인도에 표류하게 된다면 어떤 선택을 할까?

최근 '나 홀로 문화'의 확산 현상을 보면 어쩌면 현대인들은 로빈슨 크루소와는 다른 선택을 할지도 모른다는 생각이 든다. 얼마 전 20~30대 성인 남녀를 대상으로 실시한 '나 홀로족'에 대한 인식 조사에 따르면, 응답자의 절반 이상이 자신이 '나 홀로족에 해당한다'고 응답했으며 86.9%는 나 홀로 문화의 확산을 긍정적으로 평가했다. 긍정적 평가의 이유로는 '나의 생활이 방해받지 않는다', '불필요한 감정 소모를 안 해도 된다' 등이 꼽혔다.

한편 이러한 나 홀로 문화의 **확산으로 말미암아** 공동체 의식이 약화될 것을 우려하는 목소리도 있다. 인간은 만남과 소통을 통해 사회화를 실현하고 삶의 가치를 느끼는 사회적 동물이기에 나 홀로 문화는 인간의 고립을 심화하고 사회화와 행복의 기회를 박탈한다는 것이다.

그러나 나 홀로 문화를 다른 시각으로 보면 사회화의 방식이 달라진 **것이지** 공동체적 가치가 붕괴한 것은 아니라고 할 수 있다. 스마트폰의 확산과 팬데믹 경험으로 SNS 이용과 비대면 만남은 오히려 전보다 증가했다. 사람들은 학교, 직장 등에서 맺어진 비자발적 인간관계는 축소하려는 반면 사이버 공간에서는 새로운 인간관계를 형성한다. 이렇게 현대인들은 자신이 선택한 인간관계를 통해 사회화 과정을 겪고 있다. 온라인상의 관계망에서 끊임없이 확대되는 상호 작용은 '인간은 사회적 동물'이라는 명제가 종식된 것이 아니라 사회화의 장이 달라졌을 뿐임을 방증하는 것이 아닐까.

글의 목적 파악하기

1 이 글을 쓴 목적은 무엇입니까?

① 나 홀로 문화의 확산을 비판하기 위해
② 나 홀로 문화의 개념을 설명하기 위해
③ 나 홀로 문화에 대한 새로운 관점을 제시하기 위해
④ 나 홀로 문화에 대한 청년들의 인식을 알리기 위해

세부 내용 파악하기

2 《로빈슨 크루소》,《15소년 표류기》의 주인공들이 무인도에서 사회생활을 할 수 있었던 이유는 무엇입니까?

Reading 읽기 12-2

3 이 글의 내용과 일치하지 않는 것을 고르세요.

① 팬데믹으로 인해 비대면 만남이 줄어들었다.
② 설문 조사 응답자의 과반수는 자신이 나 홀로족이라고 답했다.
③ 최근에는 사이버 공간에서 새로운 인간관계를 형성하기도 한다.
④ 나 홀로 문화의 확산으로 인한 공동체 의식 약화를 걱정하는 사람도 있다.

4 나 홀로 문화에 대한 글쓴이의 생각을 정리해 보세요.

> 나 홀로 문화는 공동체적 가치가 붕괴한 것이 아니라 _____.

이야기해 보세요

1 다음은 나 홀로 문화에 대한 설문 조사 결과입니다. 친구들을 대상으로 같은 질문을 하고, 의견을 나누어 보세요.

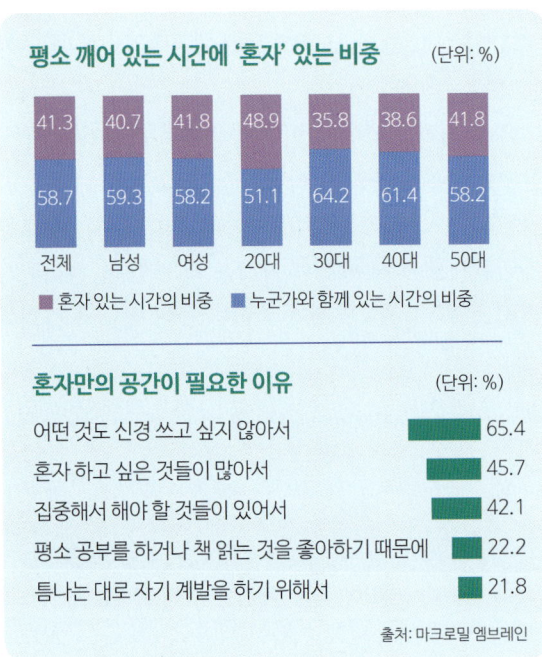

문법과 표현

명 으로 말미암아 ☞ 11쪽
나 홀로 문화의 확산으로 말미암아 공동체 의식이 약화될 것을 우려하는 목소리도 있다.

동 형 -지, 명 이지 ☞ 11쪽
나 홀로 문화를 다른 시각으로 보면 사회화의 방식이 달라진 것이지 공동체적 가치가 붕괴한 것은 아니다.

쓰기

새로운 관점을 드러내는 글을 써 보세요.

준비해 보세요

1 여러분은 가족이란 무엇이라고 생각합니까? 가족에 대한 여러분의 관점을 이야기해 보세요.

> 가족이란 혼인이나 혈연으로 맺어진 집단이라고 생각합니다.

> 저는 같이 살면 다 가족이라고 생각합니다.

표현을 연습해 보세요

1 다음은 새로운 관점을 드러낼 때 사용하는 표현입니다. 다음 표현을 사용하여 연습해 보세요.

새로운 관점 드러내기

▸ 기존의 생각이나 관점을 나타냅니다.
- 일반적으로 [흔히] 사람들은 …이라고 이야기하다 [보다]
- 대부분 …라고 하면 …을 (제일 먼저) 떠올리다

▸ 일반적인 관점과 다른 자신만의 새로운 시각을 제시합니다.
- …을 다른 관점 [시각] 으로 보면 …이라고 할 수 있다
- 그러나 다른 각도로 이 문제에 접근할 수 있다

- **흔히 사람들은** 나 홀로 문화가 인간의 고립을 심화하고 사회화와 행복의 기회를 **박탈한다고 이야기한다.** 그러나 나 홀로 **문화를 다른 시각으로 보면** 사회화의 방식이 달라진 것이지 공동체적 가치가 붕괴한 것은 **아니라고 할 수 있다.**
- **대부분** 나 홀로 **문화라고 하면** 소외와 **고립을 떠올린다. 그러나 다른 각도로 이 문제에 접근할 수 있다.** 스마트폰의 확산과 팬데믹 경험으로 인해 인간관계를 맺는 방식이 달라졌을 뿐이다.

1) **부자**
   - 일반적인 관점: 많은 재산을 소유한 사람
   - 새로운 관점: 속마음을 나눌 수 있는 친구가 많은 사람

2) **경쟁**
   - 일반적인 관점: 이기려고 하는 과정에서의 갈등과 분열
   - 새로운 관점: 준비 과정에서 개인의 성장이 일어나고 발전을 이끄는 원동력

써 보세요

1 다음 주제 중 하나를 선택해 일반적인 관점과 새로운 관점을 이야기해 보세요.

- 나 홀로 문화
- 부자
- 기술의 발전

2 보기와 같이 개요를 작성해 보세요.

보기

주제	나 홀로 문화와 공동체 의식
일반적인 관점	• 나 홀로 문화의 확산은 공동체 의식을 약화함.
새로운 관점	• 나 홀로 문화는 공동체적 가치의 붕괴가 아닌, 사회화의 방식이 달라진 것임.
근거 및 이유	• 비대면 소통은 오히려 증가함. • 비자발적 인간관계는 축소하려는 반면 사이버 공간에서는 새로운 인간 관계를 형성함.
결론	• '인간은 사회적 동물'이라는 명제가 종식된 것이 아니라 사회화의 장이 달라졌을 뿐임을 방증하는 것임.

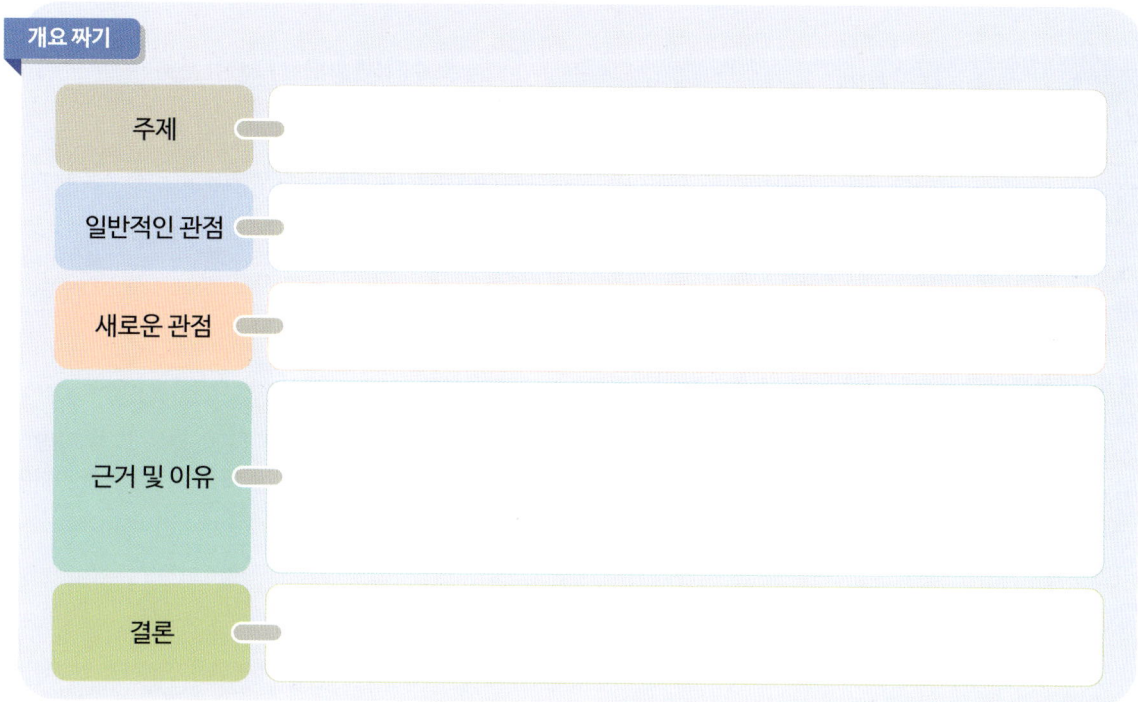

3 개요를 바탕으로 새로운 관점을 드러내는 글을 써 보세요.

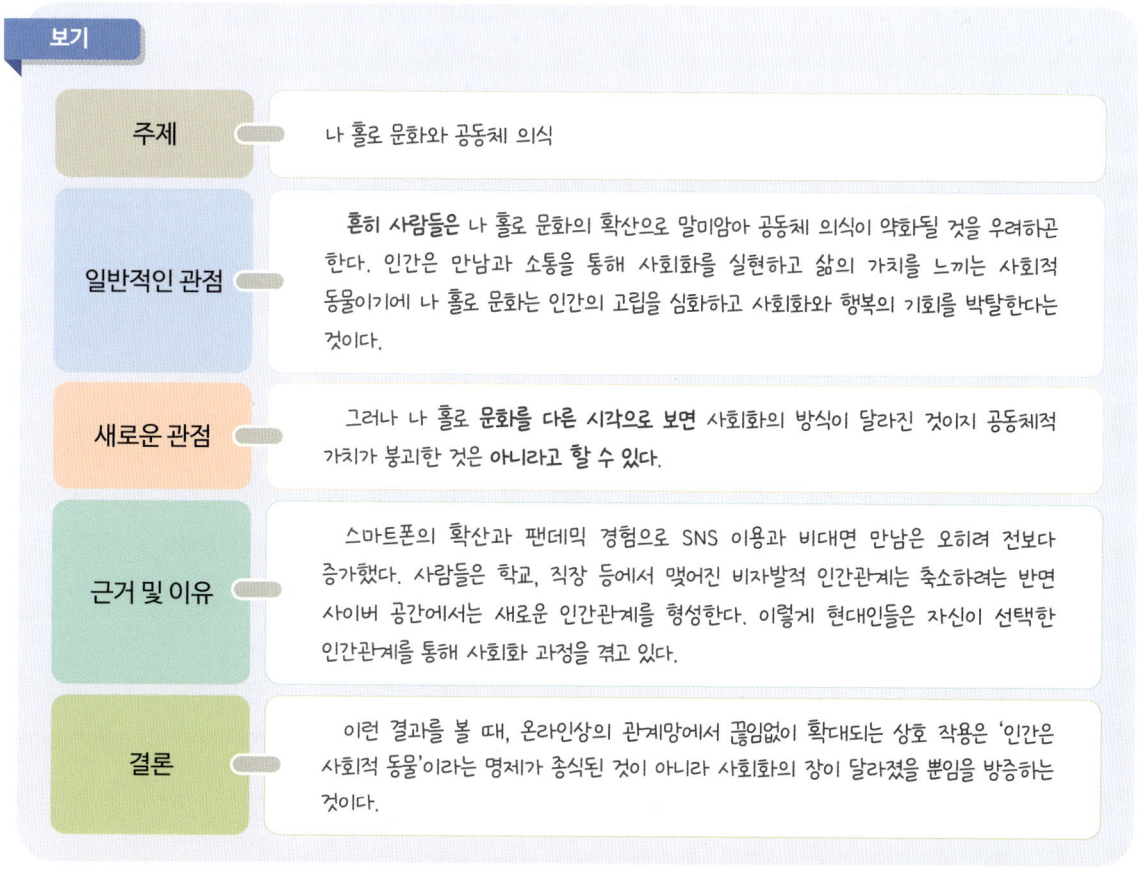

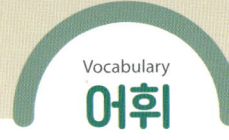

12-1. 더불어 사는 사회

주제 어휘

가부장제(家父長制)
몡 한 집안에서 가장 나이가 많고 권위 있는 남자가 가족의 일을 모두 결정하는 가족 형태.
여성 단체들은 남성 중심의 가부장제를 강력하게 비판하고 있다.
patriarchy

가사(家事)를 분담(分擔)하다
(주로 부부끼리) 집안 살림살이에 관한 일이나 책임 등을 나눠서 맡다.
맞벌이 부부가 늘어나면서 아내와 남편이 가사를 분담하는 일이 많아졌다.
to share household chores

군(軍) 가산점(加算點) [가산쩜]
공직이나 기업체에서 사원을 채용할 때 군 복무를 한 남성에게 주는 가산점.
군 가산점 제도는 1999년에 폐지됐다.
military bonus point

남아(男兒) 선호(選好) 사상(思想)
자녀를 가질 때 딸보다 아들을 선호하는 문화적 관습.
예전에 한국에서는 남아 선호 사상이 강했으나 요즘은 오히려 딸을 좋아하는 부모들이 늘고 있다.
son preference view

다문화(多文化) 가정(家庭) 차별(差別)
부부의 국적 혹은 배경 문화가 다른 가정이라는 이유로 다르게 대우함.
정부는 다문화 가정 차별을 줄이기 위해 캠페인을 진행했다.
discrimination against multicultural families

빈부(貧富) 차별(差別)
가난한지 부유한지에 따라 다르게 대우함.
이번 조사에서 응답자의 80%는 한국의 빈부 차별이 매우 심각하다고 느끼는 것으로 나타났다.
wealth discrimination

성 소수자(性少數者) 차별(差別)
성에 대한 개념이 다수의 사람과 다르다는 이유로 다르게 대우함.
A 단체는 동성애자, 성전환자와 같은 성 소수자 차별에 맞서는 시위를 진행하고 있다.
LGBTQ discrimination

성(性) 인지(認知) 감수성(感受性)
성평등의 시각에서 성별 차이에 대해 이해하고 일상생활에서 성 차별적인 요소를 인지하는 민감성.
예전에는 성 인지 감수성에 대한 교육이 거의 이루어지지 않아, 성희롱에 해당할 만한 발언을 별 생각 없이 하는 사람이 많았다.
gender sensitivity

성차별(性差別)
몡 남성이나 여성이라는 이유만으로 받는 차별.
A 회사는 사내 주요 부서에 여성 관리자를 임명하는 등 성차별 없이 인재를 발탁해 왔다.
gender discrimination

성평등(性平等)
몡 성별에 따른 권리, 의무, 자격에 차별을 두지 않는 것.
이번 조사에서 한국의 성평등 지수가 다른 선진국들에 비해 아주 낮은 것으로 나타났다.
gender equality

여성(女性) 할당제(割當制) [할땅제]
사회 여러 분야의 채용이나 승진에서 일정한 비율을 여성에게 배분하는 제도.
우리 회사는 성평등을 이루기 위해 올해부터 여성 할당제를 시행하기로 했다.
female quota system

역차별(逆差別)
몡 소수자를 보호하기 위해 만든 제도로 인해 오히려 다수에 속하는 사람들이 차별받는 것.
여성 할당제가 남성에 대한 역차별을 낳는다는 주장이 있다.
reverse discrimination

외모(外貌) 차별(差別)
사람의 겉모습에 따라 다르게 대우함.
대머리라는 이유로 채용을 거부한 것은 외모 차별 사례에 해당한다.
appearance discrimination

유리(琉璃) 천장(天障)
여성의 승진을 막는 보이지 않는 벽을 비유적으로 가리키는 말.
이 기업에는 여성 임원이 한 명도 없는데 이는 유리 천장이 그만큼 높다는 얘기다.
glass ceiling

인종 차별(人種差別)
인종이나 피부색을 이유로 다르게 대우함.
세계 여러 나라에서는 아직도 많은 사람이 피부색이 다르다는 이유로 인종 차별을 받고 있다.
racial discrimination

임금 격차(賃金格差)
노동자 간의 임금 차이.
같은 일을 하는데도 불구하고 성별에 따른 임금 격차가 나타나는 것은 불공평한 일이다.
wage gap

장애인(障礙人) 차별(差別)
몸이나 정신에 장애가 있다는 이유로 다르게 대우함.
장애를 이유로 차별하는 것을 금지하기 위해 2007년 장애인 차별 금지법이 제정되었다.
disability discrimination

지역(地域) 차별(差別)
태어난 곳이나 사는 곳에 따라 다르게 대우함.
특정 지역에 사는 사람을 비하하는 발언은 지역 차별 사례에 해당한다.
regional discrimination

차별(差別)을 당(當)하다
다른 집단이나 사람에 비해 낮은 대우를 받다.
김 씨는 외모 때문에 차별을 당했다며 국가인권위원회에 도움을 요청했다.
to be discriminated against

형평(衡平)에 어긋나다
둘 이상의 사이에 균형이 맞지 않는다.
군 가산점제는 형평에 어긋나는 제도라는 이유로 폐지되었다.
to be unfair

듣기

들어 보세요 1

경사로(傾斜路)
명 경사가 있는 통로.
경사로에서는 넘어질 위험이 있으니 조심하시기 바랍니다.
ramp

들어 보세요 2

가사(家事) 노동(勞動)
가정을 유지하고 살림을 꾸려 나가기 위해 들이는 노력. 또는 그 일.
여성만 가사 노동을 해야 한다는 생각은 낡은 가치관이다.
housework

마음을 붙이다
어떤 것에 마음을 자리 잡게 하거나 몰두하다.
나는 한국에서 산 지 3년이 되어서 이미 한국에 마음을 붙였다.
to attach one's heart

맞벌이 부부(夫婦)
양쪽 모두 직업을 가지고 돈을 버는 부부.
지금은 30년 전에 비해 맞벌이 부부의 비율이 매우 높아졌다.
working couple

지향점(指向點) [지향쩜]
명 도달하고자 하는 목표로 지정한 점.
젊은 시절, 나는 삶의 지향점이 없어 오랫동안 방황했다.
goal

12-2. 개인과 사회

주제 어휘

감정(感情)을 소모(消耗)하다
불필요하게 기쁘거나 슬픔 등을 느끼는 데 기력을 써 버리다.
나와 안 맞는 사람을 만나 감정을 소모하느라 시간을 허비하고 싶지 않다.
to exhaust one's emotions

고립(孤立)을 심화(深化)하다
다른 사람과 어울리거나 도움을 받지 못하는 현상을 심해지게 하다.
개인주의가 인간의 고립을 심화하고 있다.
to deepen isolation

공동체(共同體) 의식(意識)이 약화(弱化)되다
집단에 속해 있다는 인식이 적어지다.
산업화와 도시화로 인해 지역 공동체 의식이 약화되었다.
sense of community be weakened

기회(機會)를 박탈(剝奪)하다
기회를 강제로 빼앗다.
그 회사는 정당한 이유 없이 여성 직원의 승진 기회를 박탈해서 성차별 기업이라는 비판을 받고 있다.
to deprive of opportunity

나 홀로 문화(文化)
자발적으로 고립을 선택해 식사, 여가 생활 등을 홀로 즐기는 문화.
인간관계에 지친 사람들이 많아지면서 나 홀로 문화가 확산하고 있다.
individualistic culture

문화(文化)를 공유(共有)하다
비슷한 문화를 가지고 있다.
한국, 중국, 일본 삼국은 한자 문화를 공유하고 있다.
to share culture

사생활(私生活)을 방해(妨害)받다
개인의 일상생활을 간섭받다.
연예인 A 씨는 집 주소가 공개된 이후 밤에 누군가 초인종을 누른다거나 팬들이 집 앞에서 기다리는 등 사생활을 방해받고 있다고 밝혔다.
to have one's privacy interrupted

사회적 존재(社會的 存在)로 거듭나다
사회 안에서 다른 사람들과 관계를 맺고 인간다운 모습을 갖추게 되다.
우리는 학교에 입학해서 친구들과 선생님들을 만나면서 사회적 존재로 거듭난다.
to become social beings

사회화(社會化)
명 인간이 사회의 한 구성원으로 생활하도록 사회에 적응하는 일.
학교는 학생들의 사회화라는 중요한 기능을 담당하고 있다.
socialization

인간관계(人間關係)를 형성(形成)하다
사람과 사람 사이에서 관계를 맺다.
소심하고 낯을 가리는 성격을 가진 사람은 새로운 인간관계를 형성하는 데 어려움을 겪는다.
to form human relationship

자아(自我) 정체성(正體性)을 확립(確立)하다 [황니파다]
자신이 누구인지를 확인하고 그 생각을 확실하게 세우다.
청소년들에게 자아 정체성을 확립하는 것은 쉽지 않은 과제이다.
to establish one's self-identity

정서적(情緖的) 유대(紐帶)를 확립(確立)하다
감정적으로 서로 연결되어 있는 느낌을 갖고 그 생각을 확실하게 세우다.
어린 시절 부모와 정서적 유대를 확립하는 것은 타인과의 관계 형성에도 영향을 준다.
to establish an emotional bond

후천적(後天的)으로 형성(形成)되다
능력이나 특징 등이 태어난 뒤에 갖추어지다.
지능은 타고나기도 하지만 환경에 의해 후천적으로 형성되기도 한다.
to be formed through acquisition

읽기

읽어 보세요 1

갓 태어나다
태어난 지 얼마 안 되다.
지희는 갓 태어난 딸을 안고 감동의 눈물을 흘렸다.
to be a newborn

내면화(內面化)하다
동 정신적 또는 심리적으로 깊이 마음속에 자리 잡히다. 또는 자리 잡게 하다.
외국어를 배울 때는 단어를 단순히 외우는 것에서 끝내지 말고 자기가 사용할 수 있도록 내면화해야 한다.
to internalize

선천적(先天的)
관 명 태어날 때부터 가지고 있는 (것).
그는 음악에 선천적 재능을 가지고 있다.
innate

유아기(幼兒期)
명 만 1세부터 6세까지의 어린 시기.
유아기에는 일상 언어나 생활 습관의 습득이 이루어진다.
early childhood

일터
명 사람들이 일정한 직업을 가지고 일하는 곳.
그는 일터를 구하기 위해 외국으로 나갔다.
workplace

측면(側面)
명 사물이나 현상의 한 부문 또는 한쪽 면.
모든 일에는 긍정적 측면과 부정적 측면이 있다.
aspect

읽어 보세요 2

나 홀로족(홀로族)
다른 사람들과 어울리는 것보다 식사나 취미 등을 혼자 하며 혼자 시간을 보내는 것을 좋아하는 사람이나 집단.
인간관계에서 피로를 느껴 나 홀로족이 되는 경우가 많아지고 있다.
solitary lifestyle

명제(命題)
명 어떤 문제에 대한 하나의 논리적 판단 내용과 주장을 언어 또는 기호로 표시한 것.
명제는 그것이 사실인지 거짓인지를 판단할 수 있는 내용을 담고 있다는 것이 특징적이다.
proposition

방증(傍證)하다
동 사실을 직접 증명할 수 있는 증거가 되지는 않지만, 주변의 상황을 밝힘으로써 간접적으로 증명에 도움을 주다.
취업률이 높은 학과에 학생들이 몰리는 것은 취업이 어렵다는 것을 방증한다.
to provide supporting evidence

일체(一切)
명 모든 것.
그는 이번 일에 대한 일체의 책임을 지겠다고 발표했다.
everything

종식(終熄)되다
동 한때 매우 많이 또는 크게 일어났던 현상이나 일이 끝나거나 없어지다.
국민들은 전쟁이 종식되기만을 바라고 있다.
to end

표류(漂流)하다
동 물 위에 떠서 목적지 없이 흘러가다.
열흘간 바다에서 표류한 끝에 겨우 뭍에 도달할 수 있었다.
to drift

확산(擴散)되다
동 흩어져 널리 퍼지게 되다.
2030 세대를 중심으로 새로운 패션이 확산되고 있다.
to spread

쓰기

각도(角度)
명 생각의 방향이나 관점.
문제가 해결되지 않을 때는 다른 각도에서 생각해 봐야 한다.
angle

13

한국의 사회 문제

13-1 삶의 만족도
13-2 불평등의 심화

13-1 삶의 만족도

듣기 1-1	한국의 사회 문제를 다룬 시사 프로그램 전반부를 듣고 문제의 원인 찾기
듣기 1-2	한국의 사회 문제를 다룬 시사 프로그램 후반부를 듣고 해결 방안 찾기
말하기	의견 정리하고 종합하기

13-2 불평등의 심화

읽기 1	소득 양극화에 대한 카드 뉴스를 읽고 정보 찾기
읽기 2	사회 문제에 대한 칼럼을 읽고 글쓴이의 의견 파악하기
쓰기	영화나 드라마를 통해 본 사회 문제에 대한 글 쓰기

삶의 만족도

1. 위는 삶의 질을 평가하는 항목입니다. 여러분은 삶의 질을 평가할 때 가장 중요한 항목이 무엇이라고 생각합니까?

2. 여러분의 삶의 질에 대해 이야기해 보세요. 어느 항목이 높고 어느 항목이 낮다고 생각합니까?

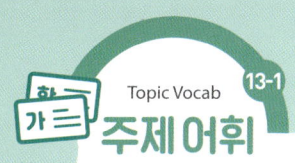

주제 어휘

1 다음은 삶의 질과 관련된 표현입니다. 삶의 만족도를 낮추는 원인을 나타내는 표현과 해결 방안을 나타내는 표현으로 나눠 보세요.

원인
- 장시간 노동,

해결 방안
- 근무 시간을 제한하다,

저임금	1등 지상주의	고용 불안정	외모 지상주의
장시간 노동	학벌 지상주의	포용하다	경쟁을 부추기다
근무 시간을 제한하다	근무 환경을 개선하다	사각지대에 놓이다	사회 안전망을 확충하다
예산을 투입하다	일과 삶의 균형을 맞추다	제도를 보완하다	차별을 없애다
최저 임금을 인상하다			

듣기

🎧 **들어 보세요**

준비

1. 다음 자료를 통해 무엇을 알 수 있습니까?

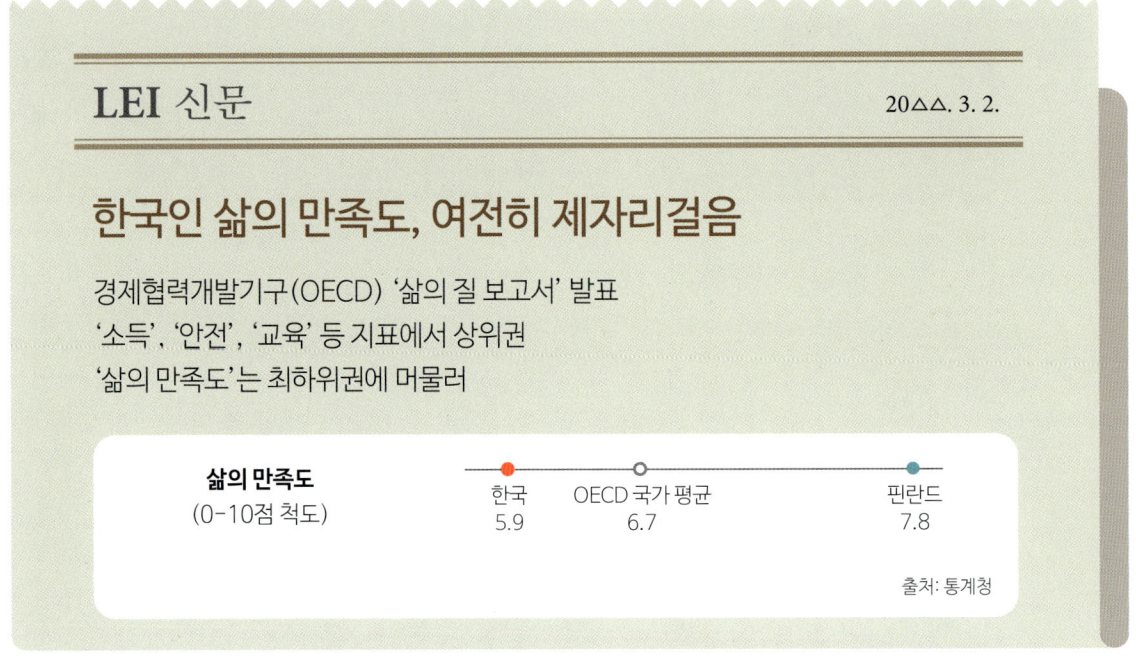

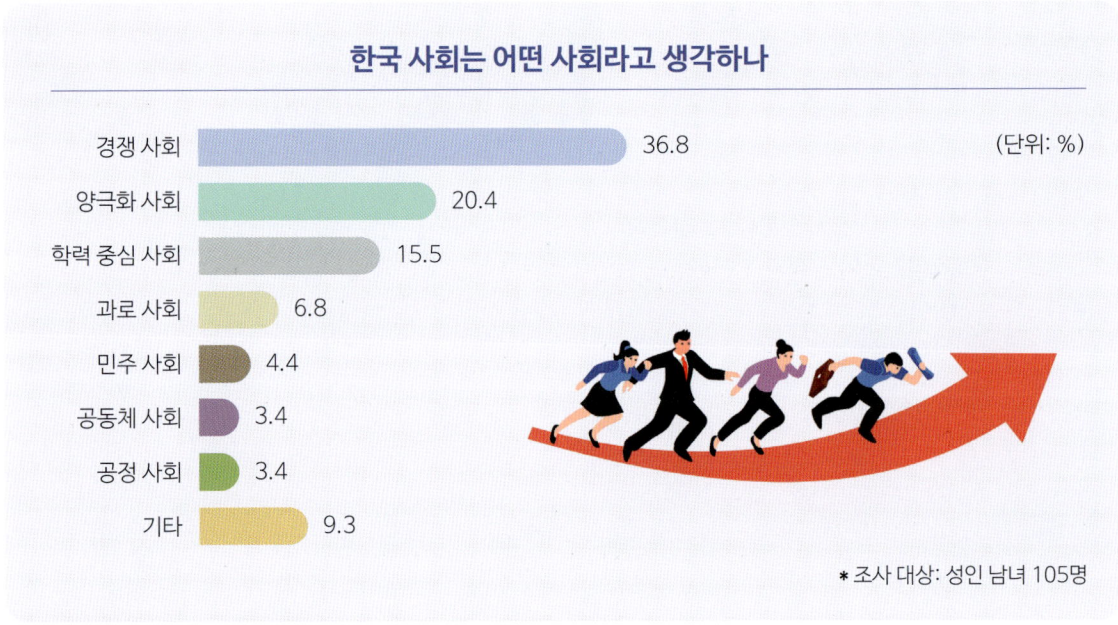

듣기 1-1 다음은 한국의 사회 문제를 다룬 시사 프로그램의 전반부입니다. 잘 듣고 질문에 답해 보세요.

중심 내용 파악하기

1. 프로그램 전반부에서는 무엇에 대해 이야기하고 있습니까?

세부 내용 파악하기

2. 한국인의 삶의 만족도가 낮은 원인에 대한 패널들의 분석을 정리해 보세요.

남성 패널 1	근무 시간이 길고 임금이 낮기 때문이다.
여성 패널 1	1)
여성 패널 2	타인과 자신을 끊임없이 비교하고 경쟁하는 문화 때문이다.
남성 패널 2	2)

3. 프로그램에서 언급된 현재 한국 사회의 모습으로 볼 수 <u>없는</u> 것을 고르세요.

   ① 소득 수준이 꾸준히 증가하고 있다.
   ② 정부에서 장시간 노동을 장려하고 있다.
   ③ 정규직과 비정규직의 복지 차이가 크다.
   ④ 서로 경쟁하는 문화가 당연시되고 있다.

4. 삶의 질을 높이기 위한 정부의 노력과 사회적인 변화로 언급된 내용을 정리해 보세요.

정부의 노력	
사회적인 변화	

문법과 표현

동 형 -을 턱이 없다, **명** 일 턱이 없다 ☞ 12쪽

경쟁을 부추기는 사회적 분위기와 끊임없이 타인과 자신을 비교하는 문화 속에서 삶의 만족도가 높을 턱이 없다.

 ## 듣기

듣기 1-2 다음은 한국의 사회 문제를 다룬 시사 프로그램의 후반부입니다. 잘 듣고 질문에 답해 보세요.

중심 내용 파악하기

1. 프로그램 후반부에서는 무엇에 대해 이야기하고 있습니까?

세부 내용 파악하기

2. 패널들이 제시한 해결 방안을 정리해 보세요.

남성 패널 1	제도의 개선
여성 패널 2	1)
남성 패널 2	2)

3. 들은 내용과 일치하면 O, 일치하지 않으면 × 하세요.

1) 한국의 기대 수명은 다른 나라보다 긴 편이다. ( )
2) 한국에서 남성의 육아 휴직은 법적으로 보장되어 있지 않다. ( )
3) 정부가 많은 예산을 투입해 한국인의 삶의 만족도가 높아졌다. ( )

추론하기

4. 여자가 제안한 해결 방안의 예에 해당하는 것을 고르세요.

① 명문대 입학 정원을 늘린다.
② 남성의 육아 휴직을 의무화한다.
③ 최저 임금을 지속적으로 올린다.
④ 1등만 주목받는 사회적 분위기를 바꾼다.

전략 익히기

5. 이 프로그램에서 나타난 사회자의 역할에 해당하는 것을 모두 고르세요.

☐ 패널들의 참여를 유도한다.　　　　　☐ 다음에 이야기할 주제를 소개한다.
☐ 패널들의 의견 중 중요한 점을 강조한다.　☐ 패널들이 논의한 내용을 종합해서 정리한다.

이야기해 보세요

1. 여러분 나라에서 삶의 만족도 관련 조사를 한다면 어떤 결과가 나올지 이야기해 보세요.

문법과 표현

동 형 -건 (간에) ☞ 12쪽
과정이 어떻건 간에 항상 1등만 주목받는 현실을 바꿔야 한다.

말하기 Speaking 13-1

🎤 의견을 정리하고 종합해 보세요.

▸ 준비해 보세요

근무 시간도 줄고 직원 복지 혜택도 많아졌다고는 하지만 언제 직장을 잃을지 모르는 비정규직 근로자들은 여전히 불안감에 시달리고 있어 삶의 만족도가 낮을 수밖에 없죠.

한국은 근무 시간이 깁니다. 한국 근로자들은 OECD 국가 평균 대비 1년에 한 달 반을 더 일한다는 통계도 발표되었죠. 먹고살기도 힘든데 삶을 즐길 여유가 있을까요?

저희 조의 의견은 크게 두 가지로 종합해 볼 수 있습니다. 먼저….

1 위의 여자는 무엇을 하고 있습니까? 여러 사람이 이야기한 의견을 요약해 발표할 때 무엇을 고려해야 할까요?

13-1. 삶의 만족도 **137**

- 표현을 연습해 보세요

1 다음은 의견을 정리할 때 사용하는 표현입니다. 다음 표현을 사용하여 연습해 보세요.

의견 정리하기
▶ 의견을 단순히 나열하지 않고 핵심 내용을 요약합니다.
▶ 상반된 의견도 제시합니다.

- 먼저 …다는 의견이 있었습니다. 다음으로 …다는 의견이 있었습니다. 마지막으로 …다는 의견도 있었습니다
- 먼저 …다는 의견이 있었습니다. 한편[반면(에)] …다는 의견도 나왔습니다

- **먼저** 한국은 OECD 국가 평균 대비 근무 시간이 길고 임금이 낮아 삶의 여유가 없으며 비정규직은 고용 불안정에 시달려 삶의 만족도가 낮을 수밖에 **없다는 의견이 있었습니다. 다음으로** 경쟁적인 사회 분위기 속에서 끊임없이 타인과 자신을 비교하는 문화 **탓이라는 의견도 있었습니다. 마지막으로** 현실에 안주하지 않고 더 나은 삶을 추구하고자 하는 한국인들의 특성이 **원인이라는 의견도 있었습니다.**
- **먼저** 직장 문화에 대해서는 일과 삶의 균형을 맞추는 소위 '워라밸'을 존중하는 회사들이 늘어나고 있어 긍정적으로 봐야 **한다는 의견이 있었습니다. 반면** 회식, 야근으로 인해 평균 근무 시간이 여전히 길다는 점에서 부정적으로 볼 수밖에 **없다는 의견도 나왔습니다.**

주제: 한강의 기적을 이룬 원동력

1)
- 의견 1: 전쟁 중에도 식지 않았던 교육열
- 의견 2: 풍부한 인적 자원
- 의견 3: 국민들의 근면함과 노력

2)
- 의견 1: 국민들의 근면함과 노력
- 의견 2: 정부가 경제 개발 5개년 계획을 수립해 운영

2 다음은 의견을 종합할 때 사용하는 표현입니다. 다음 표현을 사용하여 연습해 보세요.

의견 종합하기
▶ 의견 간의 공통점을 찾아 하나로 정리합니다.

- …다고 의견을 모았습니다
- 이상과 같은 의견으로 미루어 볼 때 …다고 정리할 수 있습니다
- …은 크게 … 가지로 종합해 볼 수 있습니다

- 저희 조에서는 지역 간 불균형을 해소하기 위해 정부가 지역의 균형 개발 정책을 시급히 마련해야 **한다고 의견을 모았습니다.**
- **이상과 같은 의견으로 미루어 볼 때** 문제를 해결하기 위해서는 먼저 사회적 인식을 바꿔야 **한다고 정리할 수 있습니다.**
- 한국인의 삶의 만족도가 낮은 **원인은 크게 두 가지로 종합해 볼 수 있습니다.** 한 가지는 여전히 개선되지 않은 근무 여건 때문이고, 다른 하나는 경쟁을 부추기는 사회적 분위기가 문제라는 것입니다.

주제: 한강의 기적을 이룬 원동력

1) • 의견: 부지런하고 노력하는 국민성

2) • 의견: 정부의 효율적인 경제 운영

3) • 의견 1: 부지런하고 노력하는 국민성
• 의견 2: 정부의 효율적인 경제 운영

3 다음 의견을 정리하고 종합해 보세요.

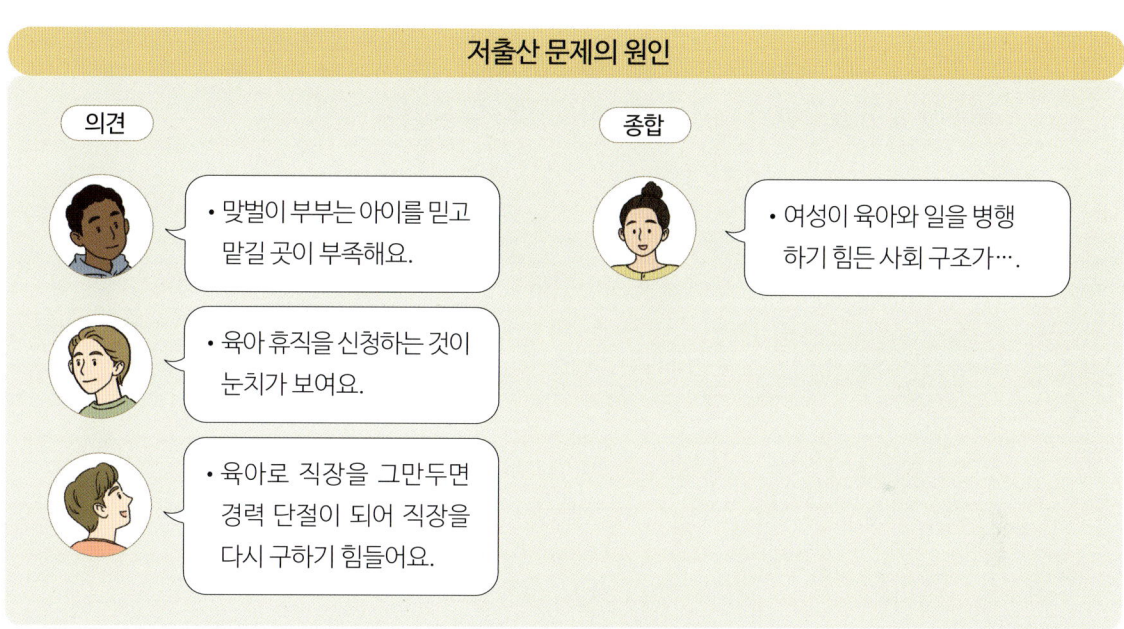

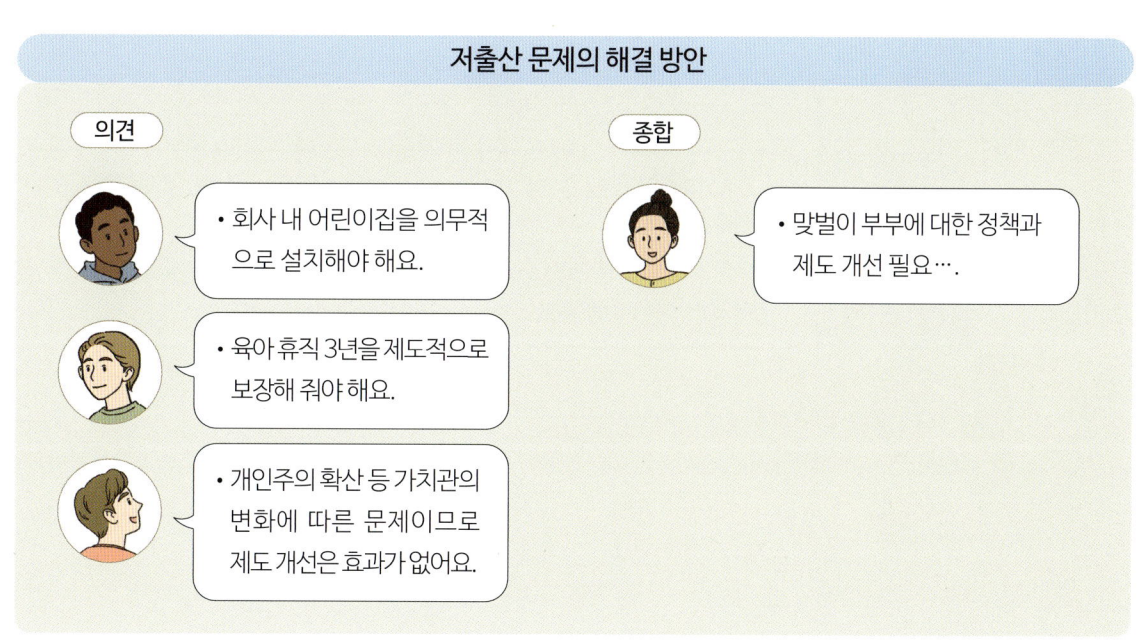

이야기해 보세요

1 다음 중 관심 있는 주제를 선택해 친구들과 이야기해 보세요.

- 삶의 만족도
- 차별 문제
- 외모 지상주의
- 학벌 지상주의

2 보기와 같이 친구들의 의견을 메모하고 정리 및 종합해 보세요.

주제	한국인의 삶의 만족도가 낮은 원인
의견 1	• 근무 시간이 길고 임금이 낮음.
의견 2	• 직원 복지 혜택은 정규직에만 해당함. 비정규직은 고용 불안정에 시달림.
의견 3	• 경쟁을 부추기고 타인과 끊임없이 비교하는 문화
의견 4	• 현실에 안주하지 않고 더 나은 삶을 추구하고자 하는 한국인의 특성
정리 및 종합	• 근무 시간이 길고 임금이 낮아 삶의 여유가 없으며 비정규직은 고용 불안정에 시달린다는 의견 • 경쟁적인 사회 분위기 속에서 끊임없이 타인과 비교하는 문화 탓이라는 의견 • 삶의 질에 대한 잣대가 엄격해서 현실에 안주하지 않고 더 나은 사회를 만들어 가고자 하는 한국인의 특성이 원인이라는 의견

메모하기

주제	
의견 1	
의견 2	
의견 3	
의견 4	
정리 및 종합	

3 메모한 내용을 바탕으로 발표해 보세요.

보기

정리 및 종합

저희 조에서 나온 한국인의 삶의 만족도가 낮은 원인에 대한 **의견은** 크게 세 가지로 종합해 볼 수 있습니다. 먼저 한국은 OECD 국가 평균 대비 근무 시간이 길고 임금이 낮아 삶의 여유가 없으며 비정규직은 고용 불안정에 시달려 삶의 만족도가 낮을 수밖에 **없다는 의견이** 있었습니다. 다음으로 경쟁적인 사회 분위기 속에서 끊임없이 타인과 비교하는 문화 **탓이라는 의견도** 있었습니다. 한편 현실에 안주하지 않고 더 나은 삶을 추구하고자 하는 한국인의 특성이 원인이라는 의견도 나왔습니다.

13-2 불평등의 심화

1 위 사진이 나타내는 사회 현상은 무엇입니까?

2 여러분 나라에서도 위와 같은 현상이 있는지 이야기해 보세요.

Topic Vocab 13-2 주제 어휘

1 다음은 불평등 문제와 관련된 표현입니다. 아래의 표현을 사용하여 각 그림이 나타내는 문제에 대해 이야기해 보세요.

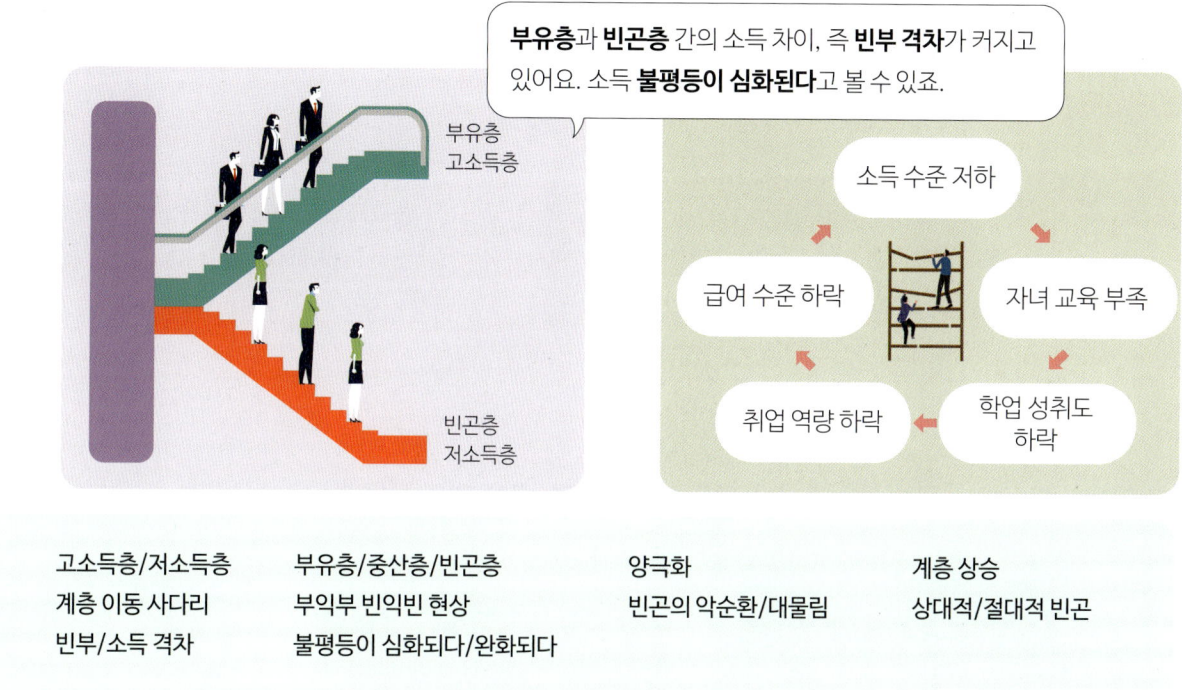

> **부유층**과 **빈곤층** 간의 소득 차이, 즉 **빈부 격차**가 커지고 있어요. 소득 **불평등이 심화된다**고 볼 수 있죠.

고소득층/저소득층	부유층/중산층/빈곤층	양극화	계층 상승
계층 이동 사다리	부익부 빈익빈 현상	빈곤의 악순환/대물림	상대적/절대적 빈곤
빈부/소득 격차	불평등이 심화되다/완화되다		

2 다음은 불평등을 줄이기 위한 노력과 관련된 표현입니다. 관계있는 것끼리 연결해 보세요.

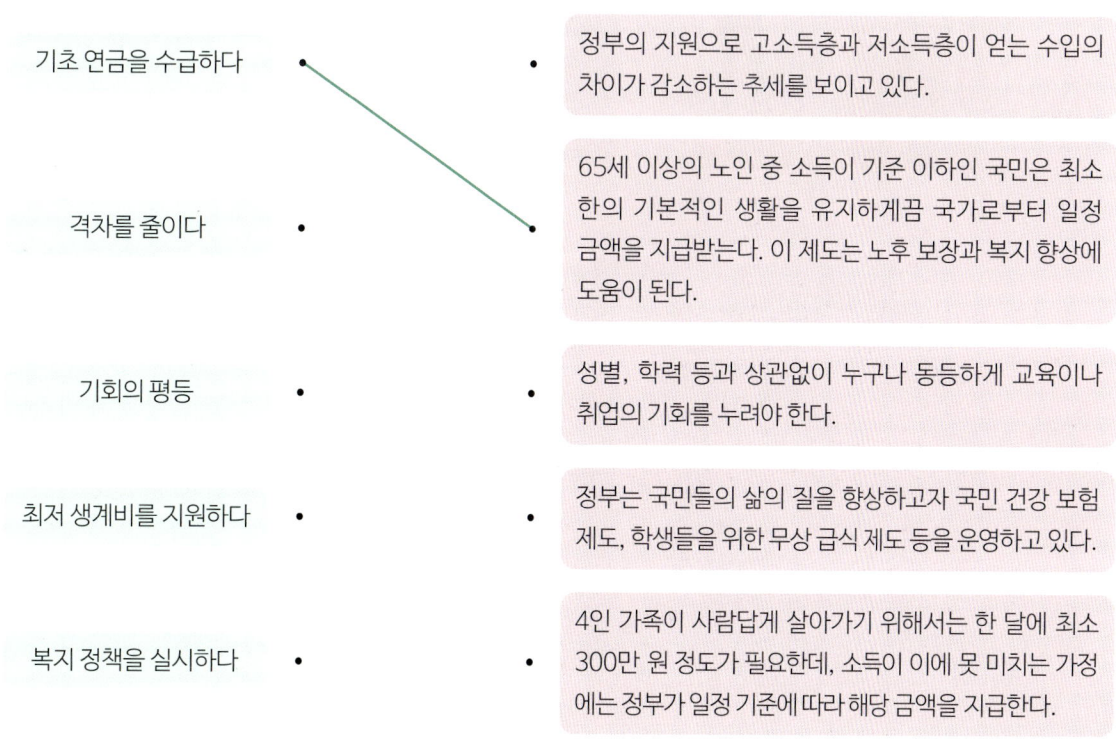

기초 연금을 수급하다 · · 정부의 지원으로 고소득층과 저소득층이 얻는 수입의 차이가 감소하는 추세를 보이고 있다.

격차를 줄이다 · · 65세 이상의 노인 중 소득이 기준 이하인 국민은 최소한의 기본적인 생활을 유지하게끔 국가로부터 일정 금액을 지급받는다. 이 제도는 노후 보장과 복지 향상에 도움이 된다.

기회의 평등 · · 성별, 학력 등과 상관없이 누구나 동등하게 교육이나 취업의 기회를 누려야 한다.

최저 생계비를 지원하다 · · 정부는 국민들의 삶의 질을 향상하고자 국민 건강 보험 제도, 학생들을 위한 무상 급식 제도 등을 운영하고 있다.

복지 정책을 실시하다 · · 4인 가족이 사람답게 살아가기 위해서는 한 달에 최소 300만 원 정도가 필요한데, 소득이 이에 못 미치는 가정에는 정부가 일정 기준에 따라 해당 금액을 지급한다.

Reading 13-2 읽기

읽어 보세요 1

준비

1. 어떤 내용의 기사일지 추측해 보세요.

> 2년 연속 소득 격차 개선…
> 분배 정책으로 소득 양극화 줄어

> 불경기에도 고소득층은 근로 소득 늘었다…
> 빈부 격차 심화

읽기 다음은 소득 양극화에 대한 카드 뉴스입니다. 글을 읽고 질문에 답해 보세요.

소득 양극화 문제

신자유주의의 도입으로 한국 경제는 살아났습니다. 그러나 **소득 분배의 불균형**이 심화되었습니다.

상위 0.1%: 7억 6,760만 원
중위 소득: 2,820만 원
27.2배

출처: 국세청

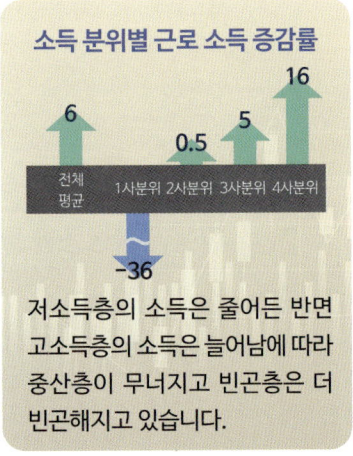

소득 분위별 근로 소득 증감률

전체 평균: -36
1사분위: 6
2사분위: 0.5
3사분위: 5
4사분위: 16

저소득층의 소득은 줄어든 반면 고소득층의 소득은 늘어남에 따라 중산층이 무너지고 빈곤층은 더 빈곤해지고 있습니다.

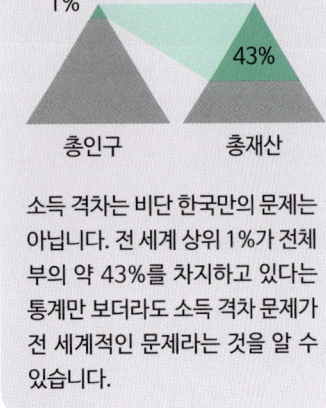

총인구: 1%
총재산: 43%

소득 격차는 비단 한국만의 문제는 아닙니다. 전 세계 상위 1%가 전체 부의 약 43%를 차지하고 있다는 통계만 보더라도 소득 격차 문제가 전 세계적인 문제라는 것을 알 수 있습니다.

전문가들은 이러한 양극화 현상을 해결하기 위해 **정책을 통한 소득 재분배**가 필요하다고 말합니다.

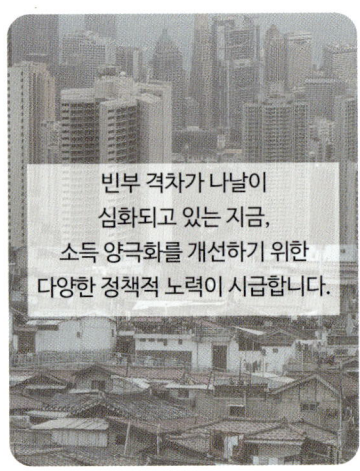

빈부 격차가 나날이 심화되고 있는 지금, 소득 양극화를 개선하기 위한 다양한 정책적 노력이 시급합니다.

글의 목적 파악하기

1 이 카드 뉴스를 작성한 목적으로 맞는 것을 고르세요.

① 소득 양극화 현상의 원인을 분석하기 위해
② 소득 양극화 현상의 개선 필요성을 보여 주기 위해
③ 한국과 다른 나라의 소득 양극화 현상을 비교하기 위해
④ 소득 양극화 현상이 심해지면 발생하는 문제점을 파악하기 위해

세부 내용 파악하기

2 소득 양극화로 발생한 현상과 해결 방안을 정리해 보세요.

현상	1)
해결 방안	2)

3 이 글의 내용과 일치하면 O, 일치하지 않으면 × 하세요.

1) 소득 격차 문제는 한국만의 고유한 사회 문제이다. (　　)
2) 신자유주의의 도입으로 전 국민에게 소득이 골고루 분배되었다. (　　)
3) 중산층이 무너진 이유는 소득 분배의 불균형이 심화되었기 때문이다. (　　)

📖 읽어 보세요 2

준비

1 영화 〈기생충〉을 본 적이 있습니까? 이 영화는 어떤 사회 문제를 다루고 있습니까?

개봉　2019. 5. 30.
등급　15세 관람가
장르　드라마
국가　대한민국
러닝 타임　131분
감독　봉준호

2019년, 한 편의 영화가 칸 영화제의 '황금종려상'과 아카데미상의 '작품상' 등을 휩쓸며 전 세계의 이목을 끌었다. 바로 봉준호 감독의 〈기생충〉이다. 블랙 코미디로 현대 사회의 어두운 면을 적나라하면서도 절제 있게 보여 준 이 작품은 관객들에게 진한 여운을 남겼다. 전 세계가 이 영화에 집중한 이유는 영화 속의 상황이 비단 한국 사회만의 문제가 아니기 때문이었을 것이다.

영화 제목인 '기생충'은 '스스로 노력하지 않고 다른 사람에게 의지하여 살아가는 사람'을 낮잡아 부르는 말이다. 영화에서 '기생충'으로 묘사되는 기택의 가족은 빈곤층이다. 그들은 화장실 시설도 잘되어 있지 않고, 폭우가 오면 물에 잠겨 버리는 반지하방에서 근근이 살아간다. 반면 박 사장의 가족은 어마어마한 저택에서 기택의 가족과는 정반대의 호화로운 생활을 한다.

얼핏 보면 접점이 없을 것 같은 두 가정이 만나면서 영화의 사건은 시작된다. 가장 먼저 기택의 아들인 기우가 학력을 위조하여 박 사장 딸의 과외 선생님으로 들어간다. 기우는 박 사장 가족에게 '기생'할 계획으로 박 사장 집에서 일하던 사람들을 몰아내고 대신 자신의 가족을 취직시킨다. 한편 박 사장의 집에는 기택의 가족이 박 사장 가족과 인연을 맺기 전에 이미 '기생'하고 있던 사람들이 있었다. 바로 전 가정부인 문광과 박 사장네 지하에 숨어 사는 그녀의 남편 근세이다.

현실에서 기택의 가족이나 문광·근세 부부처럼 기본적인 생활도 어려운 사람들은 얼마나 될까. 한국 정부는 소득이 최저 생계비에 미치지 못해 생계가 곤란한 저소득층을 기초 생활 수급자로 지정하여 생계, 의료, 주거, 교육 등에 필요한 비용을 지원해 주고 있는데, 통계청에 따르면 이러한 기초 생활 수급자는 179만 가구에 달한다고 한다.

그런데 이 많은 인구 중에 계층 이동 사다리를 타고 위로 올라갈 수 있는 사람은 그리 많지 않다. '개천에서 용 난다'라는 속담과 달리 빈곤층에서 성공하는 사람이 **나오기란** 여간 어려운 일이 아니다. 오히려 '금수저'와 '흙수저'라는 신조어가 생겨났을 정도로 계층의 구별이 뚜렷해지고, 부익부 빈익빈 현상은 심화되고 있다. 영화 속에서도 기택의 가족 모두 상위 계층으로 올라가는 데 실패하지 않았는가. 영화 속의 지하실로 내려가는 긴 계단은 그러한 계층 상승의 어려움을 상징적으로 보여 준다.

한국 정부는 삶의 양극화를 해결하기 위해 여러 가지 제도적 장치를 마련해 놓고 있다. 우선 빈곤 해결을 위해서 금전적인 지원을 통해 저소득층의 최저 생활을 보장한다. 또한 가정 형편이 어려운 학생에게 낮은 이자로 학자금을 대출해 주어 계층 상승을 위한 기회를 주고 있다. 적어도 '기회의 불평등'으로 인한 양극화가 일어나는 것은 막기 위해서이다.

혹자는 이러한 정책의 재원이 대부분 부유층의 세금에서 나오므로 결국 빈곤층이 고소득층에 '기생'하는 것이 아니냐고 하기도 한다. 그러나 빈곤층이 많아질수록 사회는 불안정해지고 이는 고소득층에게도 결코 좋은 현상이 아니다. 영화 속 박 사장의 죽음이 보여 주는 것처럼, 심화된 양극화는 사회 구성원 모두에게 비극이 될 수 있다.

따라서 이러한 양극화 현상을 해결하고 모두가 상생하자면 기택과 근세가 적어도 지하실에서는 빠져나올 수 **있게끔** 희망의 사다리를 마련하고, 그 필요성에 대한 국민적 공감대가 형성되어야 하는 것이 아닐까.

중심 내용 파악하기
1 이 글에서 다루고 있는 사회 문제는 무엇입니까?

세부 내용 파악하기
2 영화 제목 〈기생충〉의 의미는 무엇입니까?

3 이 글에서 이야기하는 사회 문제 및 해결을 위한 노력을 정리해 보세요.

사회 문제	• 빈곤층에서 성공하는 사람이 나오기란 매우 어렵다. • 1) _____.
해결을 위한 노력	• 2) _____. • 형편이 어려운 학생들에게 낮은 이자로 학자금을 대출해 주고 있다.

4 이 영화에서 다루고 있는 사회 문제에 대한 해결책으로 글쓴이가 제안한 것을 모두 고르세요.

☐ 계층 이동 사다리의 마련　　　　　　☐ 빈곤층 지원의 필요성에 대한 공감대 형성
☐ 돈을 많이 벌수록 세금을 많이 내는 제도 폐지　　☐ 스스로 노력하지 않고 타인에게 의지하는 태도 개선

이야기해 보세요
1 여러분 나라에서는 경제적 불평등을 어떻게 해결하고 있는지 이야기해 보세요.

문법과 표현

동 -기란 ☞ 13쪽
'개천에서 용 난다'라는 속담과 달리 빈곤층에서 성공하는 사람이 나오기란 여간 어려운 일이 아니다.

동 -게끔 ☞ 13쪽
양극화 현상을 해결하고 모두가 상생하자면 기택과 근세가 적어도 지하실에서는 빠져나올 수 있게끔 희망의 사다리를 마련해야 한다.

Writing 쓰기 13-2

영화나 드라마를 통해 본 사회 문제에 대해 써 보세요.

준비해 보세요

1 다음 영화나 드라마를 본 적이 있습니까? 내용을 이야기해 보세요.

이민 가족의 세대·소통·문화 갈등 문제

동물 보호 문제

장애인 문제

학교 폭력 문제

- **표현을 연습해 보세요**

1 다음은 영화나 드라마를 소개할 때 사용하는 표현입니다. 다음 표현을 사용하여 연습해 보세요.

영화나 드라마 소개하기

▶ 영화나 드라마의 기본 정보나 특징을 이야기합니다.

- 영화[드라마] …은 …을 그린 (…의) 작품이다
- 영화[드라마] …은 (…의 작품으로) …을 다루고 있다

- 영화 〈기생충〉은 계급 갈등과 사회 양극화 **현상을 그린** 봉준호 **감독의 작품이다**.
- 영화 〈방가방가〉는 다양한 국적의 외국인 노동자들이 일하는 한국의 한 공장에서 벌어지는 **일을 다루고 있다**.

▶ 영화나 드라마의 줄거리와 해석을 이야기합니다.

- …으면서 사건이 시작되다
- (영화[드라마]에서는) …는 과정이 펼쳐지다
- …은 …을 상징적으로 보여 주다
- …에 대해 많은 생각을 하게 만드는[할 수 있는] 작품이다

- 얼핏 보면 접점이 없을 것 같은 이 두 가정이 **만나면서** 영화의 **사건이 시작된다**.
- 백수에서 벗어나려 **고군분투하는 과정이** 생생하게 **펼쳐진다**.
- 영화 속의 지하실로 내려가는 긴 **계단은** 계층 상승의 **어려움을 상징적으로 보여 준다**.
- 이 영화는 양극화 **문제에 대해 많은 생각을 하게 만드는 작품이다**.

1) 영화 〈인턴〉

- **작품 소개**
  장르: 코미디
  감독: 낸시 마이어스
  소재: 노년층의 은퇴 후 재취업
- **줄거리**
  - 은퇴 후 공허감을 느끼게 된 벤이 노년을 좀 더 가치 있게 살기 위해 인턴 프로그램에 지원하며 시작되는 이야기
  - 영화에서 벤은 육아에 지친 워킹맘 CEO 줄스를 위로해 주며 진정한 동료가 되어 간다.
- **생각할 점**
  정년퇴직, 고령 인구의 고용 문제

2) 영화 〈완득이〉

- **작품 소개**
  장르: 드라마
  감독: 이한
  소재: 취약 계층이 겪는 사회 문제
- **줄거리**
  - 불우한 가정 환경에서 살아가는 완득이가 성장해 나가는 이야기
  - 영화에서 과자와 빵은 완득이의 가난과 결핍을 상징한다.
- **생각할 점**
  우리 주변의 소외된 이웃

2 다음은 영화나 드라마에 나타난 사회 문제를 제기할 때 사용하는 표현입니다. 다음 표현을 사용하여 연습해 보세요.

사회 문제 제기하기

> 어떤 문제가 있는지 이야기합니다.

- …다는 것이 문제다[문제가 되다]
- 문제는 …다는 것이다

- '개천에서 용 난다'라는 속담과 달리 빈곤층에서 성공하는 사람이 나오기란 여간 어려운 일이 **아니라는 것이 문제다**.
- **문제는** 빈곤층이 많아질수록 사회는 **불안정해진다는 것이다**.

1) • 노인이 구할 수 있는 일자리는 대부분 단순 노동이며 그것조차도 부족한 경우가 많음.

2) • 소외된 이웃에게 따뜻한 관심을 보이는 사람이 많지 않음.

3 다음은 사회 문제에 대한 의견을 제시할 때 사용하는 표현입니다. 다음 표현을 사용하여 연습해 보세요.

의견 제시하기

> 문제에 대한 대안, 해결책 등 자신의 생각을 이야기합니다.

- …어야 하는 것이 아닐까
- 이에 대한 필자의 의견은 …다는 것이다

- 이러한 양극화 현상을 해결하기 위해서는 희망의 사다리를 마련하고, 그 필요성에 대한 국민적 공감대가 형성**되어야 하는 것이 아닐까**.
- **이에 대한 필자의 의견은** 빈곤층도 최소한의 인간다운 삶을 영위할 수 있도록 하는 복지 제도를 마련해야 **한다는 것이다**.

1) • 노인을 위한 양질의 일자리가 더 창출되어야 함.

2) • 불우 이웃에 대한 지역 사회의 지원이 필요함.

써 보세요

1 여러분이 본 영화나 드라마 중 사회 문제를 다룬 것을 찾아 보세요.

2 보기와 같이 개요를 작성해 보세요.

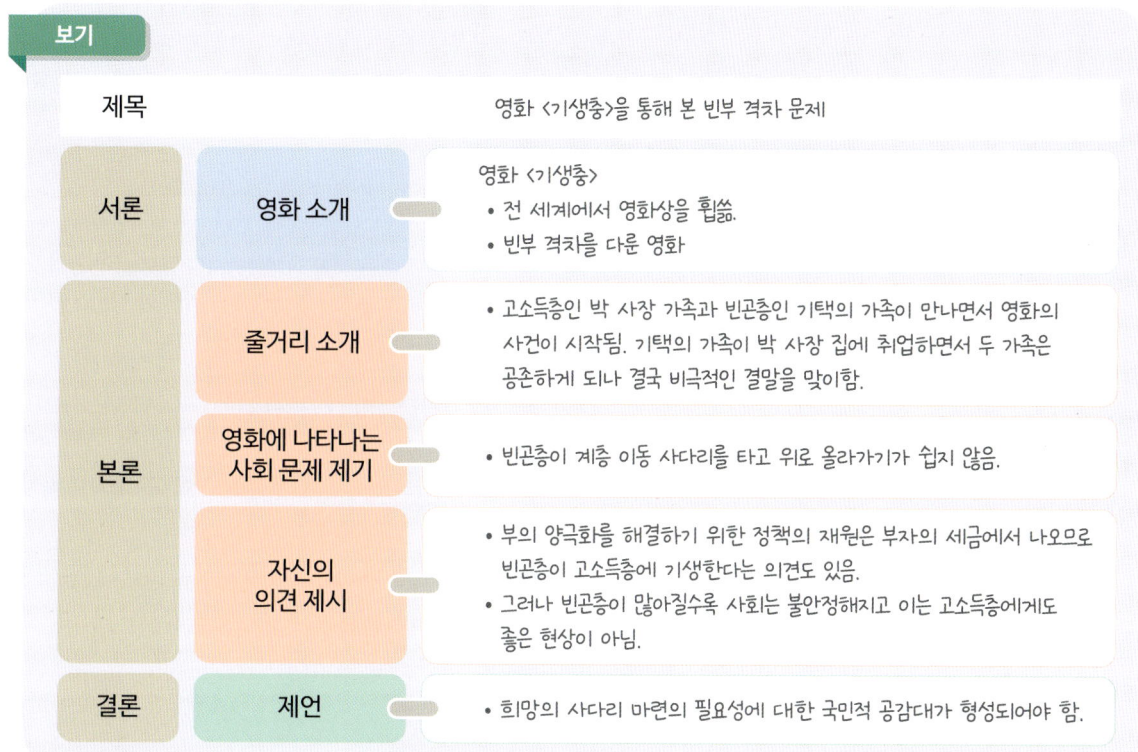

3 개요를 바탕으로 영화나 드라마를 통해 본 사회 문제에 대해 써 보세요.

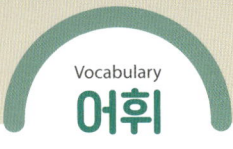

13-1. 삶의 만족도

주제 어휘

1등(1等) 지상주의(至上主義) [일뜽]
어떤 방법을 쓰든지 1등만 하면 된다는 사고방식.
예전에는 1등 지상주의가 심해 올림픽에서 은메달을 딴 선수가 비난받기도 했다.
emphasis of being first

경쟁(競爭)을 부추기다
서로 더 앞서려고 벌이는 다툼이 더 심해지도록 하다.
결과만 중시하고 경쟁을 부추기는 교육 환경 탓에 공부에 대한 학생들의 흥미가 떨어지고 있다.
to incite competition

고용(雇傭) 불안정(不安定)
고용이 안정되지 못한 상태.
언제 해고될지 모르는 청년층의 고용 불안정이 지속되고 있다.
employment insecurity

근무 시간(勤務時間)을 제한(制限)하다
일하는 시간이 일정 기준을 넘지 못하도록 규제하다.
국민들이 일과 삶의 균형을 맞출 수 있도록 정부가 근무 시간을 제한하고 있다.
to limit working hours

근무(勤務) 환경(環境)을 개선(改善)하다
일하는 곳의 조건이나 상황을 더 좋아지게 하다.
우리 회사는 근무 환경을 개선하기 위해 점심시간을 자유롭게 정할 수 있는 규칙을 도입했다.
to improve the working environment

사각지대(死角地帶)에 놓이다
관심이나 영향이 미치지 못하게 되다.
정부가 마련한 정책의 혜택을 받지 못하는 복지의 사각지대에 놓인 사람들의 이야기가 방송되어 주목받고 있다.
to be placed in a blind spot

사회(社會) 안전망(安全網)을 확충(擴充)하다
사회적 위험으로부터 국민을 보호하기 위한 제도를 확대하고 보충하다.
약자를 위한 사회 안전망을 확충하여 양극화가 하루빨리 해소되기 바란다.
to expand the social safety net

예산(豫算)을 투입(投入)하다
필요한 비용을 미리 계산하여 그 비용이 어떤 목적을 위해 사용되도록 하다.
정부는 비정규직 근로자의 고용 안정을 위해 예산을 투입하기로 했다.
to invest a budget

외모(外貌) 지상주의(至上主義)
겉으로 드러나는 모습이 가장 중요하다는 사고방식.
외모 지상주의의 확산으로 성형 수술을 받는 사람들이 늘어났다.
appearance supremacy

일과 삶의 균형(均衡)을 맞추다
업무와 개인 생활 중 어느 한쪽으로 치우치지 않도록 하다.
회사 일에 모든 것을 희생하기보다 일과 삶의 균형을 맞추어 생활하고자 하는 사람들이 많아져서 '워라밸'이라는 신조어도 생겨났다.
to have a work life balance

장시간(長時間) 노동(勞動)
오랜 시간 일함.
그 회사는 장시간 노동을 시켜서 신입 직원들이 3개월을 못 버티고 그만둔다.
long working hours

저임금(低賃金)
명 낮은 임금.
한 달 200만 원 안팎의 저임금을 받으며 하루 열 시간 가까이 일했다.
low wages

제도(制度)를 보완(補完)하다
법이나 규칙 등의 사회 구조 체계를 더 나은 방향으로 보충하여 완전하게 하다.
노동자들이 기본 권리를 보호받을 수 있도록 제도를 보완하기로 했다.
to supplement the system

차별(差別)을 없애다
구별하여 다르게 대하는 일을 사라지게 하다.
학벌과 학력 차별을 없애기 위해 정부는 이력서에 졸업한 대학 이름을 쓰지 못하게 하도록 권고했다.
to eliminate discrimination

최저 임금(最低賃金)을 인상(引上)하다
근로자에게 최소로 주어야 한다고 정한 임금의 액수를 올리다.
정부는 매년 최저 임금을 인상하고 있다.
to raise the minimum wage

포용(包容)하다
동 넓은 마음으로 감싸 주거나 받아들이다.
상대가 나를 인정해 주기를 바란다면 나도 상대를 포용하고 받아들일 줄 알아야 한다.
to embrace

학벌(學閥) 지상주의(至上主義)
출신 학교의 사회적 지위나 등급이 가장 중요하다는 사고방식.
한국은 학벌 지상주의가 심해 모두 명문 대학교를 가려고 하기에 입시 경쟁이 치열하다.
academic supremacy

듣기

들어 보세요

고등 교육(高等敎育)
전문적 지식 또는 기술을 습득하게 하는 전문 대학 이상의 교육을 아울러 가리키는 말.
국민들의 생활이 나아지면서 고등 교육을 받는 사람들의 비율이 점점 증가하고 있다.
higher education

기대(期待) 수명(壽命)
어떤 사회에 인간이 태어나서 생존할 것으로 기대되는 평균 생존 연수.
한국인의 기대 수명은 2010년에 이미 80세를 넘었다.
life expectancy

기반(基盤)하다
동 바탕을 두다.
김 과장은 설문 조사 결과에 기반해 새로운 제품을 개발해야 한다고 주장했다.
to be based on

노동법(勞動法) [노동뻡]
명 노동자들의 근로관계를 규정하고 생활을 향상하려고 만든 법을 아울러 가리키는 말.
아무 이유 없이 월급을 주지 않는 것은 노동법에 어긋나는 행위이다.
labor law

당연시(當然視)되다
동 당연한 것으로 여겨지다.
학생들은 그동안 당연시되어 온 규칙에 불만을 가지기 시작했다.
to be taken for granted

뒤따르다
동 어떤 일의 과정에 함께 따르거나 결과로서 생기다.
모든 일에는 책임이 뒤따르는 법이다.
to accompany

먹고살다
동 생계를 유지하다.
요즘은 먹고살기가 힘들어 맞벌이 부부가 많아지고 있다.
to make a living

부각(浮刻)하다
동 어떤 사물이나 현상을 특징지어 드러나게 하다.
이 소설은 성 소수자 문제를 부각하였다.
to highlight

성적순(成績順)
명 성적의 좋고 나쁨으로 정하는 순서.
"행복은 성적순이 아니다"라는 말은 좋은 대학에 가야만 행복하다는 인식을 비판하는 것이다.
academic ranking

안주(安住)하다
동 현재의 상황이나 처지에 만족하다.
현재에 안주하면 발전이 없다.
to settle for

지표(指標)
명 방향이나 목적, 기준 등을 나타내는 표지.
지표는 보통 사회적인 현상을 수치로 나타낼 때 사용된다.
indicator

말하기

미루다
동 이미 알려진 것을 바탕으로 다른 것을 추측하다.
그의 표정으로 미루어 볼 때 거짓말을 하고 있는 것이 틀림없다.
to judge by

수립(樹立)하다
동 국가나 정부, 제도, 계획 등을 세우다.
물가가 폭등하자 정부는 대책을 수립하였다.
to establish

의무적(義務的)
관 명 마음에 상관없이 해야만 하는 (것).
대한민국 남성은 건강에 큰 문제가 없는 이상 의무적으로 군대에 가야 한다.
obligatory

인적 자원(人的資源) [인쩍]
사람의 노동력을 생산 자원의 하나로 이르는 말.
천연자원이 별로 없는 한국에서는 인적 자원이 매우 중요하게 생각되어 왔다.
human resources

13-2. 불평등의 심화

주제 어휘

격차(隔差)를 줄이다
서로 벌어진 차이를 작게 만들다.
그는 정규직과 비정규직의 근무 환경 격차를 줄여 달라고 요구했다.
to reduce the gap

계층(階層) 상승(上昇)
자신이 원래 속한 집단보다 사회적 지위, 경제적 수준 등이 높은 집단으로 올라감.
과거에는 교육을 잘 받으면 계층 상승이 가능하다고 여겨졌지만, 지금은 교육만으로는 계층 상승이 힘들다는 생각이 널리 퍼져 있다.
moving up the social class

계층(階層) 이동(移動) 사다리
능력을 발휘해 계층 상승을 이루는 현상을 비유적으로 가리키는 말.
교육으로도 계층 이동이 어려운 요즘, 계층 이동 사다리는 끊어졌다고 볼 수 있다.
class ladder

고소득층(高所得層)
명 상대적으로 돈을 많이 버는 사회 계층. 또는 그런 사람.
고소득층이 많이 사는 동네에는 비싼 외제 차들이 여기저기서 보인다.
high-income class

기초(基礎) 연금(年金)을 수급(受給)하다
소득이 일정 금액 이하인 65세 이상의 국민이 최소한의 기본적인 생활을 유지하게끔 국가에서 일정 금액을 지급받다.
소득 하위 70%의 노인들은 기초 연금을 수급할 수 있다.
to receive basic pension

기회(機會)의 평등(平等)
모든 사람에게 기회를 똑같이 줌.
지방 선거의 후보자는 장애인들에게 기회의 평등을 보장하겠다고 약속했다.
equality of opportunity

복지(福祉) 정책(政策)을 실시(實施)하다 [실씨하다]
국민의 생활 향상과 사회 보장을 위한 정책을 실제로 행하다.
정부는 어느 한 계층에 한정된 정책이 아니라, 모든 계층에 적용되는 복지 정책을 실시했다.
to implement a welfare policy

부유층(富裕層)
명 재물이 많아서 살림이 아주 넉넉한 계층. 또는 그런 사람.
이 호텔은 숙박비가 비싸서 부유층이 주로 이용한다.
the rich

부익부(富益富) 빈익빈(貧益貧) 현상(現象)
부유한 사람은 더 부유해지고 가난한 사람은 더 가난해지는 현상.
부익부 빈익빈 현상은 큰 사회 문제이다.
Matthew effect (polarization of wealth)

불평등(不平等)이 심화(深化)되다
차별이 있어 고르지 않은 상태가 심해지다.
최근 한 조사에 따르면 20~30대 청년들은 한국의 불평등이 예전에 비해 심화된 것으로 느낀다고 한다.
inequality deepens

불평등(不平等)이 완화(緩和)되다
차별이 있어 고르지 않은 상태가 약해지다.
사교육비 부담이 줄면 자연스럽게 교육 불평등이 완화될 것이다.
inequality be alleviated

빈곤(貧困)의 대물림(代물림)
부모가 가난하여 그 영향이 자식에게도 미쳐 자식들도 똑같이 가난해지는 현상.
빈곤의 대물림 현상을 막기 위해 정부에서는 빈곤 가정의 아이들에게 무료로 대학에 다닐 수 있는 기회를 주는 정책을 만들고자 한다.
inheritance of poverty

빈곤(貧困)의 악순환(惡循環)
저개발국은 가난하기 때문에 돈을 벌지 못하고 돈을 벌지 못하므로 생산력을 높일 수 없는 식의 현상이 끊임없이 되풀이되는 현상.
빈곤의 악순환을 끊기 위해서는 무조건적인 원조가 아닌 정당한 임금을 지불하는 공정 무역이 필요하다.
vicious cycle of poverty

빈곤층(貧困層)
명 가난하여 생활하기가 어려운 사회 계층. 또는 그런 사람.
정부는 빈곤층 가정의 자녀를 대상으로 등록금 전액을 지원하기로 했다.
the poor

빈부(貧富) 격차(隔差)
부유층과 빈곤층 간의 경제력 차이.
부동산의 가격이 폭등함에 따라 빈부 격차가 커지고 있다.
financial gap

상대적(相對的) 빈곤(貧困)
다른 사람과 비교하여 소득이 낮은 상태.
요즘은 경제적 여유가 있더라도 상대적 빈곤에 시달리는 사람이 많다.
relative poverty

소득(所得) 격차(隔差)
수입의 수준이 서로 벌어져 다른 정도.
이번 조사 결과에 따르면, 한국은 최상위층과 최하위층의 소득 격차가 큰 나라인 것으로 나타났다.
income gap

양극화(兩極化)
명 두 가지의 생각이나 현상이 서로 점점 더 달라지고 멀어짐.
부유층과 빈곤층의 양극화가 날이 갈수록 심해지고 있다.
polarization

저소득층(低所得層)
명 상대적으로 돈을 많이 벌지 못하는 사회 계층.
정부는 의료비와 교육비 지원 등의 저소득층 지원 계획을 발표하였다.
low-income class

절대적 빈곤(絕對的 貧困)
인간의 생존에 필요한 최소한의 물자조차 부족한 빈곤 상태.
절대적 빈곤은 복지 정책으로 충분히 해결할 수 있는 문제이다.
absolute poverty

중산층(中産層)
명 소득이 중간 정도 되는 계층.
IMF 경제 위기 이후 자신을 중산층이라고 생각하는 사람들이 줄어들었다.
middle class

최저 생계비(最低生計費)를 지원(支援)하다
생활에 필요한 최소 비용을 주어 돕다.
정부는 생활이 어려운 사람들을 위해 최저 생계비를 지원한다.
to subsidize the minimum cost of living

읽기

읽어 보세요 1

소득 재분배(所得再分配)
정책적으로 소득 분포를 조정하는 일.
소득 재분배를 통해 양극화를 해결할 수 있다.
income redistribution

신자유주의(新自由主義)
명 20세기 이후 다시 나타난, 정부의 시장 개입을 최소화하고 자유로운 경쟁을 더욱 강화하려는 경제사상.
신자유주의는 양극화 문제를 더욱 심화할 가능성이 높다.
neoliberalism

읽어 보세요 2

가정부(家政婦)
명 일정한 대가를 받고 집안일을 해 주는 사람.
우리 가족은 모두 일이 바빠 집안일을 할 수가 없어서 가정부를 고용하고 있다.
housekeeper

개천(개川)에서 용(龍) 난다
불우한 환경에서 뛰어난 인물이 나는 경우를 나타내는 속담.
'개천에서 용 난다'는 말은 이제 옛말이 되어 버렸다.
rags to riches

근근이(僅僅이)
부 어렵게 겨우.
그는 근근이 생계를 꾸려 나가고 있다.
barely

금수저(金수저)
명 부모가 부유하거나 사회적 지위가 높은 가정에서 태어나 경제적 여유 등의 좋은 환경을 누리는 사람을 비유적으로 가리키는 말.
최근 한국에서는 부모를 잘 만나 경제적인 어려움을 겪지 않는 금수저를 부러워하는 사람들이 늘어나고 있다.
silver spoon

기생(寄生)하다
동 스스로 생활하지 못하고 다른 사람에게 의지하여 생활하다.
그는 높은 지위에 있는 사람에게 기생해서 살아가고 있다.
to parasitize

기초(基礎) 생활(生活) 수급자(受給者)
'국민 기초 생활 보장법'에 의하여 국가로부터 기초 생활비를 지급받는 사람.
소득이 정부에서 정한 최저 기준에 못 미치는 사람은 국가에서 기초 생활 수급자로 지정하여 금전적인 지원을 해 준다.
basic livelihood security recipient

낮잡다
동 만만히 여기고 함부로 낮추어 대하다.
'계집'은 '여자'를 낮잡아 부르는 말이다.
to disparage

다루다
동 어떤 것을 소재나 대상으로 삼다.
소설《82년생 김지영》은 한국 여성의 힘든 삶을 다루고 있다.
to deal with

여운(餘韻)을 남기다
영화나 드라마, 소설 등이 끝나고 난 뒤에도 그로 인한 느낌이 남아 있게 하다.
영화가 긴 여운을 남겨서 영화가 다 끝났는데도 관객들이 나가지 않고 있다.
to leave a lasting impression

위조(僞造)하다
동 남을 속일 목적으로 가짜를 진짜처럼 만들다.
돈을 위조해서 사용하던 사람들이 경찰에 잡혀갔다.
to counterfeit

이목(耳目)을 끌다
눈에 특별하게 띄거나 주의를 끌어 집중을 받다.
그 가수는 지금까지 없던 스타일의 노래를 발매하여 대중의 이목을 끌었다.
to draw attention

재원(財源)
명 재물이나 자금이 나오는 곳.
복지 정책의 재원은 국민들의 세금이다.
source of revenue

적나라(赤裸裸)하다
형 있는 그대로 다 드러내어 숨김이 없다.
그 소설은 현대 사회의 문제점을 적나라하게 드러냈다.
to be explicit

접점(接點)
명 둘 이상의 사람이나 사물이 만나는 지점.
경찰은 전혀 관계없어 보이는 두 사람에게 접점이 있다는 것을 밝혀냈다.
touchpoint

편(篇)
명 책이나 영화, 시 등을 세는 단위.
A 씨는 시 100편을 묶어서 시집을 냈다.
counter for books/movies/poems

학자금(學資金)
명 공부하는 데 드는 비용.
한국 정부는 저소득층 학생들이 걱정 없이 공부할 수 있도록 낮은 이자로 학자금을 대출해 준다.
education expenses

호화롭다(豪華롭다)
형 사치스럽고 화려한 느낌이 있다.
그는 복권에 당첨돼서 호화로운 삶을 즐기고 있다.
to be luxurious

흙수저
명 집안 형편이 좋지 않아 부모로부터 경제적인 도움을 받지 못하는 사람을 비유적으로 가리키는 말.
'흙수저'라는 말이 생길 정도로 빈곤의 대물림이 큰 사회 문제가 되고 있다.
wooden spoon

쓰기

고군분투(孤軍奮鬪)하다
동 남의 도움을 받지 않고 힘에 벅찬 일을 잘해 나가다.
많은 청년이 취업을 하기 위해서 고군분투하고 있다.
to struggle

공허감(空虛感)
명 텅 빈 듯한 허전한 느낌.
10년째 배우를 하고 있지만, 관객들이 모두 돌아가고 나면 공허감이 든다.
sense of emptiness

단순(單純) 노무직(勞務職)
건설 현장이나 생산 현장 등에서 단순히 육체적으로 하는 직무.
단순 노무직은 고생하는 것에 비해 급여가 높지 않아 젊은 사람들이 기피하는 경향이 있다.
simple labor job

문제(問題)를 제기(提起)하다
논쟁의 대상이 되는 것을 내놓다.
그가 정부의 정책에 대해 문제를 제기하자 많은 국민이 동의하였다.
to bring up a problem

삶을 영위(營爲)하다
생활을 꾸려 나가다.
깨끗한 환경은 우리가 건강한 삶을 영위하는 데 필수적인 조건이다.
to lead a life

이민(移民)
명 자기 나라를 떠나 다른 나라로 이주하는 일.
그녀는 미국으로 이민을 가기 위해 열심히 영어 공부를 하고 있다.
immigration

제언(提言)
명 생각이나 의견을 내놓음. 또는 그 의견이나 생각.
판단이 잘 안될 때는 전문가의 제언을 따르는 것도 좋은 방법이다.
suggestion

필자(筆者) [필짜]
명 글을 쓴 사람. 또는 쓰고 있거나 쓸 사람.
글을 잘 이해하기 위해서는 우선 필자의 중심 생각을 파악해야 한다.
author

14

건강과 과학

14-1 공중 보건

14-2 유전자 이야기

14-1	**공중 보건**	14-2	**유전자 이야기**
듣기 1	의학 다큐멘터리를 듣고 정보 찾기	읽기 1	유전자 검사에 대한 기사문을 읽고 정보 찾기
듣기 2	공중 보건 정책에 대한 토론 방송을 듣고 주장과 근거 파악하기	읽기 2	생명 복제에 대한 칼럼을 읽고 주장과 근거 파악하기
말하기	토론 진행하기	쓰기	주장하는 글 쓰기

공중 보건

1. 여러분이 아는 감염병에는 무엇이 있습니까? 그 감염병의 증상은 어떻습니까?

2. 감염병을 예방하기 위한 방법을 이야기해 보세요.

1 다음은 감염병과 관련된 표현입니다. 감염병과 관련하여 아는 것을 이야기해 보세요.

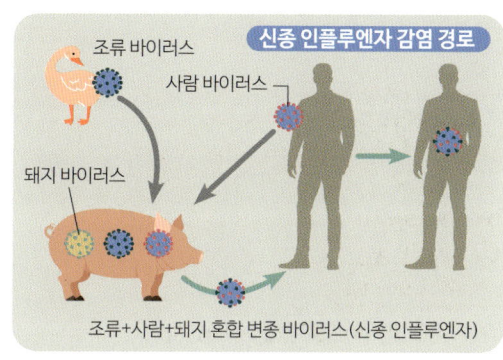

감염병/전염병	변이/변종 바이러스	기생하다	면역력이 떨어지다
몸에 침입하다	바이러스가 전이/전파되다	바이러스가 증식하다	세균/바이러스에 감염되다
잠복기를 거치다	감염력/전염력이 높다	질병이 창궐하다	

2 다음은 공중 보건과 관련된 표현입니다. 관계있는 것끼리 연결해 보세요.

격리하다 • • 세계보건기구(WHO)는 코로나바이러스감염증-19를 감염병 최고 등급으로 지정했다고 공식적으로 발표했다.

건강을 증진하다 • • 감염병의 확산을 막기 위해 정부는 영업시간을 제한하고 확진자가 다녀간 장소를 소독했다.

대응을 강화하다/
대응 수위를 높이다 • • 감염병이 확산되자 사람들이 감염병을 예방하는 주사를 맞았다.

방역 조치를 취하다 • • 감염병 위험 수준이 4단계로 올라가자 정부는 더 강한 대책을 내놓았다.

백신을 접종하다 • • 감염병에 걸리면 다른 사람과 접촉하지 않고 집에 머물러야 한다.

수명이 연장되다 • • 감염병에 걸리면 같은 바이러스에 또다시 걸리지 않도록 하는 면역 체계가 형성된다.

팬데믹을 선포하다 • • 공중 보건의 목적은 질병 예방뿐 아니라 사람들의 건강 상태를 개선하는 것이다.

항체가 생기다 • • 의학 기술의 발달로 사람들은 평균적으로 더 오래 살게 되었다.

들기

들어 보세요 ①

준비

1 다음 프로그램은 어떤 내용을 다루고 있을지 이야기해 보세요.

다큐 라이프 @doculife·TV 프로그램

LET 다큐 라이프

약 5억 명을 감염시킨 스페인 독감부터 2019년 전 세계를 강타한 코로나바이러스감염증-19까지. 예고 없이 나타나 우리 삶을 위협하는 바이러스와의 공존. 인간과 동물을 오가며 전파되는 바이러스의 끝은 어디일까.

5월 1일(목) 밤 9시 50분

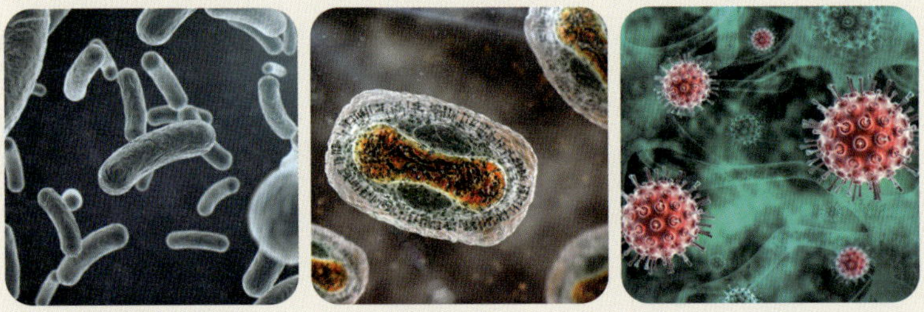

강력한 전파력으로
인간을 위협하는 바이러스

프로그램 소개

1부: 바이러스의 기생과 증식
2부: 전염력과 변종 바이러스
3부: 백신 접종과 항체

듣기 다음은 의학 다큐멘터리입니다. 잘 듣고 질문에 답해 보세요.

중심 내용 파악하기

1 다큐멘터리의 주제는 무엇입니까?

① 감염병 예방책   ② 바이러스와의 전쟁
③ 세계보건기구의 역할   ④ 바이러스 발견의 역사

세부 내용 파악하기

2 코로나19 바이러스로 인해 어떤 사회적 변화가 일어났습니까?

3 들은 내용과 일치하지 <u>않는</u> 것을 고르세요.

① 바이러스는 미생물을 숙주 세포로 삼지 않는다.
② 바이러스는 변이된 모습으로 다시 나타날 가능성이 있다.
③ 사스, 에볼라, 코로나19는 바이러스가 일으킨 감염병이다.
④ 지금껏 발견된 바이러스는 실제 존재하는 바이러스의 극히 일부이다.

4 동물 바이러스가 인간에게로 전이될 가능성이 커진 이유는 무엇입니까?

🎧 들어 보세요 ❷

준비

1 다음 뉴스들에 나온 관점을 비교해 보세요.

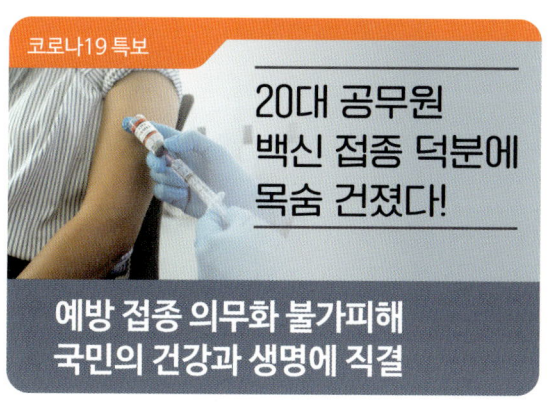
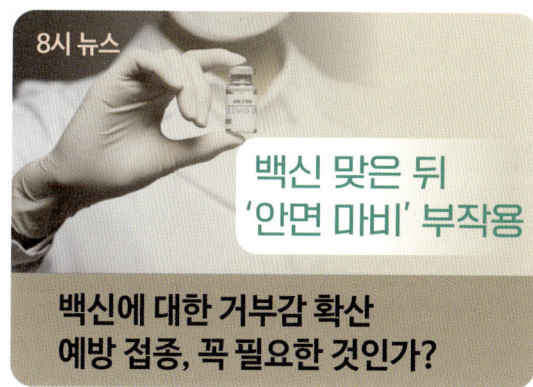

문법과 표현

동 -는 양, 형 -은 양, 명 인 양 ☞ 14쪽

지구의 지배자인 양 행세하는 인간은 수만 종의 생물체를 지구상에서 사라지게 하거나 서식지로부터 밀어냈다.

듣기

듣기 다음은 공중 보건 정책에 대한 토론 방송입니다. 잘 듣고 질문에 답해 보세요.

중심 내용 파악하기

1 토론의 주제는 무엇입니까?

세부 내용 파악하기

2 들은 내용과 일치하면 O, 일치하지 않으면 × 하세요.

1) 감염병 백신을 거부하는 사례가 늘어나고 있다. (   )
2) 백신이 개발된 이후 영아 사망률이 급감하였다. (   )
3) 평생 맞아야 하는 예방 접종의 수는 최대 10회이다. (   )

3 예방 접종 의무화 정책에 대한 주장과 근거를 알맞게 연결해 보세요.

남성 패널 • • 찬성 •
- 백신 부작용에 대한 정보가 부족하다.
- 현재 시중에 유통되는 백신들은 모두 안전성과 효과가 입증되었다.

여성 패널 • • 반대 •
- 백신은 부작용이 있다.
- 질병 예방의 효과가 커서 국민의 건강과 사회의 안전을 지킬 수 있다.

전략 익히기

4 토론에서 나타난 사회자의 역할이 <u>아닌</u> 것을 고르세요.

① 토론 주제를 소개한다.
② 양측의 입장을 요약하고 정리한다.
③ 토론이 논점에서 벗어나지 않도록 돕는다.
④ 의견이 하나로 통일될 수 있도록 조정한다.

이야기해 보세요.

1 여러분 나라에는 의무적으로 맞아야 하는 예방 주사가 있습니까?

2 예방 접종 의무화에 대한 여러분의 의견을 이야기해 보세요.

문법과 표현

동 형 -을 판에/판이다 ☞ 14쪽
건강과 생명에 직결되는 필수 예방 접종의 수를 더 늘려도 모자랄 판에 예방 접종을 하지 않겠다는 것은 위험하다.

말하기

🎤 사회자가 되어 토론을 진행해 보세요.

▸ 준비해 보세요

1. 토론에서 사회자의 역할은 무엇입니까? 토론 사회자의 역할에 해당한다고 생각하는 것을 모두 고르고, 그 이유를 이야기해 보세요.

- ☐ 발언의 기회를 부여한다.
- ☐ 내용을 정리하고 마무리한다.
- ☐ 자기 의견을 강력히 주장한다.
- ☐ 토론이 원활하게 진행되도록 한다.
- ☐ 시간을 확인하여 적절히 안배한다.
- ☐ 토론이 논점을 벗어나지 않도록 한다.
- ☐ 토론자를 설득하여 합의점을 끌어낸다.

▸ 표현을 연습해 보세요

1. 다음은 토론을 시작할 때 사용하는 표현입니다. 다음 표현을 사용하여 연습해 보세요.

토론 시작하기

▸ 찬반 논란을 이끄는 문제 상황을 제시합니다.
- 최근 …으면서 이를 둘러싼 논란이 일고[불붙고] 있습니다
- …으면서 …다는 주장이 제기되고 있습니다
- …으면서 …에 대한 논쟁이 치열하게 전개되고 있습니다

▸ 토론의 주제를 소개합니다.
- …이라는 주제로 이야기를 나누어 보겠습니다
- …에 대한 토론을 시작하겠습니다
- …에 관한[대한] 찬반 의견을 나누어 보도록 하겠습니다

▸ 참석자에게 발언 기회를 줍니다.
- …에 반대하는[찬성하는] 입장부터 말씀해[발언해] 주시기 바랍니다
- 찬성[반대] 측 의견부터 들어 보겠습니다
- …에 대해 어떻게 생각하십니까[보십니까]?

- **최근** 영유아 예방 접종이나 감염병 백신을 거부하는 사례가 **늘면서 이를 둘러싼 논란이 일고 있습니다.** 따라서 오늘은 **'예방 접종 의무화 정책 필요한가'**라는 주제로 이야기를 나누어 보겠습니다. 먼저 예방 접종 의무화 정책에 반대하는 입장부터 말씀해 주시기 바랍니다.
- 음주로 인한 우발적 범죄가 **증가하면서** 공공장소에서의 음주를 법적으로 규제해야 **한다는 주장이 제기되고 있습니다.** 오늘 토론을 위해 시민 단체 회원분들께서 참석해 주셨는데요. 그럼 이제부터 **'공공장소에서의 음주 규제는 필요한가'**에 대한 **토론을 시작하겠습니다. 찬성 측 의견부터 들어 보겠습니다.**
- 요즘 지하철 내 성범죄가 **증가하면서** 지하철 여성 전용 칸 **부활에 대한 논쟁이** 인터넷상에서 **치열하게 전개되고 있습니다.** 따라서 지금부터 청년 연대 회원들을 초청하여 지하철 여성 전용 칸 도입에 관한 찬반 의견을 나누어 보도록 하겠습니다. 찬성 측에서는 **이에 대해 어떻게 생각하십니까?**

1)
- 문제 상황: 성차별을 해소하기 위한 여성 할당제가 대기업들에 도입됨.
- 주제: 여성 할당제는 필요한가

2)
- 문제 상황: 군필자에 대한 보상이 미흡하다는 불만이 높아지며 군 가산점 제도를 부활해야 한다는 주장이 제기됨.
- 주제: 군 가산점 제도를 부활해야 하는가

3)
- 문제 상황: 초고령화 사회에 진입함.
- 주제: 정년 연장이 필요한가

2 다음은 토론을 중재할 때 사용하는 표현입니다. 다음 표현을 사용하여 연습해 보세요.

토론 중재하기

▶ 토론이 논점에서 벗어나지 않도록 돕습니다.

- …도 중요합니다만 다시 원래의 논점으로 돌아와 주시기 바랍니다 [돌아오겠습니다]
- 토론의 방향이 다른 곳으로 가고 있는데요. 그 문제는 다음에 다시 토론할 기회를 만들도록 하겠습니다

- 네. 물론 건강 정보 접근 **문제도 중요합니다**만 시간 관계상 **다시 원래의 논점으로 돌아오겠습니다.**
- 토론의 방향이 다른 곳으로 가고 있는데요. 그 문제는 다음에 다시 토론할 기회를 만들도록 하겠습니다.

▶ 시간의 제약을 상기하는 등 원활한 토론 환경을 조성합니다.

- 발언 시간이 끝났습니다. 다음 의견 듣겠습니다
- 시간 관계상 그 정도로 듣겠습니다

- 발언 시간이 끝났습니다. 다음 의견 듣겠습니다.
- 시간 관계상 그 정도로 듣겠습니다.

1) • 상황: 한 토론자가 논점에서 벗어난 저출산 이야기를 계속하고 있음.

2) • 상황: 한 토론자가 발언 제한 시간을 초과하고 있음.

3 다음은 토론을 마무리할 때 사용하는 표현입니다. 다음 표현을 사용하여 연습해 보세요.

토론 마무리하기

> 양측의 주장을 요약하고 정리합니다.

- 지금까지의 논의를 정리하자면 [요약하자면] …
- 이상의 내용을 정리하면 …

> 토론의 종료를 안내합니다.

- 토론은 여기에서 마무리하도록 하겠습니다
- 이상으로 [이것으로] …에 대한 토론을 마치겠습니다

- **지금까지의 논의를 정리하자면** 찬성 측에서는 예방 접종의 부작용 가능성은 미미하나, 효과가 크므로 국민의 건강과 안전을 위해서 예방 접종 의무화가 필요하다고 주장합니다. 반대 측의 주장은 현재의 예방 접종 수준이 과도하며, 부작용에 관한 정보가 부족하기 때문에 의무화는 불필요하다는 것으로 정리할 수 있겠습니다. 오늘의 **토론은 여기에서 마무리하도록 하겠습니다.**
- **이상의 내용을 정리하면** 찬성 측은 지하철 여성 전용 칸을 도입하면 여성을 성추행의 잠재적 위험으로부터 보호할 수 있으며 남성들 또한 잠재적 범죄자로 취급받지 않아도 된다고 주장합니다. 이에 반해 반대 측은 단순한 공간 분리만으로는 성범죄가 근절될 수 없으며 여성 전용 칸에 타려는 남성을 제지할 방법이 없어 실효성이 없을 것이라는 의견을 주셨습니다. **이것으로** 지하철 여성 전용 칸 **도입에 대한 토론을 마치겠습니다.**

1) 주제: 여성 할당제는 필요한가

   〈찬성〉
   - 남성보다 사회 진출이 어려운 여성을 위한 불가피한 조치임.

   〈반대〉
   - 남성에게 지나치게 불리하며 역차별임.

2) 주제: 군 가산점 제도를 부활해야 하는가

   〈찬성〉
   - 군필자에 대한 가산점은 국가 안보를 위해 헌신한 사람들에 대한 정당한 보상임.

   〈반대〉
   - 여성, 장애인 등 군대에 갈 기회를 얻지 못한 사람들에게 차별이 됨.

이야기해 보세요

1 다음 중 토론하고 싶은 주제를 선택해 보세요.

예방 접종 의무화 정책	반려동물 보유세 도입	보행 중 흡연 금지
국민의 건강 증진, 집단 면역 형성	유기 동물 증가에 따른 사회적 비용의 필요성	간접흡연 피해 예방
vs	vs	vs
선택권 박탈, 부작용 우려	반려동물 산업의 붕괴를 초래할 가능성	국민의 기본권 억압

2 사회자가 된다면 토론을 어떻게 시작하고 마무리할지 보기와 같이 메모해 보세요.

[보기]

토론 시작하기	• 문제 상황: 영유아 예방 접종이나 감염병 백신을 거부하는 사례가 늘면서 논란이 일고 있음. • 주제: 예방 접종 의무화 정책, 필요한가
토론 마무리하기	• 찬성 측: 예방 접종의 부작용 가능성은 미미하나 효과가 크므로 국민의 건강과 안전을 위해서 예방 접종 의무화가 필요함. • 반대 측: 현재의 예방 접종 수준이 과도하며, 부작용에 관한 정보가 부족하기 때문에 예방 접종 의무화는 불필요함.

[메모하기]

토론 시작하기	
토론 마무리하기	

3 돌아가면서 사회자 역할을 맡아 토론을 진행해 보세요.

> [보기]

토론 시작하기: 최근 영유아 예방 접종이나 감염병 백신을 거부하는 사례가 늘면서 이를 둘러싼 논란이 일고 있습니다. 따라서 오늘은 '예방 접종 의무화 정책 필요한가'라는 주제로 이야기를 나누어 보겠습니다. 먼저 예방 접종 의무화 정책에 반대하는 입장부터 말씀해 주시기 바랍니다.

토론 마무리하기: 네. 지금까지 논의를 정리하자면 찬성 측에서는 예방 접종의 부작용 가능성은 미미하나 효과가 크므로 국민의 건강과 안전을 위해서 예방 접종 의무화가 필요하다고 주장합니다. 반대 측의 주장은 현재의 예방 접종 수준이 과도하며, 부작용에 관한 정보가 부족하기 때문에 의무화는 불필요하다는 것으로 정리할 수 있겠습니다. 오늘의 **토론**은 여기에서 마무리하도록 하겠습니다.

14-2 유전자 이야기

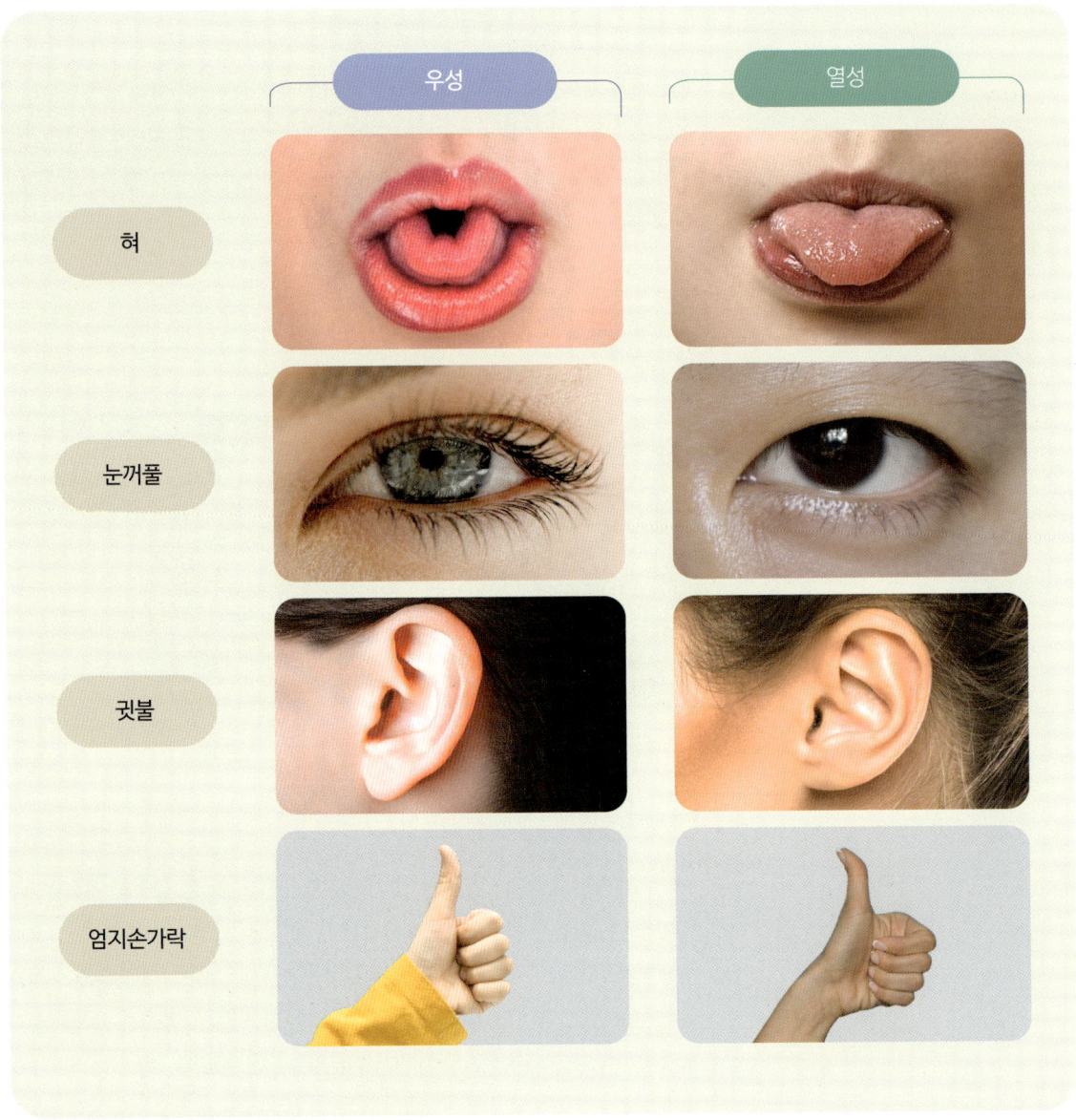

1. 위 사진들은 유전자에 따라 결정되는 대표적인 신체 특징을 보여 주고 있습니다. 또 다른 예를 찾아 보세요.

2. 여러분은 어느 쪽에 해당하는지 이야기해 보세요.

1 다음은 유전자 검사와 관련된 표현입니다. 빈칸에 알맞은 표현을 찾아 써 보세요.

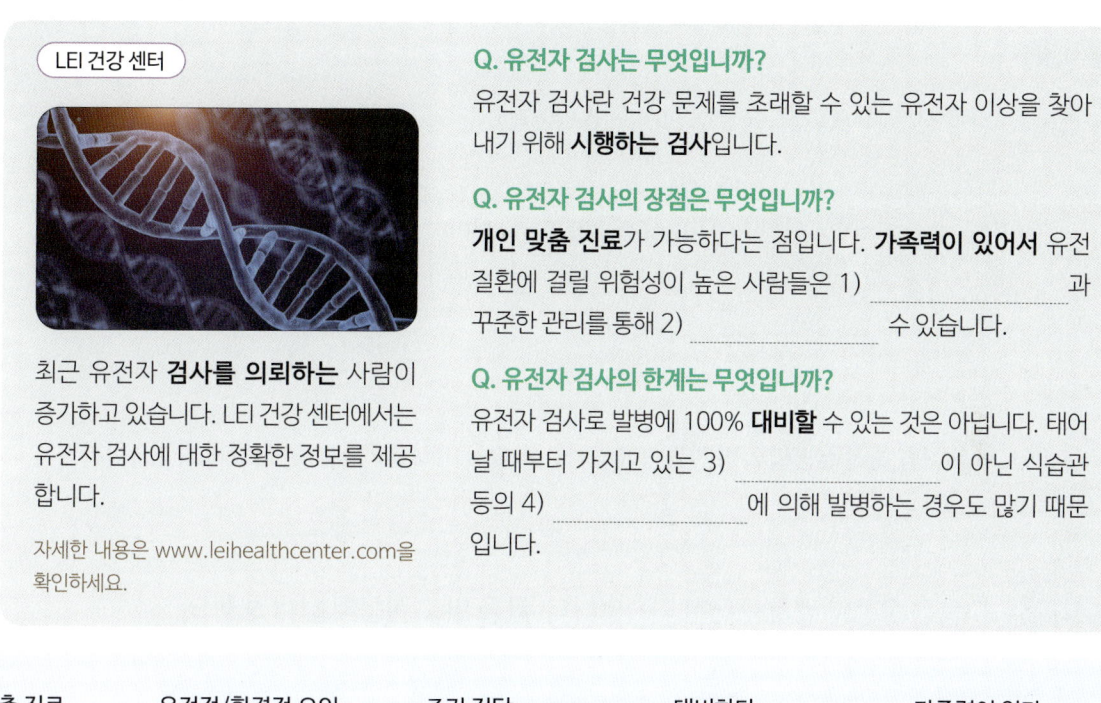

| 개인 맞춤 진료 | 유전적/환경적 요인 | 조기 진단 | 대비하다 | 가족력이 있다 |
| 검사를 시행하다 | 검사를 의뢰하다 | 발병 확률을 낮추다 | | |

2 다음은 생명 과학과 관련된 표현입니다. 관계있는 것끼리 연결해 보세요.

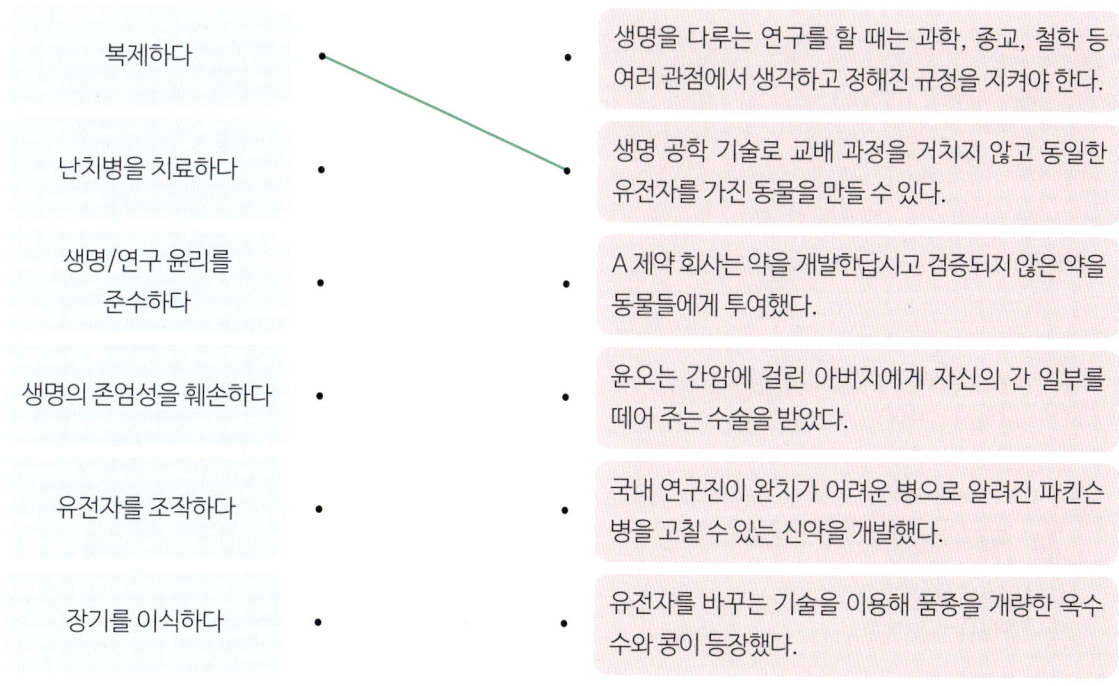

읽어 보세요 1

준비

1. 다음 신문 기사의 제목을 읽어 보세요. A 씨에게 어떤 일이 있었습니까?

> **미국 여배우 A 씨 암 예방 차원에서 유방 절제술 받아**
> 유전자 검사 결과 유방암 발병 가능성 높은 것으로 나타나
> 수술 후 발병 확률 5%로 낮아져

2. A 씨처럼 특정 질병의 발병 가능성이 높다는 사실을 미리 알게 된다면 어떻게 하겠습니까?

읽기 다음은 유전자 검사에 대한 기사입니다. 글을 읽고 질문에 답해 보세요.

LEI 신문   HOME > 과학 > 일반

세계 유전자 검사 인구 1,000만 명에 이르러
개인별 유전자 정보를 예방과 치료에 활용할 수 있어
정보를 두려워하지 말고 맞춤형 건강 증진에 활용해야

　30대 직장인 김민영 씨는 얼마 전 유전자 검사를 받았다. 미국의 한 여배우가 유전자 검사를 통해 자신이 유방암에 걸릴 가능성이 크다는 사실을 확인한 후, 예방을 위해 유방 절제 수술을 받았다는 이야기를 들었기 때문이었다. 뺨 안쪽에서 채취한 세포를 이용해 검사가 이루어졌고, 2주 정도 지난 후 결과를 받아 볼 수 있었다. 치매에 걸릴 확률이 높은 것으로 나와 잠시 불안했지만, 김 씨는 이런 정보를 미리 알고 발병에 대비할 수 있다는 유전자 검사의 긍정적인 측면에 집중하기로 했다.
　최근 전 세계적으로 질병에 걸릴 확률을 알아보기 위해 유전자 검사를 의뢰하는 건수가 증가하는 추세이다. 국내에서는 아직 관심이 미미한 수준이지만, 전 세계적으로 보면 이미 1,000만 명 이상이 이 검사를 받았다고 한다. 머지않아 유전자 검사를 받은 인구가 1억 명이 넘을 것이라는 예측도 나오고 있다.
　21세기는 개인 맞춤 의료 시대가 될 것이라고 하는데, 그 중심에 유전자 검사가 있다. 유전자가 개인별로 다르니만큼 질병에 걸릴 확률도 모두 다를 수밖에 없다. 현재 유전자 검사로 발병 확률을 예측할 수 있는 질병은 암, 치매, 당뇨병 등 약 40가지이다. 유전자 정보를 알면 질병을 미연에 방지할 수 있을 뿐만 아니라 개인의 특성에 맞는 적절한 치료법을 선택할 수도 있다. 예를 들어 특정 약이 환자에게 부작용을 일으킬 가능성을 사전에 알면, 다른 약으로 대체하여 부작용을 줄일 수 있는 것이다. 또한 질병뿐만 아니라 비만 확률이나 알코올 분해 효소 유무 등 일상생활과 관련된 건강 정보도 유전자 검사로 얻을 수 있다.

혹자는 이런 정보를 알게 되면 오히려 불안할 수 있으니 '모르는 게 약'이라며 유전자 검사에 거부감을 보이기도 한다. 그러나 전문가들은 이런 걱정이 **기우에 지나지 않는다는** 입장이다. 질병은 유전적인 요인과 환경적인 요인이 같이 작용하여 일어나는 것이지, 해당 유전 형질이 있다고 반드시 발병하지는 않기 때문이다. 질병에 따라 다르기는 하지만, 환경이 발병 여부에 영향을 미칠 확률이 낮게는 13%에서 높게는 87%라고 한다. 그러므로 전문가들은 유전자 검사를 두려워하기보다는 건강 관리를 위한 정보로 적극 활용하는 것이 좋다고 조언한다.

이재혁 기자  / 기사 승인 20△△. 3. 3.

중심 내용 파악하기

1. 이 글의 중심 내용은 무엇입니까?

세부 내용 파악하기

2. 김민영 씨가 유전자 검사를 받게 된 계기는 무엇입니까?

3. 유전자 검사에 대한 설명으로 맞지 <u>않는</u> 것을 고르세요.

   ① 유전자 검사는 국내에서 뜨거운 관심을 받고 있다.
   ② 유전자 검사를 통해 약에 대한 부작용 여부를 알 수 있다.
   ③ 유전자 검사로 암이나 치매의 발병 확률을 예측할 수 있다.
   ④ 유전자 검사를 통해 일상생활과 관련된 건강 정보도 얻을 수 있다.

4. 유전자 검사에 관한 전문가들의 의견을 요약해 보세요.

읽어 보세요 2

준비

1. 돌리와 같은 복제 동물을 만들어서 얻을 수 있는 이점은 무엇일까요? 반대로 복제 동물을 만들 때 생기는 문제점으로는 무엇이 있을까요?

복제 양 돌리 태어나

세계 최초 체세포 복제를 통한 복제 동물 탄생
생명 복제에 대한 찬반 논란도 일어

1996. 7. 5. LEI 신문

문법과 표현

명 **에 지나지 않다** ☞ 15쪽
전문가들은 이런 걱정이 기우에 지나지 않는다는 입장이다.

생명 복제, 그 희망의 끈

가 1997년, 국제 학술지 《네이처》에 체세포 핵 치환(Somatic Cell Nuclear Transfer: SCNT) 배아를 이용해 탄생한 복제 양 돌리(Dolly)에 대한 논문이 발표되었을 때 전 세계의 이목이 쏠렸다. 그동안 공상 과학 영화의 소재로만 여겼던 생명체의 복제가 현실이 되는 순간이었기 때문이다. 물론 돌리 이전에도 복제 동물은 있었으나 돌리는 세계 최초로 암컷과 수컷의 교배를 거치지 않고 체세포 복제 기술만을 이용해 탄생시킨 복제 동물이라는 점 때문에 주목을 받았다.

나 생명 복제에 관련한 연구 성과가 나올 때마다 찬반 논란이 뜨겁다. 과학 기술의 진보에 찬사를 보내는 측도 있지만, 생명 복제 관련 연구를 중단해야 한다는 목소리도 높다. 인공적인 생명 복제는 생명의 존엄성을 훼손하는 것이며, 비윤리적 목적으로 생산된 복제 생명체가 사회 질서를 어지럽히리라는 것이 그 이유이다. 그러나 설령 생명 복제가 생명 윤리를 비롯한 여러 문제를 안고 **있다고 쳐도** 인류의 건강과 삶의 질 향상에 이바지한다는 점을 무시할 수 없다. 그러므로 필자는 다음과 같은 이유로 생명 복제 연구를 지속해야 한다고 본다.

다 먼저, 생명 복제는 난치병으로 고통받는 많은 환자에게 희망이 될 수 있다. 장기를 이식받기 위해 대기하는 국내 환자는 3만여 명에 달한다. 이러한 가운데 배아 줄기세포를 이용하여 손상된 세포와 장기를 재생시키는 치료법의 개발이나 인간에게 장기를 이식해 주기 위한 목적으로 형질을 전환한 복제 돼지의 탄생은 많은 환자에게 치료의 가능성을 열어 주고 있다. 인간과 가장 유사한 유전 형질을 가진 원숭이의 복제 성공도 뇌 질환, 암, 면역계 질환 치료를 연구하는 신약 개발자들에게 희소식이다. 즉, 생명 복제 기술이 치료 목적으로 활용된다면 수많은 생명을 살릴 수 있는 길을 열어 줄 것이다.

라 또한, 생명 복제를 통해 멸종 위기종을 보존하여 생물의 다양성을 유지할 수 있다. 현재 기후 변화, 인간의 무분별한 사냥, 숲의 파괴, 질병 등 다양한 원인으로 인해 수많은 동물이 멸종 위기에 놓여 있다. 얼마 전 냉동 보관된 세포주를 이용하여 멸종 위기종인 야생마 프르제발스키(Przewalski), 검은발페럿 등의 복제가 성공했다는 보도는 희소식이 아닐 수 없다.

마 지금까지 살펴본 바와 같이 생명 복제 기술은 난치병 치료와 멸종 위기종의 보존을 위한 필수 불가결의 기술이므로 생명 복제 연구는 계속되어야 한다. 모든 변화에는 언제나 저항이 있기 마련이지만 결과적으로 보면 과학 기술은 인류에게 도움이 되는 방향으로 발전해 왔다. 흔히 시험관 아기 시술이라고 불리는 인간의 체외 수정도 처음에는 생명 윤리 문제로 반대가 거셌지만, 현재는 많은 난임 부부에게 새 생명을 안겨 주는 빛이 되고 있다. 예상되는 문제에 대해서는 해당 기술을 치료나 장기 개발 목적으로만 사용하도록 제한하는 등 법적 장치를 마련하면 된다. 연구자들이 연구 윤리를 준수하고 생명 윤리에 관한 사회 구성원들의 합의가 이루어진다면 생명 복제는 수많은 생명을 구하는 희망의 끈이 될 것이다.

개요 파악하기
1 다음은 위의 주장하는 글의 개요입니다. 알맞은 것을 연결해 보세요.

서론	가	•	•	요약 및 주장 강조
본론	나	•	•	문제와 관련된 사례
	다, 라	•	•	글쓴이의 주장에 대한 근거
결론	마	•	•	문제와 관련된 찬반 논란 및 글쓴이의 입장

세부 내용 파악하기
2 생명 복제를 반대하는 사람들의 근거를 써 보세요.

1) _____.
2) _____.

3 글쓴이의 주장과 근거를 정리해 보세요.

주장	1)
근거	2)
	3)

전략 익히기
4 글쓴이가 서론을 시작한 전략에 해당하는 것을 고르세요.

① 글쓴이의 주장을 제시했다.
② 관련 전문 용어를 정의했다.
③ 주제와 관련된 사례를 제시했다.
④ 현재 논란이 되고 있는 문제를 비판했다.

이야기해 보세요

1 여러분은 글쓴이의 주장에 대해 어떻게 생각합니까? 생명 복제에 대한 여러분의 의견을 이야기해 보세요.

문법과 표현

동 -는다고 치다, 형 -다고 치다, 명 이라고 치다 ☞ 15쪽

설령 생명 복제가 생명 윤리를 비롯한 여러 문제를 안고 있다고 쳐도 인류의 건강과 삶의 질 향상에 이바지한다는 점을 무시할 수 없다.

쓰기

📝 주장하는 글을 써 보세요.

준비해 보세요

1 다음 두 글의 전개 방식을 비교하고 어떤 차이가 있는지 이야기해 보세요.

> **생명 복제 연구는 지속되어야 한다.** 생명 복제는 난치병으로 고통받는 많은 환자에게 희망이 될 수 있기 때문이다. 장기를 이식받기 위해 대기하는 국내 환자는 3만여 명에 달한다. 이러한 가운데 배아 줄기세포를 이용하여 손상된 세포와 장기를 재생시키는 치료법의 개발이나 인간에게 장기를 이식해 주기 위한 목적으로 형질을 전환한 복제 돼지의 탄생은 많은 환자에게 치료의 가능성을 열어 주고 있다.

> 생명 복제는 난치병으로 고통받는 많은 환자에게 희망이 될 수 있다. 장기를 이식받기 위해 대기하는 국내 환자는 3만여 명에 달한다. 이러한 가운데 배아 줄기세포를 이용하여 손상된 세포와 장기를 재생시키는 치료법의 개발이나 인간에게 장기를 이식해 주기 위한 목적으로 형질을 전환한 복제 돼지의 탄생은 많은 환자에게 치료의 가능성을 열어 주고 있다. 이러한 근거로 **생명 복제 연구는 지속될 필요가 있다**.

서론 쓰기를 연습해 보세요

1 다음은 주장하는 글을 시작하는 방법입니다.

> **도입하기**
>
> (1) 사례 소개
> ▶ 문제 현상과 관련된 사례를 소개하면서 시작합니다.
>
> • 1996년 복제 양 돌리가 태어났을 때 전 세계의 이목이 집중되었다.
>
> (2) 용어 정의
> ▶ 문제가 되는 용어나 개념을 정의하면서 시작합니다.
>
> • 동물 실험이란 교육, 시험, 연구 등 과학적 목적을 위해 동물을 대상으로 실시하는 실험 또는 그 과학적 절차를 의미한다.
>
> (3) 배경지식
> ▶ 주제와 관련된 배경지식을 제시하면서 시작합니다.
>
> • 괴테의 희곡 〈파우스트〉에는 작은 인간인 '호문쿨루스'가 탄생하는 장면이 나온다. 물론 상상 속이기는 하지만 1831년에 최초의 인조인간이 탄생한 것이다. 그로부터 170여 년 후, 인간의 손으로 생명을 탄생시키는 기술이 실제로 등장한다.

2 다음을 보고 서론을 써 보세요.

1) 주제: 백신 거부는 정당한 권리인가
   - 홍역 발병 사례:
     홍역이 발병하여 한 달 사이 100여 명 이상이 전염됨. 사태의 원인은 백신 접종에 대한 부모들의 거부 때문이었음.

2) 주제: 유전자 검사는 필요한가
   - 유전자 검사의 정의:
     개인을 식별하거나 특정한 질병을 확인할 목적으로 유전자, 염색체 등을 분석하는 행위.

3) 주제: 동물 실험은 필요한가
   - 배경지식:
     한국에서 1년에 약 400만 마리의 동물이 동물 실험에 사용되고 있음.

본론 쓰기를 연습해 보세요

1 다음은 주장과 근거를 제시하는 방법입니다.

주장 및 근거 제시하기

(1) 연역적 전개

▶ 주장을 글의 첫머리에 제시하고 이에 대한 근거를 제시합니다.

- …어야 하다[…어서는 안 되다]. …이 그 필요성을 입증하다
- …어야 하다[…어서는 안 되다]. …다는 것이 그 이유다
- 다음과 같은 이유로 …어야 한다고 본다. 먼저 …

- 생명 복제 연구는 **장려되어야 한다**. 장기를 이식받기 위해 대기하는 국내 환자가 3만여 명에 달한다는 **통계가 그 필요성을 입증하고 있다**.
- 인간 복제는 법적으로 **금지되어야 한다**. 우성 유전자, 완벽한 인간에 대한 잘못된 집착이 사회를 불행과 혼란에 빠뜨릴 수 **있다는 것이 그 이유다**.
- 필자는 **다음과 같은 이유로** 생명 복제 연구를 **지속해야 한다고 본다. 먼저,** 생명 복제는 난치병으로 고통받는 많은 환자에게 희망이 될 수 있다.

(2) 귀납적 전개

▶ 근거를 먼저 제시하고 주장은 글의 마지막에 제시합니다.

- 이러한 근거로 …을 필요가 있다
- …는 만큼 …어야 하다[…어서는 안 되다]
- …기에[…으므로] …어야 하다[…어서는 안 되다]

- 장기를 이식받기 위해 대기하는 국내 환자가 3만 명에 달한다는 통계가 있다. **이러한 근거로** 생명 복제 연구는 **장려될 필요가 있다**.
- 인간 복제는 우성 유전자, 완벽한 인간에 대한 잘못된 집착으로 사회를 불행과 혼란에 빠뜨릴 수 **있는 만큼** 법적으로 **금지되어야 한다**.
- 생명 복제 연구는 난치병으로 고통받는 환자에게 희망이 **되므로 지속되어야 한다**.

2 다음을 보고 연역적 전개와 귀납적 전개로 본론을 써 보세요.

1) 주장: 백신 접종을 의무화해야 함.
근거: 백신 접종을 선택으로 바꾸면 면역력이 약한 영유아가 위험해짐. 백신을 맞은 집단의 영유아 사망률이 백신을 맞지 않은 집단에 비해 낮다는 연구 결과가 있음.

2) 주장: 유전자 검사를 의무적으로 시행해야 함.
근거: 유전자 검사를 통해 사람마다 다른 맞춤형 약물 처방이 가능함.

3) 주장: 동물 실험을 해서는 안 됨.
근거: 동물 실험은 동물의 생명권을 박탈하는 것임.

▸ 결론 쓰기를 연습해 보세요

1 다음은 내용을 요약하고 주장을 강조하는 방법입니다.

요약 및 주장 강조하기
▶ 본론의 내용을 요약합니다.
▶ 자신의 주장을 한 번 더 강조합니다.

- 지금까지 살펴본 바와 같이 …으므로 …어야 하다
- 지금까지 살펴보았듯이 …으므로 …이 마땅하다
- 이상으로 …에 대해 논의하였다. …이야말로 …기 때문에 …어야 할 것이다

- **지금까지 살펴본 바와 같이** 생명 복제 기술은 난치병 치료와 멸종 위기종의 보존을 위한 필수 불가결의 **기술이므로** 생명 복제 연구는 **계속되어야 한다**.
- **지금까지 살펴보았듯이** 인간 복제는 수많은 난자와 대리모를 희생시킬 수 있는 비윤리적 **행위이므로** 연구를 중단하는 **것이 마땅하다**.
- **이상으로** 인간 복제를 허용해야 **하는가에 대해 논의하였다**. 인간 **복제야말로** 생명의 존엄성을 훼손하는 비윤리적인 **행위이기 때문에** 그 필요성에 대해 다시 한번 따져 **봐야 할 것이다**.

2 다음을 보고 결론을 써 보세요.

1) 주장: 백신 접종을 의무화해야 함.
• 백신 접종은 사회 구성원의 안전과 복지를 위한 기본적인 의무임.

2) 주장: 유전자 검사를 의무적으로 시행해야 함.
• 유전자 검사를 통해 자신에게 발병 확률이 큰 질병을 미리 앎으로써 미래 대비가 가능함.

3) 주제: 동물 실험은 필요한가
주장: 동물 실험은 동물의 생명권을 박탈하는 행위임. 동물 실험은 폐지되어야 함.

- 써 보세요

1 다음 주제 중 하나를 선택해 여러분의 주장을 정하고, 그 주장에 대한 근거를 이야기해 보세요.

- 생명 복제 연구는 중단되어야 하는가
- 동물 실험을 중단해야 하는가
- 유전자 검사를 의무화해야 하는가

2 보기와 같이 개요를 작성해 보세요.

보기

주제	• 생명 복제 연구는 중단되어야 하는가
서론	• 사례: 복제 양 돌리
본론	• 반대 의견: 생명 복제 연구를 중단해야 함. • 반대 의견 근거: 생명의 존엄성을 훼손하며, 비윤리적 목적으로 생산된 복제 생명체가 사회 질서를 어지럽힐 가능성이 있음. • 나의 주장: 생명 복제 연구는 지속되어야 함. • 근거 1: 난치병 치료 • 근거 2: 멸종 위기에 놓인 종 복제로 생물의 다양성 유지
결론	• 예상되는 문제를 해결할 수 있는 법적 장치를 마련하고 연구 윤리를 지킨다면 생명 복제는 생명을 살리는 희망이 될 것임. 생명 복제 연구는 계속되어야 함.

개요 짜기

주제	
서론	
본론	
결론	

3 개요를 바탕으로 주장하는 글을 써 보세요.

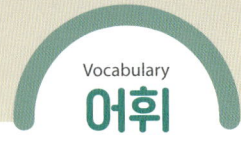

14-1. 공중 보건

주제 어휘

감염력(感染力)이 높다
병균이 몸 안으로 들어가 퍼져 병을 유발하는 힘이 세다.
코로나바이러스의 특징은 전파력이 강하고 감염력이 높아 여러 사람에게 빠르게 퍼진다는 것이다.
to be highly infectious

감염병(感染病) [가염뼝]
명 병균이 몸 안으로 들어가 퍼져 유발하는 병.
파상풍은 대표적인 감염병 중의 하나이다.
infectious disease

건강(健康)을 증진(增進)하다
정신적으로나 육체적으로 튼튼한 상태로 나아가게 하다.
운동은 건강을 증진하는 데 도움이 된다.
to improve health

격리(隔離)하다
동 전염병 환자나 면역력이 약한 환자를 다른 곳으로 떼어 놓다.
의사는 면역력이 약한 환자를 1인실에 격리하도록 했다.
to isolate

기생(寄生)하다
동 다른 동물이나 식물에 붙어서 영양분을 빼앗아 먹으며 살아가다.
농산물에 기생하는 곤충을 없애기 위해 농약을 뿌리는 경우가 많은데, 그 농약이 인체에도 영향을 미칠 수 있다.
to parasitize

대응(對應) 수위(水位)를 높이다
어떤 상황이나 일에 대해 한 수준 위의 대책으로 응하다.
바이러스의 확산이 지속되면서 몇몇 나라는 입국을 금지하는 등 방역 대응 수위를 높이고 있다.
to raise the level of response

대응(對應)을 강화(强化)하다
어떤 상황이나 일에 대한 대책의 수준을 높이다.
방역 당국은 새로운 바이러스가 지역 사회에 퍼지지 않도록 대응을 강화할 방침이다.
to strengthen the response

면역력(免疫力)이 떨어지다 [며녕녁]
병균 등을 이겨 내는 힘이 약해지다.
면역력이 떨어져서 감기에 자주 걸리고 입에 염증도 잘 생긴다.
immunity weakens

몸에 침입(侵入)하다
(병균 등이) 사람이나 동물의 신체에 침범해 들어가다.
팬데믹 시기에는 병균이 어느 경로로 몸에 침입할지 모르는 까닭에 위생에 더욱 신경 써야 했다.
to invade the body

바이러스가 전이(轉移)되다
바이러스가 다른 곳으로 옮겨지다.
지카 바이러스의 문제는 임신부가 감염되면 태아에게 바이러스가 전이될 가능성이 높다는 것이다.
virus be passed on

바이러스가 전파(轉派)되다
바이러스가 널리 퍼지게 되다.
이번 독감 바이러스는 전파되는 속도가 아주 빠르니 조심해야 한다.
virus spreads

바이러스가 증식(增殖)하다
바이러스가 늘어서 많아지다.
바이러스가 몸속에서 비정상적으로 증식하여 신체 조직과 기관을 파괴하고 있다.
virus proliferates

바이러스에 감염(感染)되다
바이러스가 몸 안으로 들어가 퍼지다.
바이러스에 감염되어 온몸에 발진 증상이 나타났다.
to be infected with a virus

방역(防疫) 조치(措置)를 취(取)하다
전염병의 발생이나 유행을 막기 위한 적절한 대책을 세워 시행하다.
정부가 조류 독감 확산을 막기 위해 강력한 방역 조치를 취했다.
to take quarantine measures

백신을 접종(接種)하다
바이러스나 병에 대한 면역력을 기르기 위해 병원균 등을 몸속에 넣다.
독감에 걸리지 않도록 백신을 접종했다.
to vaccinate

변이(變移) 바이러스
유전체의 일부 특성이 변해 만들어진 바이러스.
세계보건기구(WHO)는 조류 독감이 인간 독감과 결합해 변이 바이러스가 나타날 수 있다고 경고했다.
mutant virus

변종(變種) 바이러스
기존의 바이러스에 생긴 변이로 인해 성질과 형태가 달라져 완전히 다른 성격을 지닌 개체로 바뀐 바이러스.
변종 바이러스는 기존 바이러스에 비해 전파력이 다섯 배나 강해졌다.
variant virus

세균(細菌)에 감염(感染)되다
병원체인 미생물이 몸 안으로 들어와 증식하게 되다.
그 의사는 환자를 치료하다가 세균에 감염되었다.
to be infected by a bacteria

수명(壽命)이 연장(延長)되다
살 수 있는 기간이 늘어나다.
의학 기술이 발전하면서 인류의 수명이 연장되었다.
lifespan be extended

잠복기(潛伏期)를 거치다
병원체가 몸 안에 들어가 증상이 나타나기까지의 시간을 겪다.
나는 여행 중에 바이러스에 감염되었지만 잠복기를 거치고 한국에 돌아와서야 증상이 나타나기 시작했다.
to go through an incubation period

전염력(傳染力)이 높다
감염을 일으키거나 질병을 유발하는 힘이 세다.
최근 유행하는 변이 바이러스는 기존 바이러스보다 전염력이 세 배 정도 높지만 치사율은 낮다고 한다.
to be highly contagious

전염병(傳染病) [저념뼝]
명 세균, 바이러스 등의 병원체가 다른 생물체에 옮아 집단적으로 유행하는 병.
장티푸스, 콜레라 등은 오염된 물과 음식물 섭취로 인한 전염병이다.
contagious disease

질병(疾病)이 창궐(猖獗)하다
전염병이 걷잡을 수 없이 퍼지다.
홍수가 끝난 후에 무서운 기세로 질병이 창궐하기 시작했다.
disease be rampant

팬데믹을 선포(宣布)하다
감염병이 전 세계적으로 유행하고 있음을 공식적으로 알리다.
세계보건기구(WHO)는 코로나바이러스감염증-19에 대해 최고 경보 단계인 팬데믹을 선포한 바 있다.
to declare a pandemic

항체(抗體)가 생기다
항원의 자극에 의해 그 항원에 대한 면역성이나 과민성을 주는 단백질이 몸속에 만들어지다.
코로나19에 감염된 후 항체가 생긴 사람은 재감염될 확률이 낮다는 연구가 발표되었다.
to develop antibodies

듣기

들어 보세요 1

극(極)히
부 더할 수 없는 정도로.
한국 사람이 영어를 모국어처럼 하는 것은 극히 어려운 일이다.
extremely

눈여겨보다
동 주의 깊게 잘 살펴보다.
나는 그의 행동 하나하나를 눈여겨보았다.
to watch carefully

대목
명 일의 특정한 부분이나 대상.
나는 항상 결정적인 대목에서 실수를 한다.
point

동떨어지다
동 둘 사이에 관련성이 거의 없다.
그의 생각은 현실과 동떨어진 생각이다.
to be far apart

모조리
부 하나도 빠짐없이 모두.
배가 고픈 탓에 집에 있는 음식은 모조리 먹었다.
altogether

미생물(微生物)
명 눈으로는 볼 수 없는 아주 작은 생물.
미생물을 잘 이용하면 쓰레기를 공해 없이 처리할 수 있다.
microorganism

봉쇄(封鎖)되다
동 굳게 막혀 버리거나 잠기다.
시민들이 건물에서 농성을 시작하자 건물이 경찰들에 의해 봉쇄되어 아무도 빠져나갈 수 없었다.
to be sealed off

세계보건기구(世界保健機構)
보건 상태의 향상을 위한 국제적 협력을 촉진하기 위하여 설립된 국제 연합의 전문 기구.
세계보건기구에서는 전염병 예방에 큰 노력을 기울이고 있다.
World Health Organization (WHO)

세포(細胞)
명 생물체를 이루는 기본 단위.
사람의 몸은 수없이 많은 세포로 이루어져 있다.
cell

속출(續出)하다
동 잇따라 나오다.
홍수로 인한 피해가 속출하고 있다.
to appear one after another

숙주(宿主)
명 기생 생물에게 영양을 공급하는 생물.
바이러스는 동물을 숙주로 하여 존재한다.
host

앗아 가다
강제로 뺏어가서 없게 만들다.
산불은 많은 사람의 목숨을 앗아 갔다.
to take away

예고(豫告)
명 어떤 일이 일어나기 전에 미리 알림.
예고도 없이 해고를 당해 당황스러웠다.
notice

오만(傲慢)
명 태도나 행동에 버릇이 없고 남을 무시하는 성질이 있음. 또는 그런 태도나 행동.
그의 오만은 친구들을 다 떠나게 만들었다.
arrogance

이듬해
명 어떤 일이 일어난 바로 다음 해.
부모님이 결혼한 이듬해에 내가 태어났다고 한다.
following year

종간(種間)
명 생물 분류의 기초 단위인 종과 종의 사이.
감염병이 종간 전파를 통해 확산되고 있다.
interspecies

지배자(支配者)
명 남을 지배하거나 지배적인 위치에 있는 사람.
사자는 동물의 왕이자 밀림의 지배자라고 불린다.
ruler

채비
명 어떤 일을 하는 데 필요한 물건, 자세 등을 미리 갖추어 차리거나 그렇게 되게 함.
그 집은 이사할 채비를 하느라 정신이 없다.
preparation

출현(出現)하다
동 나타나서 보이다.
고속도로 한가운데에 갑자기 사슴이 출현하자 자동차들이 급정거를 했다.
to appear

행세(行世)하다
동 어떤 조건에 해당하지 않는 사람이 마치 해당하는 사람인 것처럼 행동하다.
그는 은행원인 것처럼 행세하며 다른 사람들에게 돈을 빌려 도망갔다.
to pretend

확진자(確診者)
명 질환의 종류나 상태를 확실하게 진단받은 사람.
코로나바이러스감염증-19가 유행하기 시작한 지 5개월 만에 전 세계 확진자가 500만 명이 넘었다.
confirmed case

들어 보세요 2

결핵(結核)
명 결핵균에 감염되어 일어나는 만성 전염병.
결핵은 인류 역사에서 가장 많은 사람의 목숨을 앗아 간 전염병이다.
tuberculosis

논란(論難)이 일다
여럿이 서로 다른 주장을 내며 다투는 상황이 생기다.
연예인 A 씨의 발언을 두고 논란이 일고 있다.
controversy arises

논점(論點) [논쩜]
명 토의나 토론 등의 중심이 되는 문제점.
논점에서 벗어난 이야기는 다음에 해 주시기 바랍니다.
disputed point

병원체(病原體)
명 병의 원인이 되는 본체.
병원체에 해당하는 것은 세균, 미생물, 바이러스 등이 있다.
pathogen

불가피(不可避)하다
동 피할 수 없다.
환경을 보호하기 위해서는 화석 연료 감축이 불가피하다.
to be inevitable

시사(時事) 토론(討論)
당시에 일어난 여러 가지 사회적 사건에 대한 토론.
민호는 시사 토론 방송을 즐겨 봐서 사회적 이슈에 대해 잘 알고 있다.
current affairs debate

시중(市中)
명 사람들이 생활하는 공개된 공간을 비유적으로 가리키는 말.
이 약은 시중 약국 어디서나 구할 수 있다.
market

연관성(聯關性)
명 사물이나 현상이 일정한 관계를 맺는 특성이나 성질.
문학은 사회와 밀접한 연관성을 갖는다.
association

영아(嬰兒)
명 태어난 지 얼마 안 된 아기.
영아란 일반적으로 2세 미만의 아이를 가리키지만, 의학적으로는 태어난 지 1개월~1년의 아이를 가리킨다.
infant

영유아(嬰乳兒)
명 영아와 유아를 합쳐서 부르는 말.
영유아 보육법에서는 7세 이하의 취학 전 아동을 영유아라고 정하고 있다.
infant and toddler

일종(一種) [일쫑]
명 한 종류. 또는 한 가지.
안개는 대기 현상의 일종이다.
kind

자폐증(自閉症) [자폐쯩]
명 자기중심적인 행동을 하고 대인 교섭이 이루어지지 못하는 특징을 보이는 발달 장애.
자폐증을 가진 천재 변호사를 소재로 한 드라마가 인기를 끌면서 많은 사람이 가지고 있던 자폐증에 대한 편견이 줄어들었다.
autism

직결(直結)되다
동 사이에 다른 것이 끼이지 않고 직접 연결되다.
환경 문제는 인간의 생존과 직결된다.
to be directly connected

홍역(紅疫)
명 홍역 바이러스가 비말 감염에 의하여 일으키는 급성 전염병.
예방 접종이 시작되면서 홍역으로 인한 사망률이 급감하였다.
measles

말하기

군필자(軍畢者)
명 병역의 의무를 마친 사람.
한국에서는 채용 과정에서 군필자를 선호하는 기업들이 있다.
veteran

근절(根絶)되다
동 다시 살아날 수 없도록 완전히 없애 버려지다.
정부의 노력으로 부정부패가 근절되었다.
to be eradicated

기본권(基本權)
명 인간이 태어날 때부터 가지고 있는 기본적인 권리.
모든 국민은 헌법이 정한 기본권을 누릴 수 있다.
basic rights

끌어내다
동 어떤 것에서 새로운 것을 나오게 하다.
우리 회사 사장님은 직원들의 지혜와 힘을 최대한으로 끌어낼 수 있는 능력이 있다.
to bring out

둘러싸다
동 어떤 것을 행동이나 관심의 중심으로 삼다.
이 문제를 둘러싸고 논란이 일고 있다.
to surround

상기(想起)하다
동 지난 일을 돌이켜 생각해 내다.
그는 행복했던 시절을 상기하면서 미소를 지었다.
to recollect

성추행(性醜行)
명 일방적인 성적 만족을 얻기 위해 물리적으로 신체 접촉을 함으로써 상대방에게 성적 수치심을 일으키는 행위.
성추행 혐의를 받고 있는 남성이 경찰에 잡혀갔다.
sexual harassment

안배(按排/按配)하다
동 알맞게 잘 배치하거나 처리하다.
우리 부장님은 직원 각자의 능력에 맞게 일을 안배하신다.
to distribute

안보(安保)
명 '안전 보장'의 줄임말.
국가 안보와 관련된 중요한 사항은 일반인에게 공개되지 않는다.
security

억압(抑壓)
명 자기의 뜻대로 자유롭게 행동하지 못하도록 억지로 눌러서 막음.
억압을 받던 국민들이 시위로 대통령을 몰아냈다.
oppression

우발적(偶發的) [우발쩍]
관 명 어떤 일이 예상하지 못하게 우연히 일어나는 (것).
그 사람의 범죄는 계획된 것이 아니라 우발적 행동이었던 것으로 밝혀졌다.
accidental

제약(制約)
명 조건을 붙여 내용을 제한함. 또는 그 조건.
단체 생활에는 여러 가지 제약이 있기 마련이다.
restriction

제지(制止)하다
동 말려서 못 하게 하다.
떠나려는 그를 제지하였으나 결국 떠나고 말았다.
to restrain

중재(仲裁)하다
동 싸움이나 다툼 등에 끼어들어 양측이 화해하게 하다.
친구들 사이에 오해가 생길 때마다 그가 항상 중재하는 역할을 했다.
to mediate

찬반(贊反) 논란(論難)
찬성과 반대로 나뉘어 서로 다른 주장을 내세우며 다툼.
동물원의 폐지를 두고 찬반 논란이 끊이지 않고 있다.
controversy

합의점(合意點) [하븨쩜/하비쩜]
명 서로의 의견이 일치하거나 일치할 수 있는 지점.
토론자들의 주장이 강해 합의점을 찾을 수 없었다.
point of agreement

14-2. 유전자 이야기

주제 어휘

가족력(家族歷)이 있다 [가종녁]
환자의 가족이나 가까운 친척, 같이 사는 사람들이 해당 질환을 앓은 적 있다.
우리 가족은 간암 가족력이 있어서 늘 술을 조심한다.
to have a family history

개인(個人) 맞춤 진료(診療)
개인의 유전자 등을 분석해서 환자의 개별 특성에 맞게 치료함.
유전자 정보를 파악해 그에 맞는 약을 처방하는 개인 맞춤 진료 시설이 늘고 있다.
individualized treatment

검사(檢査)를 시행(施行)하다
일이나 대상을 실제로 조사하여 옳고 그름이나 좋고 나쁨을 알아내다.
실험에 지원한 사람들을 대상으로 혈액 검사를 시행할 예정이다.
to conduct a test

검사(檢査)를 의뢰(依賴)하다
일이나 대상의 상태 등에 대한 조사를 부탁하다.
소비자가 병원을 거치지 않고 유전자 검사 업체에 직접 검사를 의뢰하는 경우가 늘고 있다.
to request a test

난치병(難治病)을 치료(治療)하다 [난치뼝]
고치기 어려운 병을 낫게 하다.
박 교수는 난치병을 치료하는 새로운 방법을 찾았다고 발표하여 이목을 끌었다.
to treat an incurable disease

대비(對備)하다
동 앞으로 일어날지도 모르는 어떠한 일에 대응하기 위하여 미리 준비하다.
암 보험은 암 발병에 대비하여 가입하는 보험 상품이다.
to be ready

발병(發病) 확률(確率)을 낮추다
병에 걸릴 가능성을 낮게 하다.
시금치나 당근 등 채소의 섭취가 암의 발병 확률을 낮춘다는 내용이 보고되었다.
to reduce the chance of developing a disease

복제(複製)하다
동 원래의 것과 똑같은 것을 만들다.
생명을 복제함으로써 멸종 위치에 처한 동물을 보존할 수 있다.
to clone

생명(生命) 윤리(倫理)를 준수(遵守)하다
생명과 관련된 도덕적인 태도나 규칙을 지키다.
동물 실험을 할 때, 동물의 존엄과 가치가 침해되지 않도록 생명 윤리를 준수해야 한다.
to observe life ethics

생명(生命)의 존엄성(尊嚴性)을 훼손(毁損)하다
생명체의 소중하고 높은 가치를 무너뜨리다.
생명의 존엄성을 훼손한다는 이유로 동물 실험에 반대하는 사람이 많다.
to undermine the dignity of life

연구(研究) 윤리(倫理)를 준수(遵守)하다
연구자가 연구를 할 때 마땅히 지켜야 할 도덕적인 태도나 규칙을 지키다.
연구 과정 및 논문 작성 시 연구 윤리를 철저하게 준수해야 한다.
to observe research ethics

유전자(遺傳子)를 조작(操作)하다
의도적으로 유전자의 순서나 성질을 바꾸다.
유전자를 조작한 농산물에는 반드시 그 사실을 표시해야 한다.
to engineer genes

유전적(遺傳的) 요인(要因)
생물체의 특성에 유전자가 영향을 미치는 요소.
유전자 검사는 유전적 요인으로 병에 걸릴 확률을 낮춰 준다.
genetic factor

장기(臟器)를 이식(移植)하다
몸속에 있는 정상적인 기관을, 병에 걸리거나 손상된 다른 부위나 다른 몸으로 옮겨 붙이다.
의학 기술이 발전하면서, 난치병 환자들이 장기를 이식하여 새로운 삶을 사는 경우가 많아졌다.
to transplant an organ

조기(早期) 진단(診斷)
발병한 지 얼마 되지 않았을 때 의사가 환자의 병 상태를 판단하는 것.
S 대학교 연구팀은 네 가지 주요 암의 조기 진단 프로그램을 개발했다.
early diagnosis

환경적(環境的) 요인(要因)
생물체의 특성에 영향을 미치는 자연적·사회적 요소.
성격의 형성에는 유전적 요인뿐만 아니라 환경적 요인도 많은 영향을 끼친다.
environmental factor

읽기

읽어 보세요 1

기우(杞憂)
명 앞일에 대해 쓸데없는 걱정을 함.
혹시 일이 잘못되지 않을까 하는 걱정은 기우에 불과했다.
unfounded worry

모르는 게 약(藥)
어떤 일을 모르는 것이 더 낫다는 의미를 나타내는 관용 표현.
남들에 대한 안 좋은 소문은 모르는 게 약일 때도 있다.
oblivion is bliss

미연(未然)에 방지(防止)하다
아직 일어나지 않은 일을 미리 준비해서 막다.
도난을 미연에 방지하기 위해 CCTV와 도난 경보기를 달았다.
to prevent in advance

유무(有無)
명 있음과 없음.
우리 공장에서는 여러 차례의 검사를 통해 제품의 이상 유무를 판단한다.
existence and nonexistence

유방(乳房)
명 포유류의 가슴 또는 배의 좌우에 쌍을 이루고 있는, 젖을 분비하기 위한 기관.
암컷 포유류는 어린 짐승에게 젖을 먹이기 위해 유방을 사용한다.
breast

절제(切除) [절쩨]
명 잘라 냄.
그는 장기 절제 수술을 받았다.
excision

차원(次元)
명 사물을 보거나 생각하는 처지. 또는 어떤 의견 등을 이루는 사상이나 지식의 수준.
환경 보호는 개인의 문제가 아니라 국가 차원에서 관리해야 할 문제이다.
level

형질(形質)
명 동식물의 모양, 크기, 성질 등 고유한 특징.
과학자들은 형질이 우수해 생산력이 좋은 벼의 품종을 개발하기 위해 노력하고 있다.
trait

효소(酵素)
명 생물의 세포 안에서 일어나는 화학 작용을 돕는 물질.
한국인 중에서는 우유를 분해하는 효소인 락타아제가 부족해 우유를 못 마시는 사람이 많다.
enzyme

읽어 보세요 2

공상 과학 영화(空想科學映畫)
과학적 상상력을 바탕으로 우리의 미래 또는 우주에 있을 수 있다고 생각되는 일을 다룬 영화.
30년 전의 공상 과학 영화에 나왔던 기술 중에는 지금 실제로 사용되는 것들도 있다.
science fiction (sci-fi) movie

교배(交配)
명 생명의 암컷과 수컷을 인위적으로 수정시켜 다음 세대를 얻는 일.
'라이거'는 사자와 호랑이의 교배를 통해 태어난 동물이다.
cross-breeding

난임(難姙)
명 임신하기 어려운 일. 또는 그런 상태.
정부는 난임 부부를 위해 인공 수정 시술 비용을 지원하는 정책을 마련한다고 밝혔다.
infertility

뇌(腦) 질환(疾患)
뇌에 생기는 여러 가지 병을 아울러 가리키는 말.
ADHD는 대표적인 뇌 질환이다.
neurological disorder

면역계(免疫系) 질환(疾患)
비정상적인 면역 반응으로 일어나는 병.
알레르기는 가장 대표적인 면역계 질환이다.
immune system disorder

배아(胚芽)
명 수정란이 배낭 속에서 분열 증식한 이후의 개체.
배아는 법적인 인간으로 인정되지 않는다.
embryo

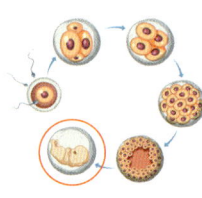

세포주(細胞株)
명 세포 배양을 통해 계속 분열·증식하여 대를 이을 수 있는 배양 세포의 클론.
세포주는 세포 생물학, 유전학, 생명공학 등의 연구에 활용된다.
cell strain

어지럽히다
동 사회를 혼란스럽고 질서가 없게 만들다.
예전에는 사회를 어지럽힌다는 이유로 판매가 금지된 책들이 있었다.
to disturb

줄기세포(줄기細胞)
명 배아 또는 성체에 있는, 여러 종류의 세포로 나뉘거나 분화할 수 있는 미분화 세포.
배아 줄기세포는 난치병 연구의 중요한 재료이다.
stem cell

체세포(體細胞)
명 다세포 생물에서 생식 세포를 제외한 모든 세포.
인간의 체세포를 채취해 복제하는 것은 법으로 금지되어 있다.
somatic cell

체외 수정(體外受精)
모체 밖에서 이루어지는 수정.
난임 부부를 위한 대안으로 체외 수정이 이용되고 있다.
in vitro fertilization (IVF)

치환(置換)
명 바꾸어 놓음.
핵 치환이란 세포의 핵을 다른 종의 세포의 핵과 바꾸는 일이다.
replacement

필수(必須) 불가결(不可缺)
꼭 있어야 하며 없어서는 안 될 만큼 중요한 것.
인간의 생명을 유지하는 데 있어서 산소는 필수 불가결의 요소이다.
indispensability

쓰기

난자(卵子)
명 암컷의 생식 세포.
요즘은 기술이 발달하여 건강한 난자를 미리 얼려 놓을 수도 있다.
egg

대리모(代理母)
명 정상적인 방법으로는 아이를 가질 수 없는 부부의 의뢰를 받아 아기를 대신 낳아 주는 여자.
한국은 대리모를 통한 출산이 금지되어 있다.
surrogate mother

배경지식(背景智識)
명 어떤 일을 하거나 연구할 때, 이미 머릿속에 들어 있거나 기본적으로 필요한 지식.
한국 문화에 대한 배경지식이 많으면 한국어를 공부할 때 유리하다.
background knowledge

생명권(生命權)
명 인간의 권리 중 하나로, 생명이 불법으로 침해당하지 않을 권리.
안락사는 환자의 생명권을 박탈하는 것이라는 지적이 있다.
right to life

식별(識別)하다
동 구별하여 알아보다.
해외여행을 가기 전에, 해당 국가의 지폐가 위조지폐인지 식별하는 방법을 알아 가면 좋다.
to distinguish

염색체(染色體)
명 세포가 분열할 때 나타내는, 유전자로 이루어진 막대 모양의 물질.
인간의 염색체는 총 마흔여섯 개인데, 염색체 수가 이보다 많거나 적은 아이는 장애를 가지고 태어날 가능성이 있다.
chromosome

우성(優性)
명 서로 다른 품종을 교배했을 때 우선적으로 나타나는 유전 형질.
인류의 머리카락 색은 검은색이나 갈색이 금색이나 빨간색보다 우성이므로 더 많이 나타난다.
dominance

인조인간(人造人間)
명 인간과 비슷한 형태를 가지고 걷기도 하고 말도 하는 기계 장치.
이 영화는 인조인간이 인류와 어울려 사는 이상적인 모습을 그리고 있다.
artificial human

절차(節次)
명 일을 하는 데 거쳐야 하는 순서나 방법.
여행이 아닌 유학 목적으로 외국에 가려고 하면 입국 절차가 복잡하다.
procedure

희곡(戲曲)
명 공연을 목적으로 하는 연극의 대본.
이 영화는 희곡을 각색해 만든 작품이다.
play

15

법과 제도

- **15-1** 생활 속의 법
- **15-2** 공공의 이익

15-1	**생활 속의 법**	15-2	**공공의 이익**
듣기 1	라디오 법률 상담 프로그램을 듣고 정보 찾기	읽기 1-1	성범죄자의 신상 공개를 찬성하는 사설을 읽고 주장과 근거 파악하기
듣기 2	기본 소득제 도입에 대한 토론을 듣고 주장과 근거 파악하기	읽기 1-2	성범죄자의 신상 공개를 반대하는 사설을 읽고 주장과 근거 파악하기
말하기	찬반 토론 하기	쓰기	논박하는 글 쓰기

15-1 생활 속의 법

1 여러분 고향에만 있는 특별한 법이 있으면 소개해 보세요.

> [예시]
> 방귀 금지법
> 공공장소에서 껌 씹기 금지법
> 특정 지역에서 셀카 촬영 금지법

2 여러분 고향에서 논란이 되고 있는 법이 있습니까? 무슨 법인지 그리고 왜 논란이 되는지 이야기해 보세요.

> [예시]
> - 소년법: 일정 연령 미만의 소년은 범죄 행위를 저질러도 형사 처벌을 받지 않는다.
> - 방관자 처벌법: 위험에 처한 사람을 도와주지 않고 상황을 방관하면 처벌받을 수 있다.

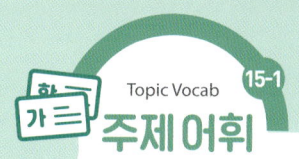

주제 어휘

1 다음은 국적법과 관련된 표현입니다. 빈칸에 알맞은 표현을 찾아 써 보세요.

[찾기 쉬운 생활 법령 정보] **Q & A**

Q1 귀화란 무엇입니까?
대한민국 국적을 가진 적이 없는 외국인이 법무부 장관으로부터 허가를 받아 대한민국 **국적을 취득하는** 것을 말합니다.

Q2 외국인이 **귀화하기** 위해서는 무엇이 필요합니까?
다음과 같은 1) _____ 합니다.
- 5년 이상 계속 대한민국에 주소가 있어야 합니다.
- 대한민국에서 영주할 수 있는 **체류** 자격이 있어야 합니다.

Q3 귀화 허가 통보를 받은 후에는 무엇을 해야 합니까?
법무부 장관 앞에서 2) _____ 후 귀화 증서를 받습니다.

Q4 국적을 취득하면 반드시 외국 **국적을 포기해야** 합니까?
일반적으로 대한민국 국적을 취득한 후 1년 이내에 외국 국적을 포기하지 않으면 대한민국 3) _____ 됩니다. 그러나 일정 요건에 해당하는 자는 대한민국에서 외국 국적을 행사하지 않겠다고 **서약하면** 4) _____ 수 있습니다.

Q5 누구나 특별 귀화를 신청할 수 있습니까?
다음 중 어느 하나에 해당하는 외국인으로서 대한민국에 주소가 있어야 합니다.
- 과학·경제·문화·체육 등 특정 분야에서 매우 우수한 능력을 보유한 사람으로서 대한민국의 5) _____ 것으로 인정되는 사람. …

귀화하다	서약하다	선서하다	체류하다
국익에 기여하다	국적을 취득하다/상실하다	국적을 포기하다	복수 국적을 보유하다
요건을 갖추다			

2 다음은 기본 소득 제도와 관련된 표현입니다. 관계있는 표현을 찾아 써 보세요.

1) 복지 지원금을 받으려면 직접 신청해야 하는 경우도 있는데, 그 사실을 몰라서 혜택을 받지 못하는 사람들이 있다. — 복지 사각지대

2) 한국의 일반 초중고등학교의 학비는 소득 수준에 상관없이 국가에서 지원한다.

3) 소득만을 기준으로 삼아 생계 급여를 지급하는 정책은 소득은 없으나 재산은 많은 사람도 수급 대상이 될 수 있다는 점을 미처 생각하지 못한 것이다.

4) 정부는 빈부 격차를 줄이기 위해 고소득자를 대상으로 세금을 올리기로 했다.

5) 정부에서 일정 금액의 돈을 조건 없이 지급하면 일하고 싶은 마음이 줄어들 것이다.

6) 물가가 너무 많이 올라 부모님이 보내 주시는 돈으로는 생활이 어려워졌다. 모자라는 생활비는 아르바이트해서 번 돈으로 해결하기로 했다.

7) 정부는 지출을 줄여 복지 제도 확대에 필요한 비용을 확보하기로 했다.

8) 정부는 저소득층 노인의 생활 안정에 도움을 주고자 매달 일정액의 연금을 지급하는 시스템을 새로 마련했다.

9) 국민은 누구나 인간으로서의 존엄과 가치 및 행복하게 살 권리를 가지며 국가는 이와 같은 권리를 보호해야 한다.

10) 정부는 감염병 확산으로 손해를 본 상인을 돕기 위해 신청자에게 피해액의 일부를 지원해 주기로 했다.

복지 사각지대   복지 제도의 맹점   보편적/선별적 복지   증세하다
기본권을 보장하다   비용을 충당하다   의욕을 저하시키다/떨어뜨리다   재원을 마련하다
제도를 도입하다   지원금을 지급하다

들어 보세요 ❶

준비

1 여러분은 한국에서 생활하면서 궁금했던 정보가 있습니까?

> 외국인 등록은 누가, 언제, 어디에서 해야 하나요?

> 유학생이 취업하려면 어떻게 해야 하나요?

> 한국에 귀화하려면 몇 년을 거주해야 하나요?

듣기 다음은 라디오 법률 상담 프로그램입니다. 잘 듣고 질문에 답해 보세요.

| 대상 파악하기 |

1 이 프로그램은 누구를 대상으로 하고 있습니까?

| 세부 내용 파악하기 |

2 프로그램에서 소개된 상담 질문 두 가지를 정리해 보세요.

질문 1	
질문 2	

3 들은 내용과 일치하면 ○, 일치하지 않으면 × 하세요.

1) 어학연수생은 입국하자마자 아르바이트를 할 수 있다. ( )
2) 어학연수생은 개인 과외 교습 아르바이트를 하면 안 된다. ( )
3) 특정 분야에서 매우 우수한 능력을 보유한 경우 특별 귀화 신청 자격을 갖는다. ( )

들어 보세요 2

준비

1. 기본 소득제가 무엇인지 찾아보고 이 제도에 대해 두 토론자는 어떤 입장인지 이야기해 보세요.

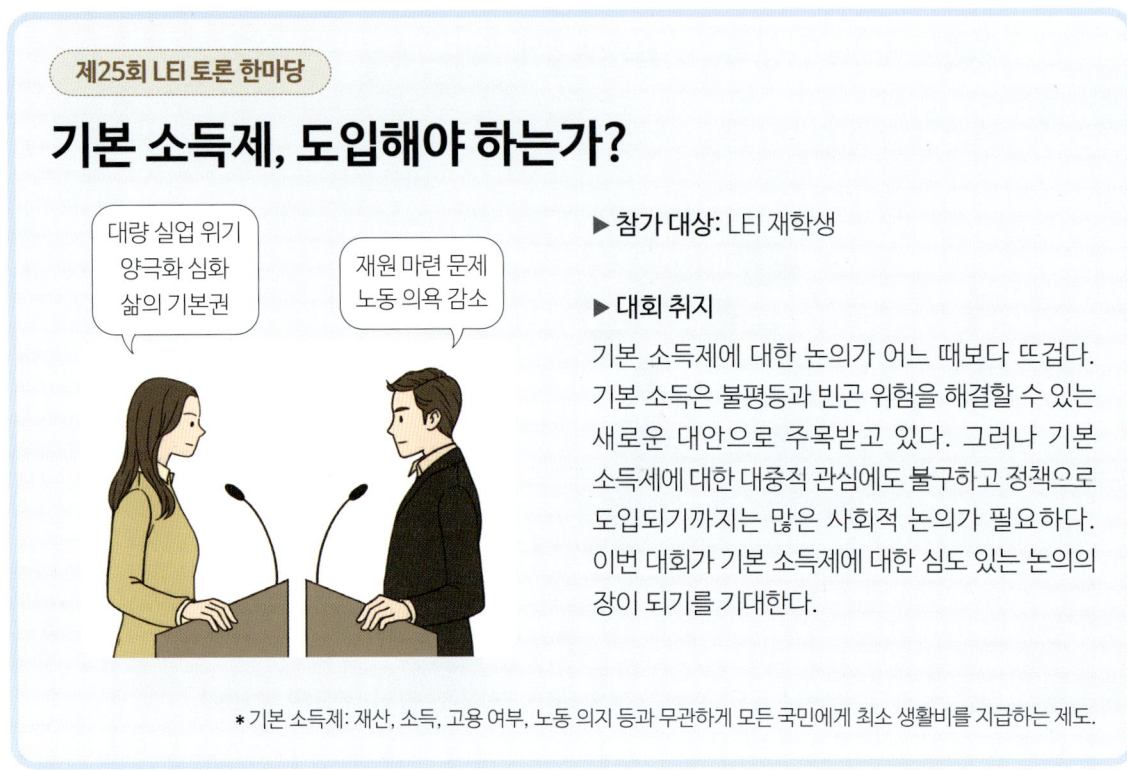

듣기 2-1 다음은 사회적 이슈를 주제로 한 토론입니다. 잘 듣고 질문에 답해 보세요.

중심 내용 파악하기

1. 토론의 논제는 무엇입니까?

세부 내용 파악하기

2. 찬성 측과 반대 측 입론의 근거를 연결해 보세요.

기본 소득제 도입 찬성	• 일하고자 하는 의욕을 저하시킴.
	• 소득 양극화를 해소할 수 있음.
기본 소득제 도입 반대	• 세금을 올리지 않고 재원을 마련하기 어려움.
	• 일자리 감소에 따른 문제를 해소할 수 있음.

듣기 2-2 다음은 위의 토론에 이어지는 내용입니다. 잘 듣고 질문에 답해 보세요.

1. 반대 측과 찬성 측의 반론을 정리해 보세요.

반대 측	찬성 측 논거: 기본 소득제가 일자리 감소에 따른 문제와 소득 양극화 문제를 해소할 수 있다. 반론: 1) _____ .
찬성 측	반대 측 논거: 재원 마련이 어렵다. 반론: 2) _____ . 반대 측 논거: 근무 의욕이 저하될 수 있다. 반론: 3) _____ .

이야기해 보세요

1. 여러분은 기본 소득제 도입에 찬성합니까? 아니면 반대합니까? 여러분의 의견을 이야기해 보세요.

문법과 표현

동 -는다손 치더라도, 형 -다손 치더라도, 명 이라손 치더라도 ☞ 16쪽
모든 노동자가 새로운 업종으로 전환할 수 있는 것도 아니고, 전환한다손 치더라도 새로운 업무에 맞는 교육 기간이 필요하다.

동 형 -기로서니 ☞ 16쪽
아무리 재원 마련이 어렵기로서니 대량 실업이 예상되는 상황에 기존의 복지 제도에만 의존하고 있어서야 되겠는가?

말하기 (Speaking 15-1)

 찬반 토론을 해 보세요.

준비해 보세요

1 찬반 토론의 절차와 방법에 대해 이야기해 보세요.

입론
근거를 들어 자기 측의 주장을 논리적으로 펼치는 단계

교차 신문 및 답변
상대측 입론을 듣고 반박하기 위해 따져 묻고 답하는 단계

반론
상대측 주장이 맞지 않음을 증명하기 위해 논리적으로 반박하는 단계

찬성

사회자

반대

- **표현을 연습해 보세요**

1 다음은 입론에 사용하는 표현입니다. 다음 표현을 사용하여 연습해 보세요.

입론하기

▶ 찬성 또는 반대 입장을 밝힙니다.
- 저희 찬성[반대] 측은 …을 필요가 있다고 생각합니다 [주장하는 바입니다]
- 저희는 다음과 같은 점에서[이유로] …에 찬성[반대]합니다 [하는 바입니다]

▶ 근거를 제시합니다.
- …이 필요한 가장 큰 이유는 …기 때문입니다
- …에 따르면 …다고 합니다
- 우선 …의 가장 큰 문제점은 …입니다. 다음으로[또한] …도 문제입니다

▶ 주장을 정리합니다.
- …으면 …을 것입니다[것으로 봅니다]
- 이상과 같은 근거[이유]로 …에 찬성[반대]합니다

- **저희 찬성 측은** 정부에서 기본 소득제 도입을 적극적으로 **검토할 필요가 있다고 생각합니다.** 기본 소득제가 **필요한 가장 큰 이유는 바로** 이 제도가 앞으로 닥쳐올 대량 실업 문제에 대한 해답이 될 수 **있기 때문입니다.** 한 조사에 **따르면** 향후 10년 안에 전체 일자리의 25% 이상이 **사라진다고 합니다.** 또한 소득 양극화 현상이 날로 심화되고 있습니다. 기본 소득제를 **도입하면** 일자리 감소에 따른 문제들은 물론 소득 양극화도 해소할 수 **있을 것입니다.**
- **저희는 다음과 같은** 두가지 **이유로** 기본 소득제의 **도입에 반대합니다. 우선** 기본 소득제의 가장 큰 문제점은 재원 **마련입니다. 또한** 근무 의욕이 저하될 수 있다는 **점도 문제입니다. 이상과 같은 이유로** 기본 소득제 **도입에 반대합니다.**

---

1)
- 입장: 예방 접종을 의무화해야 함.
- 근거
  - 질병으로부터 우리 사회를 안전하게 지켜 낼 수 있음.
  - 조사 결과, 백신 접종 후 영유아 사망률이 감소했음.
- 정리: 예방 접종 의무화
  → 질병 발생이 감소함, 평균 수명이 연장됨.

2)
- 입장: 반려동물 보유세 도입에 반대함.
- 근거
  - 반려동물 산업이 붕괴할 위험이 있음.
  - 세금을 피할 목적으로 동물을 유기하는 사람들이 늘어날 수 있음.
- 정리: 반려동물 보유세 도입에 반대함.

2 다음은 교차 신문에 사용하는 표현입니다. 다음 표현을 사용하여 연습해 보세요.

교차 신문하기

> 상대측이 입론에서 내세운 주장과 근거의 내용을 따져 묻습니다.

- …다는 의견[주장]에는 동의합니다[…다는 것은 인정합니다]. 그런데 …에 대해(서는) 들어[생각해] 보셨습니까?
- …다고 하셨는데 어떤 근거로 그렇게 주장하시는지 궁금합니다

- 기술의 진화로 기존의 일자리가 일부 **사라질 것이라는 주장에는 동의합니다**. 그런데 일자리가 감소하는 분야도 있지만 IT나 복지 관련 분야 등에서는 오히려 새로운 일자리가 창출될 것이라는 **전망에 대해 들어 보셨습니까?**
- 기본 소득제를 도입하면 근무 의욕이 **저하된다고 하셨는데 어떤 근거로 그렇게 주장하시는지 궁금합니다**.

1)
- 상대측: 예방 접종이 전염병의 위험에서 우리 사회를 안전하게 지켜 냄.
- 질문: 백신의 부작용

2)
- 상대측: 반려동물 보유세를 도입하면 유기 동물이 증가할 수 있음.
- 질문: 유기 동물이 증가한다고 주장하는 근거

3 다음은 반론에 사용하는 표현입니다. 다음 표현을 사용하여 연습해 보세요.

반론하기

> 상대측 주장의 문제점을 지적합니다.

- 찬성[반대] 측에서는 …다고 말씀하셨는데, …에는 […지는] 의문이 듭니다[의문입니다]
- 찬성[반대] 측에서는 …을 우려하셨는데, 아무리 …기로서니 …으면[…어서야] 되겠습니까?

> 자신의 주장을 강조하며 마무리합니다.

- …는 것이 …는 효율적인 방안이라고 봅니다
- …이야말로 …는 현실적인[최선의] 방안입니다.

- **찬성 측에서는** 기본 소득제가 일자리 감소에 따른 문제와 소득 양극화를 해소할 수 **있다고 말씀하셨는데**, 이 제도의 도입이 과연 근본적인 해결책이 **되는지는 의문입니다**. 생계를 꾸리기 어려운 사람들에게만 선별적 복지 혜택을 **주는 것이** 국민의 부담을 최소화하면서 필요한 계층에 더 많은 혜택이 돌아가게 **하는 효율적인 방안이라고 봅니다**.
- **반대 측에서는** 재원 **마련을 우려하셨는데, 아무리** 재원 마련이 **어렵기로서니** 대량 실업이 예상되는 상황에 기존의 복지 제도에만 의존하고 **있어서야 되겠습니까?** 기본 소득 **제도야말로** 인간의 기본적인 권리를 보장하고 삶의 질을 개선할 수 **있는 현실적인 방안입니다**.

1)
- 상대측 주장: 예방 접종이 질병의 위험에서 우리 사회를 안전하게 지켜 냄.
- 문제점: 예방 접종의 안전성에는 의문이 듦.
- 주장 강조: 예방 접종보다는 정기 검진 의무화가 국민의 건강을 증진함.

2)
- 상대측 주장: 반려동물 보유세 도입에 따른 시민들의 반발
- 문제점: 시민을 설득하는 것이 어려워도 유기 동물 문제를 방치하면 안 됨.
- 주장 강조: 반려동물 보유세 도입이 동물 유기를 방지하는 가장 좋은 방안임.

- **이야기해 보세요**

1. 다음 중 토론하고 싶은 주제를 선택해 보세요.

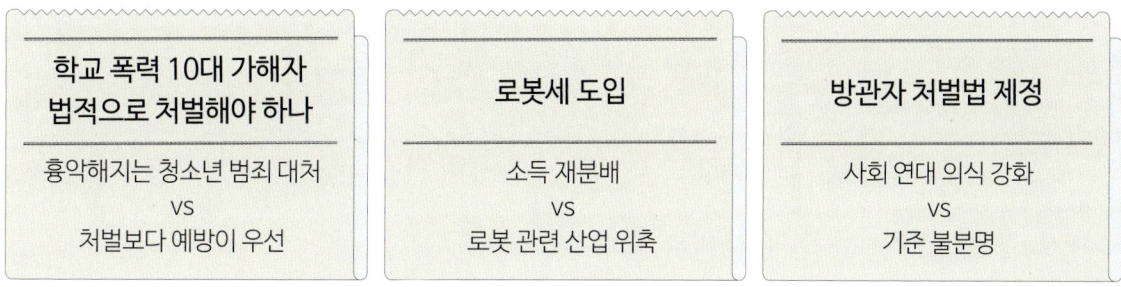

2. 여러분이 선택한 주제에 대한 주장과 근거는 무엇입니까? 보기와 같이 이야기할 내용을 메모해 보세요.

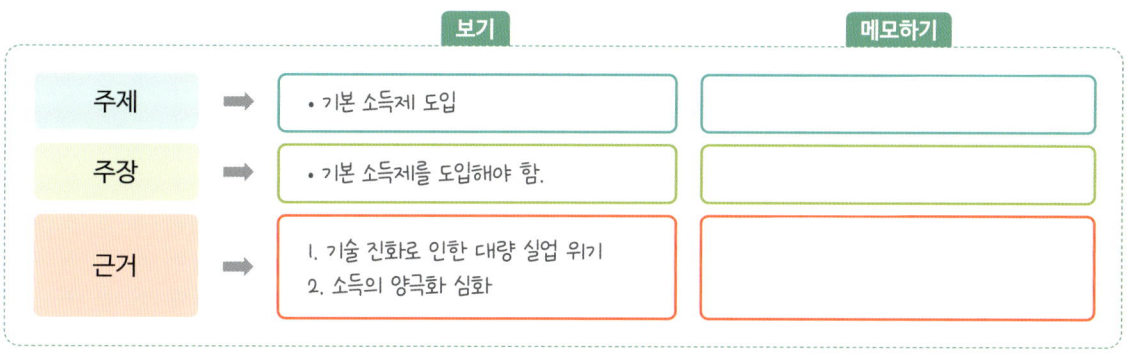

3. 같은 입장을 가진 친구들과 모여서 예상 질문과 이에 대한 답변을 준비해 보세요.

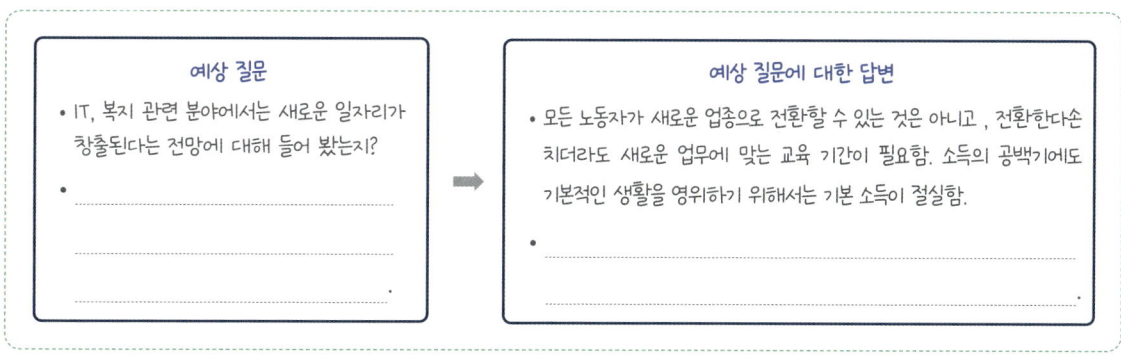

4. 준비한 것을 바탕으로 토론해 보세요.

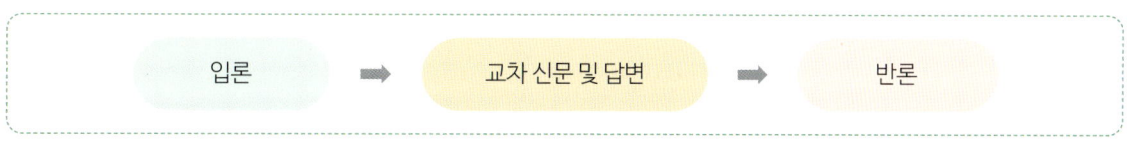

Intro 들어가기 15-2 공공의 이익

1. 위의 두 문제에 대한 여러분의 의견은 어떻습니까? 그 이유와 함께 이야기해 보세요.

2. 위와 같이 공공의 이익과 개인의 이익이 충돌하는 사례에는 어떤 것이 있을까요?

1 다음은 인권과 관련된 표현입니다. 그림에 해당하는 표현을 모두 찾아 써 보세요.

1)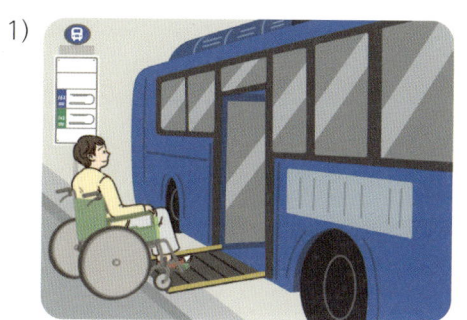

사회적 약자를 보호하다

2)

3)

4)

5)

6)

국민의 알권리
사회적 약자를 보호하다
초상권을 보호하다/침해하다

공공의 이익/공익을 우선시하다
신상 정보를 공개하다

사생활을 보호하다/침해하다
인권을 보호하다/침해하다

2 다음은 범죄와 관련된 표현입니다. 관계있는 표현을 찾아 써 보세요.

1) A시 여성 안심 귀가 서비스 제공 — 성범죄를 예방하다

2) 직장 내 성희롱 신고 이후 오히려 피해자가 비난받는 경우 많아

3) 음주 운전 두 차례 이상 적발된 비율, 40% 넘어

4) 성범죄자의 전자 발찌 착용 의무화로 재범 가능성 막아

5) A 지역 성범죄 증가로 주민들 불안 느껴

6) B 지역 화재, 산불의 위험성 일깨워

7) 성 범죄자 K 씨, 순간적으로 범죄를 저지르고 싶은 욕구를 다스리지 못해

8) ○○ 살인 사건 피고인 P 씨, 징역 20년 선고받아

2차 피해/가해   경각심을 불러일으키다   불안감을 호소하다   성범죄를 예방하다
재발을 방지하다   충동을 제어하다   재범률이 높다   죗값을 치르다

읽어 보세요

준비

1. 다음은 성범죄자의 체포에 관한 언론 보도 자료입니다. 아래의 두 자료에서 범죄자들의 신상 정보를 다루는 방식은 각각 어떻게 다릅니까?

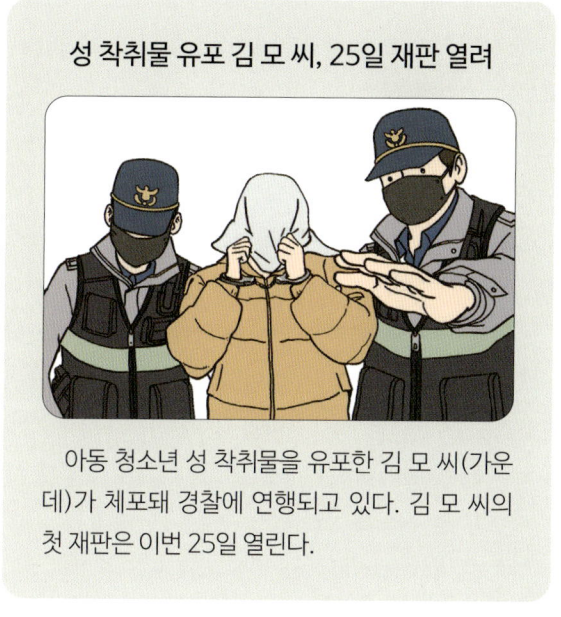

성 착취물 유포 김 모 씨, 25일 재판 열려

아동 청소년 성 착취물을 유포한 김 모 씨(가운데)가 체포돼 경찰에 연행되고 있다. 김 모 씨의 첫 재판은 이번 25일 열린다.

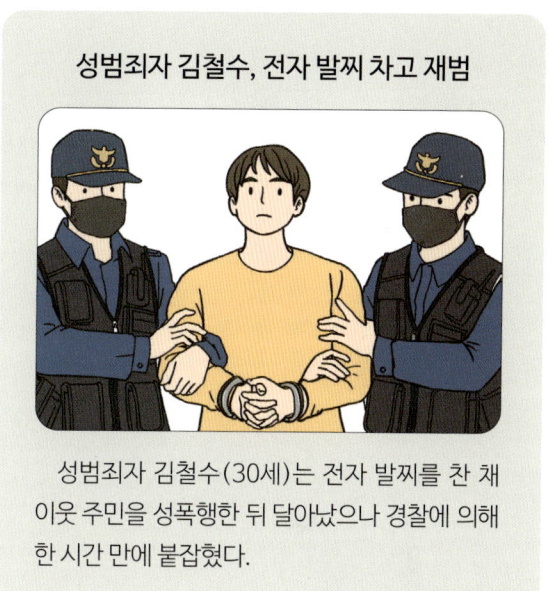

성범죄자 김철수, 전자 발찌 차고 재범

성범죄자 김철수(30세)는 전자 발찌를 찬 채 이웃 주민을 성폭행한 뒤 달아났으나 경찰에 의해 한 시간 만에 붙잡혔다.

2. 여러분 나라에도 범죄자의 신상 정보를 공개하는 경우가 있습니까? 관련 법을 찾아 친구와 이야기해 보세요.

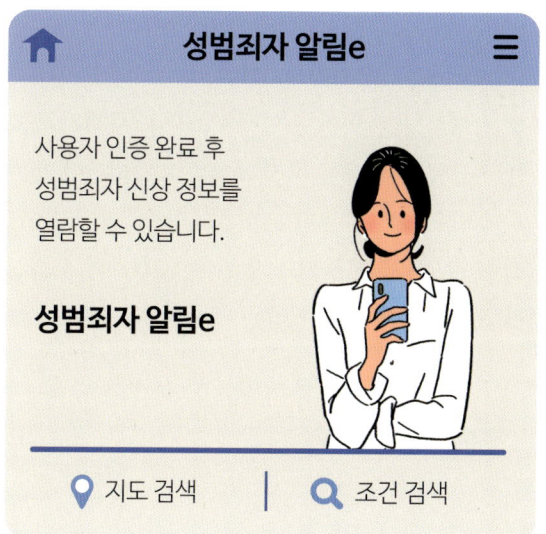

읽기 1-1 다음은 성범죄자의 신상 공개 제도에 대한 사설입니다. 글을 읽고 질문에 답해 보세요.

성범죄자의 신상 공개 정당하다

최근 초등학생을 납치·성폭행하여 중상을 입힌 혐의로 세간의 이목을 끌었던 한 성범죄자의 신상 정보가 공개되었다. 한국에서는 현재 성범죄자의 주소, 신체 정보, 사진 등의 신상 정보와 전과 사실 등이 '성범죄자 알림e' 사이트를 통해 2~10년 동안 공개된다. 또한 같은 기간 동안 성범죄자가 거주하는 지역의 주민과 교육 기관장에게 대상자에 대한 정보가 우편으로 제공된다. 이러한 성범죄자 신상 정보 공개 제도에 대해서는 여전히 찬반 논란이 있으나, 갈수록 성범죄가 다양해지고 늘어남에 따라 제도 확대에 무게가 실리고 있다. 최근 실시한 설문 조사에서 국민의 92%가 성범죄자의 신상 공개에 동의했다는 결과만 보더라도 그 추세를 알 수 있다. 필자 역시 신상 공개 제도는 범죄 예방의 실효성과 사회의 안전 유지 측면에서 정당하다고 본다.

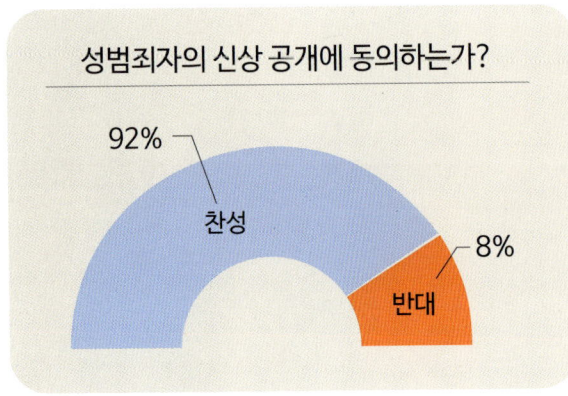

먼저, 신상 공개는 범죄 예방에 효과가 있다. 이 제도는 전과가 있는 사람이 다시 범죄를 저지르고 싶은 충동을 제어할 수 있도록 한다. 실제로 교도소에 수감된 범죄자들은 자신의 신상 공개를 상당히 부담스러워하며 사회적 압박을 느낀다고 한다. 신상 공개를 통해 이들이 심리적으로 범죄를 억제할 수 있도록 경각심을 불러일으키는 것이다. 법무 연수원에서 발간한 범죄 분석서에 따르면 성범죄는 재범률이 40% 이상이라고 한다. 재범률이 이렇게 높은데 민간으로 돌아간 범죄자들을 관리조차 하지 않는다면 사회가 또 다른 피해를 **방치하는 격이다**.

다음으로, 신상 공개 제도는 지역 사회를 안전하게 보호하는 효과가 있다. 성범죄자에 대한 정보를 아는 것은 개개인에게 범죄에 대한 경각심을 불러일으키는 계기가 될 수 있다. 나아가 지역 사회가 협업하여 성범죄로부터 구성원을 지킴으로써 안전한 지역 사회를 만들 수 있다.

한편, 신상 공개 제도가 범죄자의 사생활과 인권을 침해한다는 의견도 있다. 그러나 '사회적 약자 및 성 보호'라는 공익적 목적은 국민의 알권리와 더불어 한국 사회에서 가장 우선적으로 보호되어야 할 가치 중 하나이다. 따라서 범죄자의 인권, 사생활 보호 등의 권리가 일부 침해된다손 치더라도, 지키고자 하는 공익이 침해되는 사익보다 중요하다고 볼 수 있다. 그러므로 현재 시행되고 있는 성범죄자의 신상 공개 제도는 성범죄를 예방하고 국민의 생명과 안전을 지키는 기본권의 실현이라는 점에서 타당하며 더욱 확대되어야 한다.

중심 내용 파악하기

1 글쓴이의 주장은 무엇입니까?

세부 내용 파악하기

2 글쓴이의 주장에 대한 근거를 찾아 쓰세요.

근거 1	1)
근거 2	2)

3 범죄자의 신상 공개에 반대하는 사람들의 근거와 그에 대한 반박을 찾아 쓰세요.

반대의 근거	1)
반박	2)

4 이 글의 내용과 일치하지 <u>않는</u> 것을 고르세요.

① 성범죄자 가족의 신상이 인터넷에 공개된다.
② 지역 주민들은 성범죄자의 전과 사실을 알 수 있다.
③ 성범죄자의 신상 정보는 최대 10년 동안 공개된다.
④ 성범죄를 저지른 사람이 다시 성범죄를 저지르는 비율은 40% 이상이다.

문법과 표현

동 -는 격이다, 형 -은 격이다 ☞ 17쪽

민간으로 돌아간 범죄자들을 관리조차 하지 않는다면 사회가 또 다른 피해를 방치하는 격이다.

읽기 1-2 다음은 앞글과 다른 견해를 가진 사설입니다. 글을 읽고 질문에 답해 보세요.

성범죄자의 신상 공개, 최선인가

가 몇 년 전, 초등학생에게 성폭행을 저질러 씻을 수 없는 상처를 입힌 한 성범죄자가 국민의 공분을 산 적이 있다. 최근 그가 형을 마치고 출소하여 자신의 고향으로 거주지를 정하자, 그 지역 주민들은 불안감을 호소했으며 심지어 다른 지역으로 이사하고 싶다는 주민도 있었다.

나 성범죄자 신상 정보 공개 제도는 성범죄의 재발 방지 및 치안 유지를 위해 도입된 제도이다. 감정적으로 생각하면 성범죄는 용서받지 못할 범죄이나, 위의 사례와 같은 부작용을 고려한다면 이 제도의 시행에 보다 이성적으로 접근할 필요가 있다.

다 성범죄자의 신상 공개를 지지하는 입장에서는 범죄 예방의 실효성과 사회 안전의 유지를 주장한다. 그러나 이러한 주장은 다음과 같은 점에서 논쟁의 여지가 있다. 우선 범죄 예방의 실효성 측면에서 살펴보면 이 제도의 효과는 그다지 크지 않다. 법무부 자료에 따르면 성범죄자 중 재범자의 비율은 성범죄자 알림e 시스템이 도입된 2010년에 46.3%였는데 2013년에는 오히려 50.2%까지 올라갔고, 2018년에도 43.1%를 기록한 것으로 나타났다. 이는 신상 정보 공개 제도의 재범 억제 효과가 크지 않다는 것을 객관적으로 보여 준다.

라 또한 사회 안전의 유지 측면에서 보더라도 성범죄자의 신상 공개는 역효과를 가져올 수 있다. 신상 정보가 공개된 성범죄자는 출소 후 정상적인 삶을 영위하지 못한다. 취업이 어려운 것은 물론이고 주거권도 침해받아 공동체에서 소외되는 결과를 초래하기 때문이다. 이때의 절망감은 범죄자를 결국 다시 범죄의 유혹에 빠뜨리거나 사회에서 격리하여 오히려 관리를 어렵게 만들 수 있다. 위에서 언급한 재범 비율만 보아도 범죄자의 신상 공개가 결코 사회 안전을 위해 옳은 선택이 아니라는 것이 명백하다.

마 게다가 성범죄자의 신상 공개는 해당 범죄자뿐만 아니라 범죄자의 가족이나 주변 사람의 인권도 침해할 수 있다. 성범죄자는 본인이 죄를 지었으니 그 죗값을 치른다손 치더라도, 그 가족들은 아무 죄 없이 고통을 받는 것이다. 실제로 여중생을 성추행한 한 성범죄자의 신상이 공개되자 그의 아들이 심리적 고통을 받다가 자살하는 사건이 있었다. 이는 성범죄자의 신상 공개가 또 다른 피해를 불러올 수 있음을 보여 준다.

바 이렇듯 효과는 입증되지 못한 채 문제점만 드러난 제도는 **없느니만 못하다**. 성범죄자를 용서할 수 없다는 감정적인 이유만으로 이런 제도를 도입하고 유지한다면 그에 따른 부작용은 어떻게 해결할 것인가.

사 많은 사람들은 성범죄자의 신상 정보 공개를 '국민의 알권리'라고 이야기하곤 한다. 그렇지만 '알 권리'가 있다면 '모를 권리'도 있는 것이다. 성범죄자의 신상을 지역 주민에게 공개하는 것은 성범죄의 예방을 지역 주민 개개인의 책임으로 돌리는 꼴이다. 정말로 사회 안전을 추구한다면 성범죄자의 신상을 공개할 것이 아니라 그 예산과 노력으로 성범죄자 관리에 최선을 다해야 할 것이다. 그리하여 '성범죄자의 신상 정보를 몰라도 안전하게 살 수 있는 사회'를 만드는 것이 진정한 의미의 안전 사회 구축이 아닐까.

중심 내용 파악하기

1 글쓴이의 주장은 무엇입니까?

개요 파악하기

2 다음은 이 글의 개요입니다. 빈칸에 알맞은 내용을 넣어 보세요.

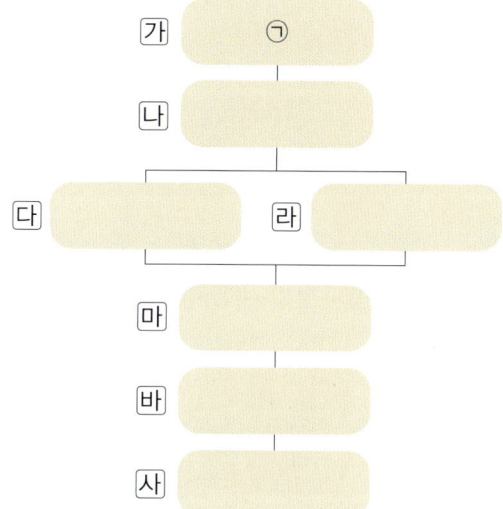

ㄱ 배경
ㄴ 반대 주장 반박 1
ㄷ 반대 주장 반박 2
ㄹ 주장 요약
ㅁ 글쓴이의 입장 제시
ㅂ 추가 근거
ㅅ 제언

세부 내용 파악하기

3 성범죄자 신상 공개 제도를 지지하는 입장에 대한 글쓴이의 반박을 정리해 보세요.

| 범죄 예방의 실효성이 크다 | 반박: 1) |
| 사회를 안전하게 유지해 준다 | 반박: 2) |

추측하기

4 사단락의 '알 권리'와 '모를 권리'는 각각 무슨 뜻일지 이야기해 보세요.

이야기해 보세요

1 여러분은 읽기 1-1 과 읽기 1-2 중 어느 의견을 지지합니까? 성범죄자의 신상 공개에 대한 여러분의 의견을 이야기해 보세요.

문법과 표현

동 -느니만 못하다 ☞ 17쪽

효과는 입증되지 못한 채 문제점만 드러난 제도는 없느니만 못하다.

쓰기 15-2

논박하는 글을 써 보세요.

준비해 보세요

1 여러분은 다음 중 어느 주장에 동의합니까?

> ㉮ 연예인은 사생활 침해를 어느 정도 감수해야 한다.
>
> ㉯ 연예인도 사생활을 보호받을 권리가 있다.

2 여러분이 위의 의견에 반박한다면, 어떤 근거가 필요할지 생각해 보세요.

㉮에 대한 반박 근거
- 헌법 제17조에 "모든 국민은 사생활의 비밀과 자유를 침해받지 아니한다."라고 명시되어 있다.
- _____

㉯에 대한 반박 근거
- 연예인의 수입에는 대중의 호기심을 만족시키는 값도 포함되어 있다.
- _____

표현을 연습해 보세요

1 다음은 다른 사람의 주장을 반박할 때 사용하는 표현입니다. 다음 표현을 사용하여 연습해 보세요.

반박하기
> ▸ 자신의 주장과 반대되는 주장을 제시합니다.
> ▸ 근거를 통해 반대 주장이 모순됨을 입증합니다.

- …을 지지하는[반대하는] 입장에서는 …을[…다고] 주장한다. 그러나 이러한 주장은 다음과 같은 점에서 논쟁의 여지가 있다
- …다는 주장[의견]도 있다. 그러나 이러한 주장은 다음과 같은 점에서 문제가 있다
- … 측면에서 …다는 주장은 설득력이 없다

- 성범죄자의 신상 **공개를 지지하는 입장**에서는 범죄 예방의 실효성과 사회 안전의 **유지를** 주장한다. 그러나 이러한 주장은 다음과 같은 점에서 논쟁의 여지가 있다.
- 한편 신상 공개 제도가 범죄자의 사생활과 인권을 **침해한다는** 의견도 있다. 그러나 이러한 주장은 다음과 같은 점에서 문제가 있다.
- 범죄 예방의 실효성 **측면에서** 성범죄자의 신상 공개를 확대해야 **한다는** 주장은 설득력이 없다.

1) 상대편 입장: 기본 소득제 도입에 반대
   상대편 주장: 기본 소득제는 노동 의욕을 저하시킴.

2) 상대편 주장: 기본 소득제 도입은 소득 불평등 문제를 해결할 수 있음.

3) 상대편 주장: 모든 국민에게 일정 수준의 금액을 지급해야 함.
   반박: 실현 가능성 측면에서 설득력이 없음.

2 제시된 근거를 이용하여 다음 주장을 논박하는 문단을 써 보세요.

- 주장: 기본 소득제는 양극화 문제를 해결할 수 있다.
- 반박의 근거
  - 재원 마련이 어려워 지급액이 높을 수 없음.
  - 선별적 복지 제도를 강화하면 지원이 꼭 필요한 사람들에게 더 많은 혜택을 줄 수 있음.

- 써 보세요

공공의 이익을 위한 개인의 희생은 정당화될 수 있는가

정부가 코로나19 방역을 위해 QR 코드 전자 출입 명부를 도입하였다. 개인 정보가 인증된 코드로 신분을 인증해야만 실내 공간에 들어갈 수 있는 것이다. 해당 코드에는 이름, 주소 및 백신 접종 여부까지 나와 있어 일부 국민은 본인의 개인 정보나 동선이 외부로 노출되는 것을 불안해하기도 한다.

갈수록 지능화되는 범죄, 감염병 발생 등 우리 사회가 직면하는 문제가 다양해짐에 따라 개인의 권리와 공공의 이익이 대립하는 경우가 증가하고 있다. 앞에 언급한 QR 코드 전자 출입 명부의 경우, 공동체가 직면한 위기를 극복하기 위하여 개인의 자유를 제한하게 된 것이다. 공동체의 안전을 위해 모두가 힘을 모으는 것이 공동체 구성원의 의무임은 분명하다.

그럼에도 공공의 이익이라는 명목으로 강요되는 개인의 희생은 정당화될 수 없다. 그 첫 번째 이유는 개인이 감수해야 할 고통이 너무 크다는 것이다. 감염병 방역의 예만 봐도 그렇다. 코로나19 발생 초기, 정부가 확진자의 자세한 동선을 공개하면서 특정 확진자에 대한 비난과 혐오 발언 등이 양산되었다. 확진 판정을 받은 부모의 자녀들이 학교에서 따돌림을 받거나 확진자가 다녀간 식당이 매출 감소로 폐업한 사례도 있었다.

또 다른 이유는 실효성의 문제이다. 확진자의 동선 공개나 범죄자의 신상 공개 등 공익을 위한다는 행동이 실제로 우리 사회의 안전에 얼마나 기여했는지를 뒷받침할 만한 근거 자료가 부족하다. 쏟아지는 정보는 오히려 주민들의 불안감을 조장할 뿐이다.

앞으로도 개인의 권리와 공익 간의 갈등은 끊임없이 발생할 것이다. 그럴 때마다 공동체를 위한 개인의 희생만을 강요해야 할까? 공동체는 개인들이 모여 형성된 집합이다. 공동체를 위해 개인이 존재하는 것이 아니라 개인의 행복과 안전을 위해 공동체가 존재하는 것이다. 따라서 공동체의 본질인 개인의 권리와 이익 증진이 최우선시되어야 한다.

1 윗글의 주장과 근거를 찾아 보세요.

주장	
근거 1	
근거 2	

2 윗글을 논박하기 위한 주장과 반박의 근거를 생각해 보세요.

반대 주장	
근거 1에 대한 반박	
근거 2에 대한 반박	

3 보기와 같이 개요를 작성해 보세요.

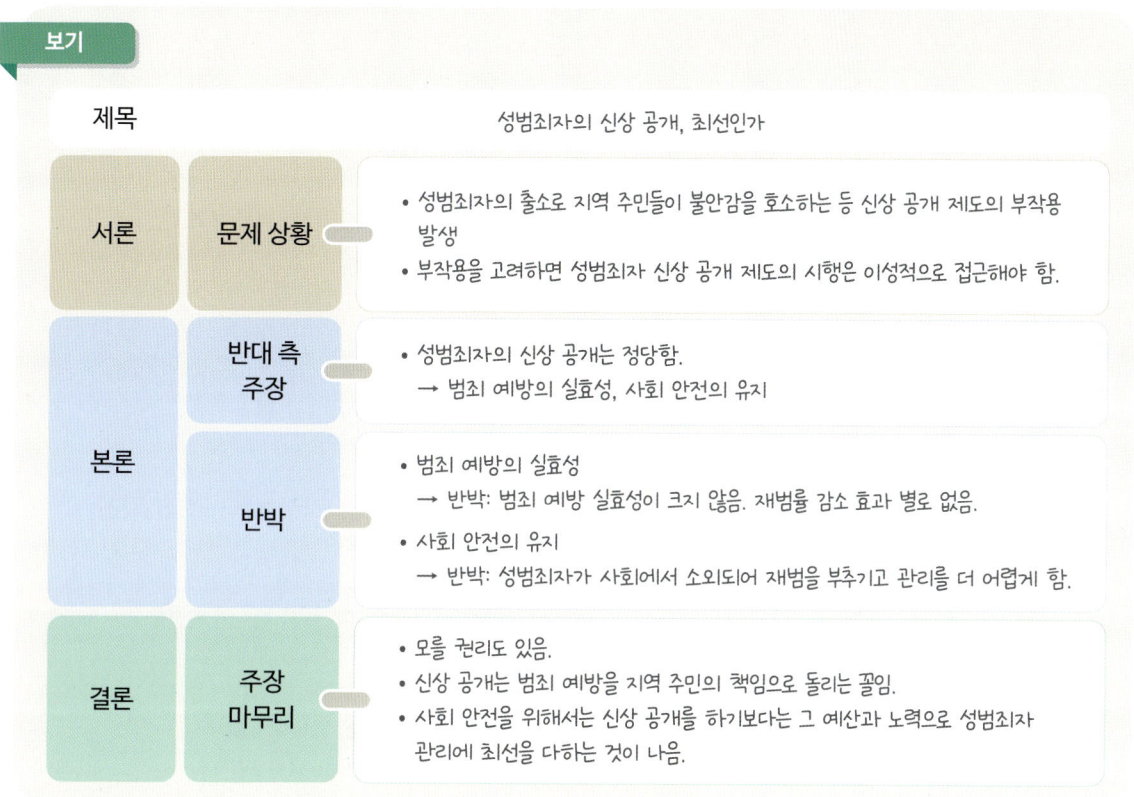

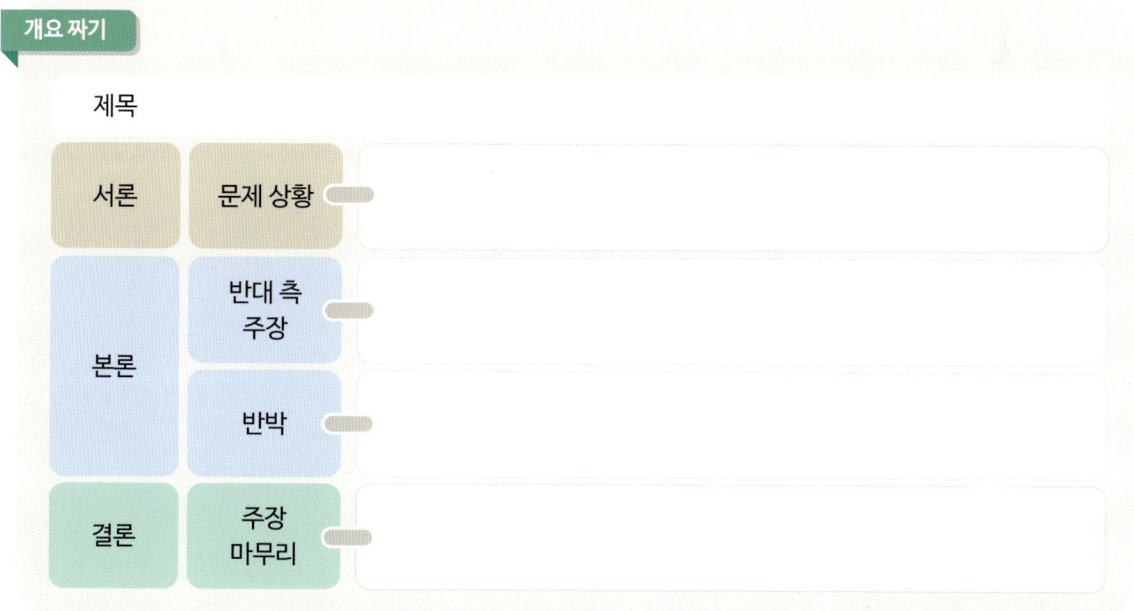

4 개요를 바탕으로 윗글의 주장을 논박하는 글을 써 보세요.

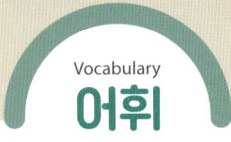

15-1. 생활 속의 법

주제 어휘

국익(國益)에 기여(寄與)하다
국가의 이익에 도움이 되다.
아이돌 그룹 B.A.E는 한국을 널리 알려 국익에 기여했다고 볼 수 있다.
to contribute to the national interest

국적(國籍)을 상실(喪失)하다
한 나라의 국민으로서의 법적인 권리와 의무를 잃다.
한국과 다른 나라의 복수 국적을 가지고 있는 경우, 만 18세까지 국적을 선택하지 않으면 자동으로 대한민국 국적을 상실하게 된다.
to lose one's citizenship

국적(國籍)을 취득(取得)하다
한 나라의 국민의 자격을 얻다.
국적을 취득하는 데 필요한 사항을 알아보기 위해 대사관으로 향했다.
to obtain citizenship

국적(國籍)을 포기(抛棄)하다
한 나라의 국민의 자격을 버리다.
외국인이 한국으로 귀화할 때 원래의 국적을 포기하지 않아도 되는 경우가 있다.
to give up one's citizenship

귀화(歸化)하다
동 다른 나라의 국적을 얻어 그 나라의 국민이 되다.
그는 한국으로 귀화하기 위해 여러 서류를 준비하고 있다.
to be naturalized

기본권(基本權)을 보장(保障)하다
인간이 태어날 때부터 가지고 있는 기본적인 권리를 보호하다.
한국의 헌법은 누구나 행복하게 살 권리 등 국민의 기본권을 보장하고 있다.
to guarantee basic rights

보편적(普遍的) 복지(福祉)
자격이나 조건에 관계없이 국민 모두에게 복지 서비스를 제공하는 것.
저소득층에게만 적용되던 무료 급식을 학생 전체로 확대하자는 의견은 보편적 복지를 주장한 것이다.
universal welfare

복수 국적(複數國籍)을 보유(保有)하다
한 사람이 두 나라의 국적을 가지다.
귀화 또는 결혼으로 새로운 국적을 얻으면서 복수 국적을 보유하는 경우가 증가했다.
to hold dual citizenships

복지(福祉) 사각지대(死角地帶)
법적 제도의 결함으로 인해 적용 대상에서 제외되어 복지 서비스를 받아야 하는데도 받지 못하는 상황. 또는 그런 상황에 있는 사람.
서류상 같이 사는 가족이 있다는 이유만으로 생계 급여를 받지 못하는 정 씨는 복지 사각지대에 놓여 있다고 볼 수 있다.
welfare blind spot

복지(福祉) 제도(制度)의 맹점(盲點)
인간다운 생활을 위해 만들어진 제도의 허점.
이 책은 복지가 필요한 사람이 자신의 가난을 스스로 입증해야만 하는 사례를 들며 복지 제도의 맹점을 비판하고 있다.
weaknesses of the welfare system

비용(費用)을 충당(充當)하다
모자라는 금액을 채워 넣다.
회비를 걷어 부족한 비용을 충당했다.
to cover the expense

서약(誓約)하다
동 다짐하고 약속하다.
전쟁을 준비하는 병사들은 나라에 충성하고 기꺼이 목숨을 바치겠다고 서약했다.
to pledge

선별적(選別的) 복지(福祉) [선별쩍]
도움이 필요한 사람에게만 제한적으로 복지 서비스를 제공하는 것.
그 국회 의원은 모든 노인이 아니라 저소득층 노인만 지하철을 무상으로 탈 수 있게 하자며 선별적 복지의 필요성을 강조했다.
selective welfare

선서(宣誓)하다
동 여러 사람 앞에서 공식적으로 다짐해 말하다.
선수들은 정정당당하게 경기할 것을 선서했다.
to take an oath

요건(要件)을 갖추다 [요껀]
필요한 조건을 만들거나 가지다.
나는 IT 분야 취업에 필요한 자격 요건을 갖추기 위해 노력 중이다.
to meet the requirement

의욕(意欲)을 떨어뜨리다
하고자 하는 적극적인 마음을 약하게 만들다.
산만한 주위 환경은 공부에 대한 의욕을 떨어뜨린다.
to discourage

의욕(意欲)을 저하(低下)시키다
하고자 하는 적극적인 마음을 떨어져 낮아지게 하다.
부모님의 잔소리가 오히려 공부에 대한 의욕을 저하시켰다.
to reduce motivation

재원(財源)을 마련하다
자금이 나올 곳을 준비하여 갖추다.
세금을 더 걷지 않고 추가적인 재원을 마련할 수 있다는 정부의 발표에 의문을 갖는 사람이 많다.
to prepare financial resources

제도(制度)를 도입(導入)하다
규범이나 사회 구조 등을 들여오다.
H 전자는 동료 평가제 등 새로운 인사 제도를 도입하였다.
to introduce a system

증세(增稅)하다
동 세금의 액수를 늘리거나 세금 비율을 높이다.
정부가 무리하게 증세하려는 정책을 세우자 시민들이 이에 반대하는 거리 시위를 벌였다.
to raise taxes

지원금(支援金)을 지급(支給)하다
형편이 어려운 사람 등을 금전적으로 지원하다.
정부는 팬데믹으로 인해 소득이 감소한 택시 기사에게 1인당 최대 300만 원의 지원금을 지급하기로 했다.
to provide subsidies

체류(滯留)하다
동 집을 떠나 어떤 곳에 가서 머물러 있다.
한국에서 체류하는 동안 한국 역사를 공부했다.
to stay

듣기

들어 보세요 1
교습(敎習)
명 학문이나 기술 등을 가르쳐 익히게 함.
나는 운전에 자신이 없어서 교습을 받았다.
lesson

법률(法律)
명 국가의 강제력을 수반하는 사회 규범.
변호사 A 씨는 저소득층을 위해 무료로 법률 상담을 하고 있다.
law

심의(審議)
명 심사하고 토의함.
방송 통신 심의 위원회는 방송이나 음악 등의 언어가 적절한지 심의를 통해 결정한다.
deliberation

한(限)하다
동 어떤 조건이나 범위가 정해지거나 한정되다.
평균 점수가 70점 이상인 학생에 한해 다음 급에서 공부할 수 있는 자격이 주어진다.
to be limited

행사(行使)하다
동 권리의 내용을 실현하다.
투표권을 행사하지 않는 것은 스스로 권리를 포기하는 것이다.
to exercise

들어 보세요 2
공백기(空白期)
명 특정한 활동이나 업적 등이 없이 그냥 지내는 기간.
야구 선수 김민준 씨는 공백기 동안 체력을 회복했다고 한다.
hiatus

교차 신문(交叉訊問)
상대편의 의견에 대해 서로 물어보는 것.
토론에서 교차 신문 시간은 상대방을 비난하는 것이 아니라 상대방의 근거에 대해 의문을 제기하는 시간이다.
cross-questioning

논제(論題)
명 토론 등의 주제.
오늘 토론의 논제는 '성범죄자 신상 공개가 필요한가'입니다.
topic for discussion

닥쳐오다
동 어떤 일이나 대상 등이 가까이 다가오다.
마감일이 닥쳐오자 나는 밤을 새워 과제를 할 수밖에 없었다.
to draw near

시범(示範) 사업(事業)
어떤 사업을 본격적으로 추진하기에 앞서 그 결과를 예측하기 위해 시험 삼아 실시하는 사업.
정부는 새로운 교육 제도를 시행하기에 앞서 전국의 100개 학교에서 시범 사업을 시행한다고 발표했다.
pilot project

실업(失業) 급여(給與)
근로자가 자신의 의지와 관계없이 실직할 경우 일정 금액을 지급받는 제도.
취업을 했는데도 실업 급여를 계속 받는 경우가 많아져 정부에서 엄격히 단속하기로 했다.
unemployment benefits

심도(深度)
명 깊은 정도.
국회 의원들이 기본 소득제에 대한 심도 있는 논의를 진행 중이다.
depth

입론(立論) [임논]
명 토론에서 찬성 측과 반대 측이 논제와 관련하여 주장을 밝히는 단계.
토론자는 입론을 통해 자신의 주장을 명확히 청중에게 전달해야 한다.
argumentation

15-2. 공공의 이익

주제 어휘

2차(2次) 가해(加害)
가해자가 아닌 사람이 피해자를 모욕하거나 배척하여 피해자가 추가적으로 피해를 받도록 하는 행위. 또는 그런 상황.
성범죄 피해자에게 '네가 스스로 만든 일'이라고 말하며 모욕하는 것은 2차 가해가 될 수 있으므로 주의해야 한다.
secondary victimization

2차(2次) 피해(被害)
범죄 사건 이후 피해자에 대한 부정적인 반응으로 인해 피해자가 추가적으로 정신적 혹은 물질적 피해를 받는 것. 또는 그런 상황.
피해자의 신상이 공개되면 2차 피해가 발생할 수 있다.
secondary injuries

경각심(警覺心)을 불러일으키다
주의하며 경계하도록 만들다.
이번 대형 화재는 다시 한번 화재에 관한 경각심을 불러일으켰다.
to raise vigilance

공공(公共)의 이익(利益)/공익(公益)을 우선시(優先視)하다
국가나 사회와 관계되는 이익을 앞세우다.
성범죄자의 신상을 공개하는 것은 개인의 인권보다 공익을 우선시하는 대표적인 예이다.
to prioritize public interest

국민(國民)의 알권리(權利)
국민 개개인이 정치적·사회적 현실이나 국가가 시행하고 관리하는 정책에 관한 정보 등을 자유롭게 알 수 있는 권리.
국회 의원 후보자들의 재산 등의 개인 정보를 공개하는 것은 국민의 알권리와 관련 있다.
people's right to know

불안감(不安感)을 호소(呼訴)하다
편안하지 않고 조마조마한 마음을 다른 사람에게 알리다.
성범죄자가 같은 아파트에 산다는 것을 알고 나서는 집 밖에 나갈 수가 없다며 불안감을 호소하는 주민이 많아졌다.
to express uneasiness

사생활(私生活)을 보호(保護)하다
개인의 사적인 일상생활을 지키다.
어머니가 방에 마음대로 들어오자, 민준이는 사생활을 보호해 달라면서 화를 냈다.
to protect privacy

사생활(私生活)을 침해(侵害)하다
개인의 사적인 일상생활을 침범해서 피해를 주다.
연예인을 쫓아다니면서 사생활을 침해하는 팬들의 행동이 논란이 되고 있다.
to violate privacy

사회적(社會的) 약자(弱者)를 보호(保護)하다
사회에서 소외되거나 낮은 위치에 있는 사람들을 지키다.
저소득층, 장애인, 노인, 아동 등 사회적 약자를 보호하기 위한 노력이 시급하다.
to protect the socially underprivileged

성범죄(性犯罪)를 예방(豫防)하다
성과 관련된 범죄가 생기지 않게 미리 막다.
성범죄자의 신상을 언론에 공개하면 성범죄를 예방하는 데 도움이 될 것이다.
to prevent sex crimes

신상(身上) 정보(情報)를 공개(公開)하다
개인에 관한 정보를 대중에게 알리다.
성범죄자의 성명, 나이, 주소, 실제 거주지, 키, 몸무게 등 신상 정보를 공개해야 하는지가 논란이 되고 있다.
to disclose personal information

인권(人權)을 보호(保護)하다
인간으로서 당연히 가지는 기본적인 권리를 지키다.
우리 기업은 노동자의 인권을 보호하기 위해 근로 시간을 법적 기준에 맞춰 단축하기로 했다.
to protect human rights

인권(人權)을 침해(侵害)하다
인간으로서 당연히 가지는 기본적 권리를 침범하여 피해를 주다.
성범죄자의 신상 공개는 범죄자는 물론 범죄자 가족의 인권을 침해할 수 있다.
to violate human rights

재발(再發)을 방지(防止)하다
범죄 등이 다시 일어나는 것을 막다.
학교 폭력 사건 이후 학교 측은 재발을 방지하기 위한 대책을 내놓았다.
to prevent reoccurrence

재범률(再犯率)이 높다
다시 범죄를 저지르는 비율이 높다.
성범죄는 다른 범죄에 비해 재범률이 높다는 조사 결과가 있다.
to have a high reoffense rate

죗값(罪값)을 치르다
지은 죄에 대하여 대가를 치르다.
아동 학대 범죄자를 제대로 수사해서 죗값을 치르게 하자는 목소리가 높다.
to pay the price of one's crime

초상권(肖像權)을 보호(保護)하다
자신의 얼굴을 허락 없이 다른 사람이 사용할 수 없게 할 권리를 지키다.
인터뷰에 응한 시민들의 초상권을 보호하기 위해 얼굴에 모자이크 처리를 했다.
to protect portrait rights

초상권(肖像權)을 침해(侵害)하다
자신의 얼굴을 허락 없이 다른 사람이 사용할 수 없게 할 권리를 침범하여 피해를 주다.
나도 모르게 내 얼굴이 신문에 실렸다면 신문사가 내 초상권을 침해한 것이다.
to infringe portrait rights

충동(衝動)을 제어(制御/制馭)하다
순간적으로 어떤 행동을 하고 싶다는 마음을 막거나 누르다.
범죄자의 신상 공개는 또다시 범죄를 저지르고 싶다는 범죄자의 충동을 제어하게 한다.
to control impulse

읽기

읽어 보세요

공분(公憤)을 사다
많은 사람들의 분노를 불러일으키다.
그 범죄자는 어린 여자아이를 성폭행하고도 전혀 반성을 하지 않아 국민들의 공분을 샀다.
to provoke public rage

교도소(矯導所)
명 징역 등이 확정된 사람을 가두어 수용하는 시설.
그는 교도소에서 지내면서 반성한 것을 책으로 썼다.
prison

기관장(機關長)
명 일정한 역할과 목적을 위해 설치한 기구나 조직에서 제일 높은 사람.
박 교수가 이번에 기관장으로 취임하였다.
head of an organization

납치(拉致)하다
동 강제적인 수단으로 억지로 데리고 가다.
아이를 납치한 범인이 10억 원을 요구하였다.
to kidnap

논쟁(論爭)의 여지(餘地)가 있다
어떤 주제에 대하여 의견이 나뉘어 다툴 가능성이 있다.
김 교수의 주장은 증거가 충분하지 않아 논쟁의 여지가 있다.
to be controversy

명백(明白)하다
형 매우 분명하고 확실하다.
그 사람이 범인이라는 것은 명백한 사실이다..
to be obvious

무게가 실리다
어떤 의견이나 예상 등에 동의하는 사람들이 많아지다.
대학 입학 제도를 수정해야 한다는 의견에 무게가 실리고 있다.
to gain traction

민간(民間)
명 일반 사람들 사이.
두 나라 사이에 민간 차원의 협력이 확대되고 있다.
private

발간(發刊)하다
동 책, 신문, 잡지 등을 만들어 내다.
B 출판사에서는 여성을 위한 새로운 잡지를 발간하였다.
to publish

사설(社說)
명 신문이나 잡지 등에서 글쓴이의 주장이나 의견을 써내는 논설문.
객관적인 사실만 써야 하는 신문 기사와 달리, 사설은 신문사의 관점을 제시할 수 있다.
editorial

성폭행(性暴行)
명 다른 사람에게 성적인 폭력을 행하는 것.
성폭행은 피해자에게 평생 잊지 못할 상처를 남긴다.
sexual assault

세간(世間)
명 세상 일반.
그 소문이 세간에 널리 알려졌다.
world

수감(收監)되다
동 교도소 등에 수용되다.
성폭행을 저지른 범죄자가 교도소에 수감되었다.
to be imprisoned

압박(壓迫)
명 기운을 못 펴게 힘으로 누름.
한국의 학생들은 공부에 대한 심리적 압박으로 스트레스를 받는 경우가 많다.
pressure

역효과(逆效果)
명 기대한 것과는 정반대가 되는 효과.
좋은 약도 너무 많이 먹으면 역효과를 가져올 수 있다.
adverse effect

유혹(誘惑)
명 제법 그럴듯한 말로 속이거나 꾀어 좋지 않은 행동을 하게 함.
다이어트를 해야 하는데 오늘도 피자의 유혹에서 벗어나지 못했다.
temptation

전과(前科)
명 이전에 법적인 처벌을 받은 사실.
전과가 있는 사람이 같은 범죄를 저지르면 더 강력한 처벌을 받는다.
criminal record

주거권(住居權)
명 법률에 의하지 않고는 주거에 대한 침입, 수색, 압수를 당하지 않을 권리.
기숙사 폐지로 주거권을 침해당한 대학생들이 시위를 벌이고 있다.
housing rights

중상(重傷)을 입히다
다른 사람을 심하게 다치게 하다.
음주 상태로 차를 몰던 김 씨는 행인을 쳐서 중상을 입혔다.
to inflict serious injury

출소(出所)하다 [출쏘하다]
동 교도소에서 형을 마치고 나오다.
징역 3년을 마치고 출소한 박 씨는 앞으로 착하게 살겠다고 다짐했다.
to be released from prison

형(刑)
명 국가 등이 범죄자에게 법률적인 제한을 줌. 또는 그 제한.
그는 징역 6년 형을 선고받았다.
prison sentence

쓰기

논박(論駁)하다
동 어떤 주장이나 의견에 대해 그 잘못된 점을 합리적으로 공격하여 말하다.
토론에서 다른 사람의 의견을 논박할 때는 근거를 충분히 준비해야 한다.
to refute

뒷받침하다
명 근거를 들어 자신의 주장이 타당하다는 것을 입증하다.
나는 주장을 뒷받침하기 위한 설문 조사 결과를 가져왔다.
to back up

명목(名目)
명 어떤 일을 하는 구실이나 이유.
행사에 참여한 사람들에게 교통비를 명목으로 2만 원씩 지급하였다.
pretext

명부(名簿)
명 어떤 일에 관련된 사람의 이름, 주소, 직업 등을 기록한 것.
교사들이 학생 명부를 확인하고 있다.
roster

정당화(正當化)되다
동 정당하지 않거나 정당함에 의문이 있는 것이 정당한 것으로 만들어지다.
어떤 이유로도 폭력은 정당화될 수 없다.
to be justified

지능화(知能化)되다
동 범죄 등의 방법이 교묘해지다.
보이스 피싱의 방법이 지능화돼서 경찰도 잡기가 어려워졌다.
to be cunning

폐업(廢業)하다
동 직업이나 영업을 그만두다. 또는 그렇게 되다.
우리 식당은 장사가 안돼서 결국 폐업하고 말았다.
to go out of business

16 인류와 미래

16-1 인류의 과제

16-2 4차 산업 혁명과 미래

16-1 인류의 과제

- **듣기 1** 지속 가능한 발전에 대한 기조연설을 듣고 연설의 목적 파악하기
- **듣기 2** 지속 가능한 발전을 위한 방안을 논의하는 패널 토의를 듣고 주장 파악하기
- **말하기** 토의하기

16-2 4차 산업 혁명과 미래

- **읽기 1** 미래에 대한 책을 추천하는 글을 읽고 내용 파악하기
- **읽기 2** 미래의 가상 일기〈2050년 어느 날, 로아의 하루〉를 읽고 글의 성격 파악하기
- **쓰기** 가상 일기 쓰기

Intro 16-1 인류의 과제

1   인류가 직면한 문제에는 무엇이 있을까요?

2   이런 문제가 발생하게 된 원인은 무엇일지 생각해 보세요.

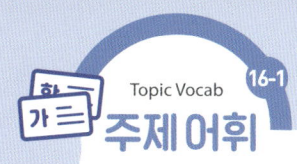

1 다음은 인류가 직면한 문제와 관련된 표현입니다. 그림에 해당하는 표현을 모두 찾아 써 보고 이 상황에 대해 이야기해 보세요.

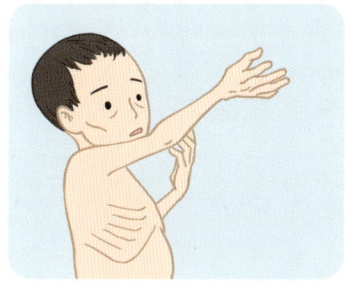

1) 기아에 허덕이다, 식량난을 겪다

2) _____

3) _____

4) _____

5) _____

기아에 허덕이다	생물의 다양성이 감소하다	생태계가 파괴되다
수자원 확보가 위협받다	식량난을 겪다	자원이 고갈되다

2 다음은 위 문제의 해결 방안과 관련된 표현입니다. 다음 표현을 사용하여 인류가 직면한 문제를 해결하기 위한 방안을 이야기해 보세요.

우리는 미래 세대가 자원이 고갈되지 않은 환경에서 살 수 있도록 **지속 가능한 발전**을 추구해야 합니다.

국제 협력을 강화하다	대체/신재생 에너지 사용을 확대하다	빈곤을 퇴치하다
온실가스를 감축하다	일회용품 사용을 규제하다	지속 가능한 발전을 추구하다
지역 먹거리 소비를 장려하다	직거래를 활성화하다	탄소 중립을 이행하다/실천하다

들어 보세요 1

준비

1 다음 포럼은 어떤 내용을 다룰지 추측해 보세요.

LEI 지속 가능한 발전 시민 포럼
• 주제: 인류가 당면한 도전 과제와 지속 가능한 발전을 위한 방안 모색
• 일시: 3. 15.(토) 14:00-16:00
• 참여 방법: 인터넷에서 'LEI기후환경본부'를 검색하세요.

사회	양이안 (에너지정책위원회 위원장)
기조연설	박명수 (지속가능한발전협회 이사장) '인류에게 미래는 있는가?'
패널 토의	김민주 (한국대체에너지연구소장) 박연우 (한국식품경제연구소장) 이가람 (서울대학교)
청중과의 소통	질의응답

듣기 다음은 지속 가능한 발전에 대한 기조연설입니다. 잘 듣고 질문에 답해 보세요.

목적 파악하기

1 이 연설의 목적으로 맞는 것을 고르세요.

① 정부에게 미래 문제 해결을 촉구하기 위해
② 미래 문제 해결을 위한 방법을 설명하기 위해
③ 청중에게 같이 노력해 달라고 요청하기 위해
④ 본인이 문제를 해결할 수 있음을 주장하기 위해

세부 내용 파악하기

2 현재 인류가 직면한 문제로 언급된 것을 모두 고르세요.

☐ 물 부족 ☐ 기상 이변 ☐ 기아 문제
☐ 생태계 파괴 ☐ 빈부 격차 심화 ☐ 수산물 가격 폭등

3 들은 내용과 일치하면 O, 일치하지 않으면 × 하세요.

1) 이미 물 확보에 어려움을 겪고 있는 나라도 있다.   (   )
2) 한국은 이상 기후 때문에 이제는 사과 재배가 불가능하다. (   )

4 연설자가 생각하는 '진정한 의미의 발전'은 무엇입니까?

문법과 표현

동 -어 주십사 (하다) ☞ 18쪽
지속 가능한 발전을 위해 여러분 모두 힘써 주십사 다시 한번 부탁드립니다.

🎧 들어 보세요 2

준비

1 들어 보세요 1에서 언급된 문제를 해결하기 위해 어떤 정책이 필요할까요?

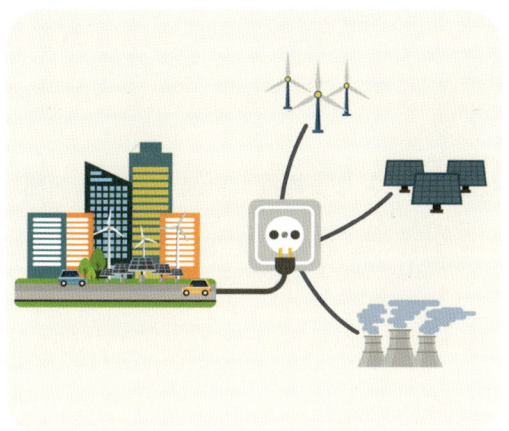

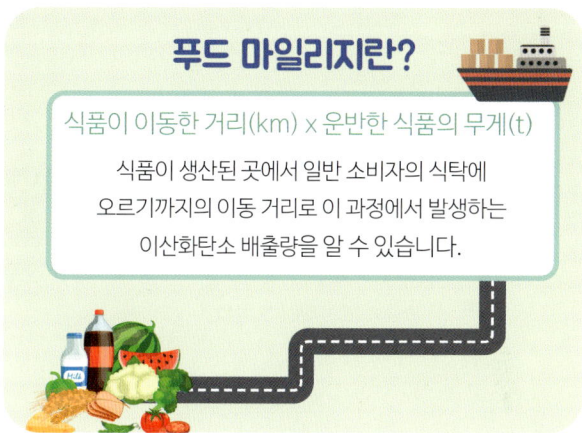

푸드 마일리지란?

식품이 이동한 거리(km) x 운반한 식품의 무게(t)

식품이 생산된 곳에서 일반 소비자의 식탁에 오르기까지의 이동 거리로 이 과정에서 발생하는 이산화탄소 배출량을 알 수 있습니다.

듣기 다음은 지속 가능한 발전을 위한 방안을 논의하는 패널 토의입니다. 잘 듣고 질문에 답해 보세요.

중심 내용 파악하기

1 패널들의 주장으로 알맞은 것을 연결해 보세요.

1) 여자 •   • 푸드 마일리지를 감소해야 한다.

2) 남자 •   • 신재생 에너지의 사용을 확대해야 한다.

세부 내용 파악하기

2 들은 내용과 일치하면 ○, 일치하지 않으면 × 하세요.

1) 신재생 에너지를 사용하면 전기 요금 부담이 줄어든다.　　　(　　　)

2) 신재생 에너지가 기존 에너지를 대체하려면 전력 기반 시설이 필요하다.　(　　　)

3 다음을 완성해 보세요.

• 푸드 마일리지란 1) _____ 를 나타내는 개념이다.

• 푸드 마일리지가 높을수록 2) _____ 는 것을 의미한다.

4 푸드 마일리지를 줄일 수 있는 방안으로 소개되지 않은 것을 고르세요.

① 소비자와 생산자의 직거래 활성화
② 시민들이 직접 농산물을 재배하도록 장려
③ 식품을 운송하는 수단에 화석 연료 사용 금지
④ 살충제 허용 기준치를 초과하는 식품 수입 규제

확장 활동하기

5 여러분이 이가람 씨라면 어떤 방안을 제시하고 싶습니까? 이가람 씨가 되어서 이야기해 보세요.

> 앞서 두 전문가께서는 정부 차원의 노력을 말씀하셨는데요, 저는 개인적 차원에서의 실천 방안에 대해 말씀드리겠습니다. 먼저 _____
> _____.

이야기해 보세요

1 지속 가능한 발전을 위한 시민 행동의 예를 찾아 소개해 보세요.

문법과 표현

동 형 -어 봤자 ☞ 18쪽
정부가 아무리 노력해 봤자 시민들의 인식이 바뀌지 않는다면 변화는 이루어질 수 없다.

말하기

🎤 문제 해결을 위해 토의해 보세요.

준비해 보세요

1 다음 주제는 토의, 토론 중 어느 것에 적합한지 구분해 보세요.

1.	기본 소득 제도를 도입해야 하는가	5.	미세 먼지 문제의 현황과 해결 방안은 무엇인가
2.	성범죄자의 신상 정보를 공개해야 하는가	6.	불우 이웃 돕기 성금을 어떻게 마련해야 하는가
3.	플라스틱 재활용 활성화 방안은 무엇인가	7.	학교 폭력을 저지른 10대 가해자를 법적으로 처벌해야 하는가
4.	군 가산점 제도를 도입해야 하는가	8.	소비자들이 환경 보호를 위해 할 수 있는 일에는 무엇이 있는가

토의	토론
(　), (　), (　), (　)	(　), (　), (　), (　)

표현을 연습해 보세요

1 다음은 방안을 제시할 때 사용하는 표현입니다. 다음 표현을 사용하여 연습해 보세요.

방안 제시하기
▶ 문제를 해결할 수 있는 방법을 제안합니다.

- …을 위한 방안으로 …을 제안합니다[제안하고자 합니다]
- …으려면 …이 우선되어야 합니다
- …다는 점에서 …이 가장 효과적이라고 [필요하다고] 생각합니다

- 김 소장님이 말씀하신 지속 가능한 발전을 위해서 온실가스 감축은 필수적입니다. 저는 온실가스 **감축을 위한 방안으로** 푸드 마일리지 **감소를 제안합니다.**
- 신재생 에너지가 기존 에너지를 **대체하려면** 전력 기반 시설의 **구축이 우선되어야 합니다.**
- 온실가스가 환경에 부담을 많이 **준다는 점에서** 푸드 마일리지 **감소가 가장 효과적이라고** 생각합니다.

일상생활 속 환경 문제 해결 방안

1) • 일회용품 사용 줄이기.

2) • 대체 에너지 개발

3) • 근거: 자동차 배기가스가 대기 오염의 주범임.
• 방안: 대중교통 이용

2 다음은 결과를 예측하여 근거를 댈 때 사용하는 표현입니다. 다음 표현을 사용하여 연습해 보세요.

예측하여 근거 대기

> 의견을 실천했을 때 혹은 실천하지 않았을 때 일어날 수 있는 문제점을 예상하여 근거를 댑니다.

- …다가는 …게 될 것입니다
- …는다면 …을 수 없습니다
- …으면 …을 것으로 예상[예측]됩니다

- 지금 상태로 **가다가는** 후손들에게 이상 기후와 자연재해로 고통받는 미래만을 **물려주게 될 것입니다**.
- 정부가 아무리 노력해 봤자 시민들의 인식이 바뀌지 **않는다면** 변화는 **이루어질 수 없습니다**.
- 효율성만 생각해서 신재생 에너지 확대를 **미루면** 그 손실과 피해는 인류에게 고스란히 **돌아올 것으로 예상됩니다**.

1)
- 지금과 같이 일회용품을 계속 사용함.
→ 그 피해가 다시 인간에게 돌아옴.

2)
- 화석 연료를 계속 사용함.
→ 온실가스 배출량을 줄일 수 없음.

3)
- 자동차 사용을 줄이지 않음.
→ 대기 오염이 점점 심해짐.

3 다음 정보를 이용하여 공동 주택에서의 소음 문제를 해결할 방안에 대해 이야기해 보세요.

- 방안: 실내 슬리퍼 신기, 바닥에 매트 깔기.
- 예측: 소음 문제를 해결하지 않으면 이웃 간에 심각한 다툼이 발생할 수 있음.

이야기해 보세요

1 다음 중 토의하고 싶은 주제를 선택해 보세요.

- 푸드 마일리지 감소 방안
- 온실가스 감축 방안
- 음식물 쓰레기 감량 방안
- 신재생 에너지 확대 방안

2 보기와 같이 이야기할 내용을 메모해 보세요.

[보기]

주제	푸드 마일리지 감소 방안
방안 제시하기	• 살충제 허용 기준을 강화하여 기준치를 초과하는 식품 수입 규제 • 지역 먹거리 소비 장려 • 농산물 직거래 활성화 • 직접 농산물 재배 장려
예측하여 근거 대기	• 지금 상태로 가다가는 후손에게 고통받는 미래만을 물려주게 될 것이기 때문

[메모하기]

주제	
방안 제시하기	
예측하여 근거 대기	

3 메모한 내용을 바탕으로 토의해 보세요.

4차 산업 혁명과 미래

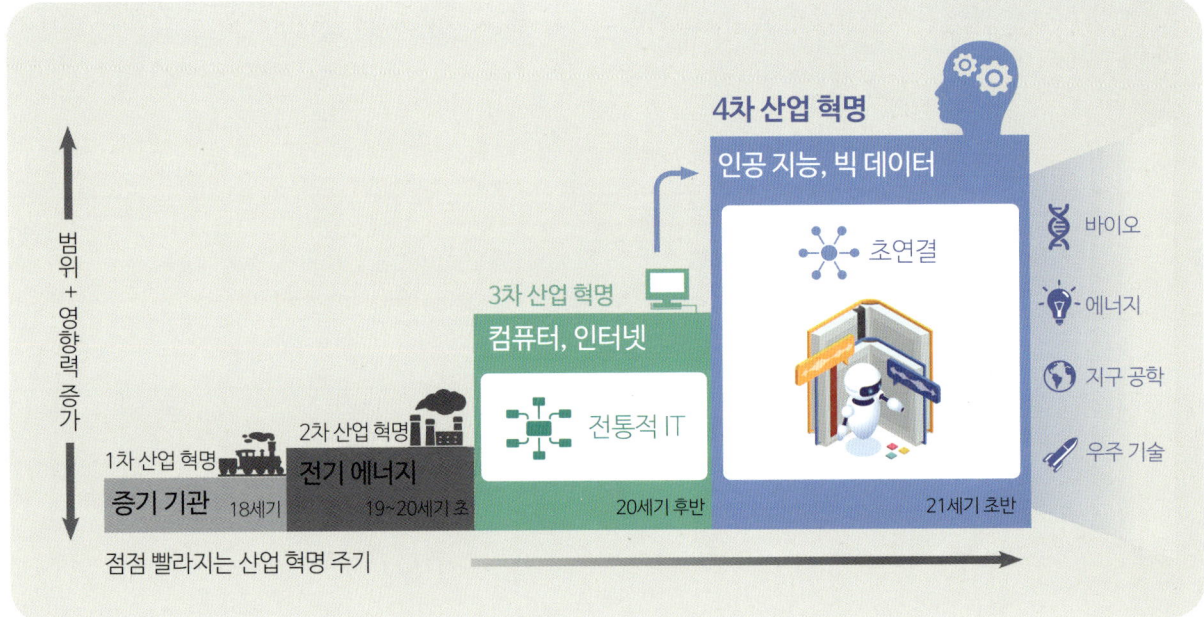

1 과학 기술의 발달에 따라 인류의 생활이 어떻게 바뀌어 왔는지 이야기해 보세요.

2 과학 기술의 발달에 따라 앞으로 여러분의 삶이 어떻게 바뀔지 예측해 보세요.

1 다음은 첨단 기술과 관련된 표현입니다. 여러분이 직접 경험했거나 들어 본 기술에 대해 이야기해 보세요.

자율 주행차

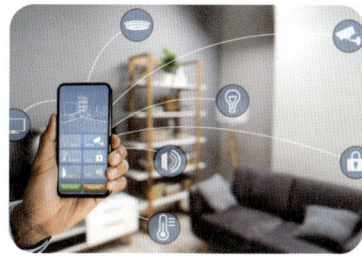
스마트 홈

기상 조절 기술

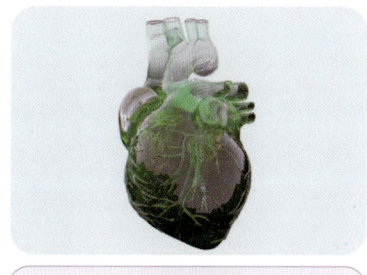
인공 장기

화성 탐사

우주여행

수직 농장

초고속 자기 부상 열차

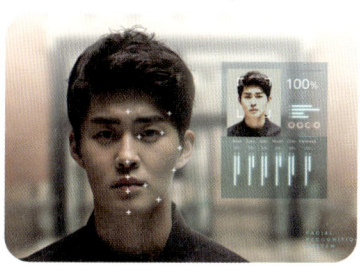
생체 인식 기술

가상 융합 세계(메타버스)

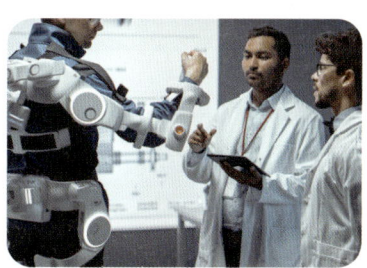
착용 스마트 기기

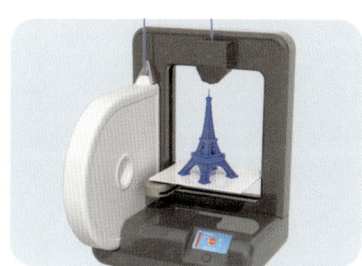
3D/4D 프린터

Reading 16-2

읽기

읽어 보세요 1

준비

1 **아래의 책에서 다루는 내용은 무엇일지 이야기해 보세요.**

불안한 미래, 행복한 미래

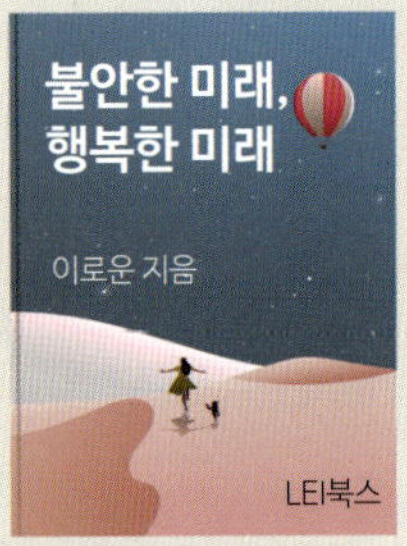

★★★★★ 5.0 | 네티즌 리뷰 1건

저자 이로운 LEI북스 20△△. 7. 10.

페이지 120 ISBN 8111234567890 판형 규격 외 변형

(도서) **16,200원** ~~18,000원~~ -10%

책 정보 | 출판사 서평 | 네티즌 리뷰 | 가격 정보

책 소개

《불안한 미래, 행복한 미래》는 각 분야의 전문가를 인터뷰한 내용을 정리하여 쉽게 풀어 쓴 미래 예측 서적이다.

목차

프롤로그 2050년 어느 날, 로아의 하루

1부 불안: 과학 기술의 그림자

14 과학 기술의 숨겨진 이면
20 일자리 감소와 윤리적 문제
40 과학 기술의 통제와 부작용

2부 행복: 융합을 통한 나아감

57 과학 기술과 생활의 편의
70 환경 문제의 해결
86 질병 극복과 인공 장기
98 우주 개발과 지속 가능한 미래

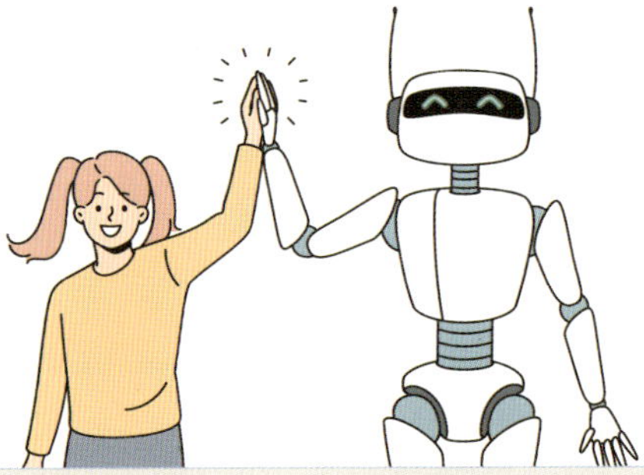

읽기 | 다음은 미래에 대한 책을 추천하는 글입니다. 글을 읽고 질문에 답해 보세요.

추천 도서

불안한 미래, 행복한 미래

10년이면 강산도 변한다고 **했던가**. 그런데 요즘은 10년이 아니라 1년에도 강산이 수십 번씩 바뀌는 것 같다. 몇 년 전만 해도 존재조차 몰랐던 기술이 등장하고, 전문가만 알던 기술들이 일반인 사이에서도 화두가 되고 있다. 인공 지능(AI), 빅 데이터, 융합 현실(MR), 테라포밍 등 이해하기조차 어려운 개념으로 가득 찬 사회에서, 기술 혁명이 우리 삶에 축복일지 재앙일지에 대한 명확한 답은 누구도 제시하기가 어렵다.

신간 《불안한 미래, 행복한 미래》(이로운, LEI북스)는 저자가 각 분야의 전문가들을 인터뷰한 내용을 정리하여 쉽게 풀어 쓴 교양서이다. 분야별로 구성된 다른 미래 예측 서적과 달리 이 책은 미래에 대한 비관적 관점과 낙관적 관점을 동시에 진단하고, 기술의 진보와 사회적 논의를 통해 미래의 도전 과제를 풀어 나갈 수 있다는 청사진을 제시하고 있다.

1부 '불안: 과학 기술의 그림자'에서는 생명 공학 기술의 악용, 빅 데이터 사회의 사생활 침해, 핵무기 개발 등의 이야기를 통해 과학 기술에 대한 지나친 낙관을 경계한다. 또한 인공 지능으로 인한 일자리 감소와 윤리적 문제를 다루고, 과학 기술의 방향과 속도를 인간이 적절히 통제하지 못했을 때 나타날 수 있는 부작용을 보여 준다.

2부 '행복: 융합을 통한 나아감'에서는 가까운 미래에 현실이 될 4차 산업 관련 기술을 자세히 소개하며 긍정적인 미래의 모습을 그리고 있다. 우선 생활을 편리하게 해 주는 인공 지능, 자율 주행차, 사물 인터넷 등을 다루고, 이어서 환경 문제를 해결하기 위한 기술인 대체 에너지와 기상 조절 기술, 질병을 극복하기 위한 유전 의학, 인공 장기 등을 다룬다. 다음으로 우주 개발 부분에서는 위성 탐사, 화성 프로젝트 등을 소개한다. 우주 개발을 하지 **않고서는** 인류의 지속 가능한 미래가 불투명할 것이라고 보기 때문이다. 또한 이 책은 단편적인 기술을 전하는 데 그치지 않고, 미래는 각 분야가 독자적으로 발전하는 것이 아니라 서로 협력·통합하면서 시너지 효과를 내는 '융합의 시대'임을 강조한다.

이 책은 전문가들의 의견을 모아서 일반인의 눈높이에 맞춰 재구성한 미래 예측 서적이라는 데에 그 의미가 있다. 특히 미래의 어느 평범한 직장인의 일상으로 시작하는 프롤로그는 상상력을 자극해 독자가 금세 책에 몰입하게 한다. 수없이 쏟아지는 정보와 개념, 하루가 다르게 발전하는 기술 속에서 미래에 대한 막연한 불안감이 앞선다면 지금 바로 이 책을 펼쳐 보자.

중심 내용 파악하기

1 이 책은 어떤 내용입니까?

세부 내용 파악하기

2 이 글의 내용과 일치하면 ○, 일치하지 않으면 × 하세요.

1) 기상 조절 기술은 환경 문제를 해결하기 위한 것이다. (   )
2) 인공 지능 기술은 일자리 감소 문제를 해결할 수 있다. (   )
3) 인류의 지속 가능한 미래를 위해서 우주 개발이 필요하다. (   )

3 이 글에서 언급된 '융합의 시대'는 무엇을 의미합니까?

4 글쓴이는 어떤 사람에게 이 책을 추천하고 있습니까?

추론하기

5 다음 중 이 책의 1부에 들어갈 수 있는 내용을 고르세요.

① 인간 소외 및 생명 경시 풍조가 생긴다.
② 단순노동에서 해방되어 삶의 질이 향상된다.
③ 나노 로봇을 삽입하여 병을 진단하고 치료한다.
④ 실내에서 기후 변화와 무관하게 작물을 재배한다.

문법과 표현

동 형 -던가, 명 이던가 ☞ 19쪽
10년이면 강산도 변한다고 했던가.

동 -고서는 ☞ 19쪽
우주 개발을 하지 않고서는 인류의 지속 가능한 미래가 불투명할 것이다.

읽어 보세요 2

준비

1. 30년 후 여러분은 어떤 일을 하고, 어떻게 여가 시간을 보낼까요? 미래의 하루를 상상해 보세요.

2050년 어느 날, 로아의 하루

07:00 로아의 방이 서서히 밝아진다. 스마트 홈 시스템이 로아의 뇌파를 읽고, 정신이 들었다고 판단되면 알아서 커튼을 열고 불을 켜 준다. 아침 햇살을 맞으며 침대에서 잠깐의 여유를 즐기고 있으면 음성 인식 로봇 '뮤즈'가 로아에게 오늘의 일정을 알려 준다. 부엌으로 나오니 '오늘의 건강 식단'이 식탁 화면에 표시된다. 음식은 식탁 위에 있는 음식 전용 3D 프린터에서 생산된다.

09:00 아침 식사 후 로아는 컴퓨터를 켜고 화상으로 본사와 연결한다. 중요한 업무가 없는 한 재택근무를 한다. 오전 아홉 시부터 일을 시작해 오후 한 시가 되면 모든 업무가 끝난다. 인공 지능과 로봇 기술의 발전으로 인해 대량 실업의 위기를 맞자, 사회적 합의를 통해 주 20시간 노동 제도가 법으로 제정되었다. 그 대신 부족한 생활비는 기본 소득제를 통해 국가에서 지원받고 있다.

14:00 점심을 먹은 후, 드론으로 배달된 신선한 공기를 한 병 꺼내 문밖으로 나선다. 이 공기는 A 기업이 공해 없는 수직 농장에서 수집한 공기를 담아 파는 상품으로, 5년 전 판매를 시작하자마자 폭발적인 반응을 얻었다. 1층으로 내려가자 예약해 둔 무인 자율 주행차가 도착해 있다. 사람들은 더 이상 자동차를 개인적으로 소유하지 않는다. 기후 변화에 대한 위기감에 휘발유 자동차는 거리에서 사라진 지 오래고 사람들은 전기 차 공유 서비스를 통해 차가 필요할 때마다 예약해서 사용한다.

14:30 로아는 어머니가 입원해 계신 병원에 도착했다. 어머니가 얼마 전 큰 병에 걸리셨으나 크게 걱정하지 않는다. 불과 20년 전만 해도 치료하기 어려운 병이었지만 이제는 인공 장기를 이식하는 것이 일반화됐기 때문이다.

17:00 집으로 돌아오는 차 안에서 로아는 인공 지능 개인 교사에게 글쓰기 지도를 받는다. 빅 데이터 분석가인 로아는 융합 현실 게임 스토리 작가로 직업 전환을 고려하는 중이다.

18:00 집에 도착한 로아는 거주하고 있는 셰어 하우스의 공동 식당으로 향한다. 그곳에서 로아는 같은 집에 사는 하율이와 밥을 먹으면서 작년에 함께 다녀왔던 우주여행에 대한 이야기를 나눈다. 처음 우주선을 타고 암흑 속에서 빛나는 지구의 모습을 봤을 때 느꼈던 전율이 아직도 생생하다. 아직은 돈을 좀 더 모아야 가능하겠지만 이들은 생애 최초의 화성 여행을 꿈꾸고 있다.

19:00 저녁을 먹은 로아와 하율이는 셰어 하우스 안에 있는 쇼핑몰에 간다. 그러나 쇼핑몰이라고 해서 옷이 전시되어 있는 것은 아니다. 3D 안경을 쓰면 메타버스 공간에서 걸으며 옷을 구경하고 살 수 있다. 직접 입어 보지 않아도 본인이 입었을 때 어떤 모습일지 볼 수 있으며, 융합 현실을 통해 옷의 촉감을 느낄 수도 있다. 사고 싶은 옷을 고르고 결제를 하면 옆에 있는 3D 프린터에서 10분 만에 옷이 완성되어 나온다. 공간을 많이 차지하는 오프라인의 쇼핑몰은 이미 쇠퇴 단계에 접어들었다.

21:00 로아가 방에 돌아오자 방이 말끔히 청소되어 있다. 가사 로봇 '깔끔'이 로아가 벗어 놓은 옷을 집어 세탁기에 넣는다. 로아는 피곤한지 그대로 침대에서 잠이 든다. 조명이 자동으로 꺼지면서 로아의 하루는 마무리된다.

글의 성격 파악하기

1 이 글의 성격은 무엇입니까?

① 미래 사회의 위험성을 경고한 글
② 미래 사회의 모습을 상상하여 쓴 글
③ 미래의 특정 과학 기술을 소개하는 글
④ 미래에 대한 글쓴이의 관점을 제시한 글

세부 내용 파악하기

2 시간대별로 나타난 미래 사회의 모습을 연결해 보세요.

시간		분류		기술
07:00	•	이동 수단	•	가사 로봇
09:00	•	식사 준비	•	음식 전용 3D 프린터
14:00	•	근무 형태	•	재택근무
14:30	•	질병 치료	•	우주여행
17:00	•	휴가, 여행	•	자율 주행차
18:00	•	가사 노동	•	가상 현실 쇼핑몰
19:00	•	쇼핑	•	인공 장기 이식
21:00	•	교육	•	인공 지능 교사

3 로아가 사는 시대에 사람들이 주당 20시간만 일하게 된 이유는 무엇입니까?

4 이 글의 내용과 일치하는 것을 고르세요.

① 로아는 작년에 화성 여행을 다녀왔다.
② 로아는 직업을 바꾸기 위해 준비 중이다.
③ 로아는 무인 자율 주행차를 소유하고 있다.
④ 로아는 건강을 위해 아침 식사를 직접 준비한다.

추론하기

5 로아가 사는 시대의 신문 표제로 볼 수 <u>없는</u> 것을 고르세요.

① 함께 사는 로봇 1,000만 시대
② 화성 여행 상품 최다 판매 기록
③ 주 20시간 근무 제도 법안 통과
④ 서울 최대 복합 쇼핑몰 개장, 인파 몰려

이야기해 보세요

1 미래에는 과학 기술의 발달로 인간의 삶이 많이 바뀔 것입니다. 이러한 미래에 대해 여러분은 낙관적입니까? 아니면 비관적입니까? 여러분의 의견을 그 이유와 함께 이야기해 보세요.

2 '2050년 어느 날, 로아의 하루'에 나온 기술 중에 여러분이 가장 이용해 보고 싶은 것은 무엇입니까?

쓰기

📝 2050년의 가상 일기를 써 보세요.

준비해 보세요

1. '2050년' 하면 무엇이 떠오르는지 이야기해 보세요.

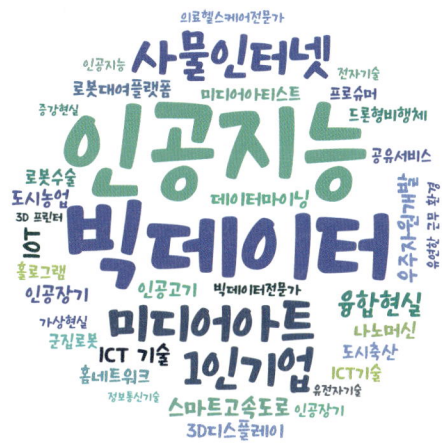

2. 일기에는 어떤 내용이 포함되어야 합니까? 더 필요한 것이 있으면 이야기해 보세요.

☐ 시간 ☐ 장소 ☐ 일어난 일 ☐ 느낌이나 생각

연습해 보세요

Writing 쓰기

1 시간과 장소에 따른 현재의 모습을 쓰고 미래의 모습을 예상해서 써 보세요.

보기		현재	미래
집	아침	스마트폰의 알람을 듣고 깬다.	아침 7시가 되면 방이 자동으로 밝아지며 햇살이 들어온다. 음성 인식 로봇이 나를 깨운다.
	점심	마트에서 산 소고기와 채소를 먹는다.	소의 줄기세포를 배양해 만든 인공 고기를 먹는다. 옥상의 수직 농장에서 재배한 채소를 먹는다.
	저녁	텔레비전이나 스마트폰으로 영화를 본다.	가상 현실, 증강 현실, 3D 디스플레이를 통해 입체 영화를 관람한다.
언어 교육원	수업 전	버스를 타기 위해 버스 정류장에서 기다린다.	스마트 안경을 쓰고 메타버스에 접속한다.
	수업 중	교실에서 수업한다. 종이책을 사용한다.	메타버스 세계에서 선생님, 친구들을 만난다. 종이를 전혀 쓰지 않는다.
	수업 후	컴퓨터로 숙제하고 온라인 강의실에 업로드한다.	디지털 패드에 숙제를 하면 자동으로 업로드된다.
그 외		비행기를 타고 세계 여행을 한다.	초고속 자기 부상 열차를 타고 세계 여행을 한다.

		현재	미래
집	아침		
	점심		
	저녁		
언어 교육원	수업 전		
	수업 중		
	수업 후		
그 외			

써 보세요

1 다음과 같이 미래 모습에 대해 생각해 보세요.

미래의 '나' 상상하기	20년 뒤 나는 어떤 모습일까? 미래의 내 가족은 누구일까? 나는 어떤 삶을 살고 있을까? 여가 시간에는 무엇을 하고, 어떤 문화생활을 즐길까?
미래의 '사회' 상상하기	미래의 주거는 어떤 모습일까? 미래의 교육은 지금과 어떻게 다를까? 미래의 자연환경은 어떻게 달라졌을까? 미래의 의료 기술은 얼마나 발전했을까?

2 2050년 어느 날, 여러분의 하루를 시간의 흐름에 따라 상상해 보고 보기와 같이 개요를 작성해 보세요.

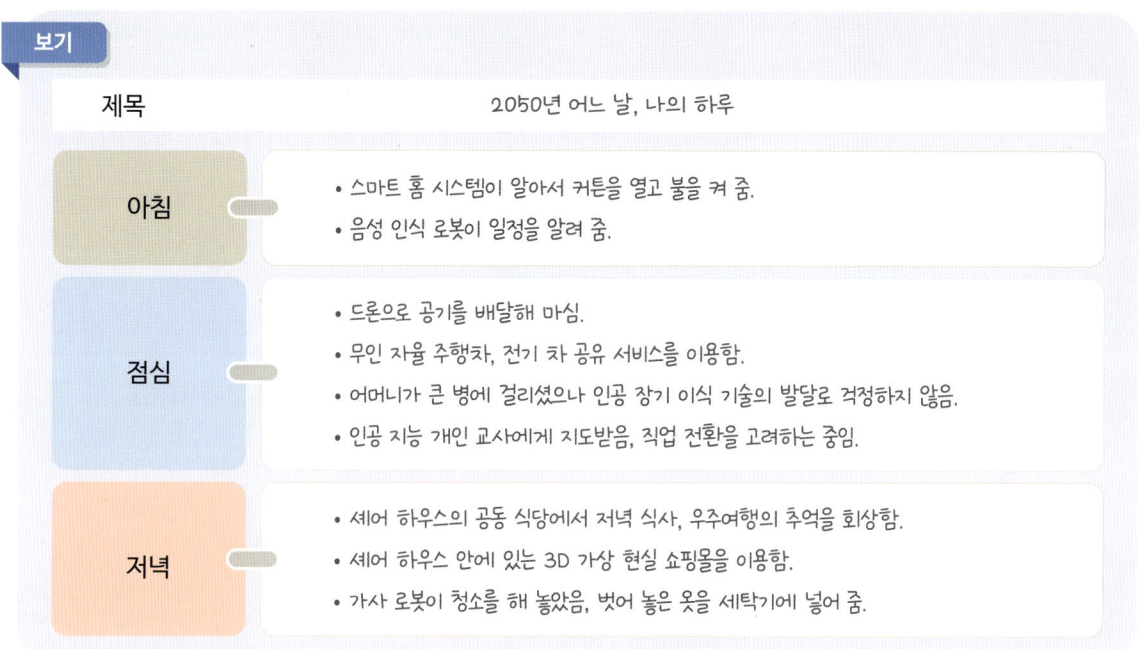

3 개요를 바탕으로 2050년 어느 하루의 가상 일기를 써 보세요.

16-1. 인류의 과제

주제 어휘

국제(國際) 협력(協力)을 강화(强化)하다 [혐녁]
여러 나라가 서로 돕는 정도를 높이다.
지구 온난화를 해결하기 위해서는 국제 협력을 강화해야 한다.
to strengthen international cooperation

기아(飢餓)에 허덕이다
굶주림 때문에 힘들어하다.
4년째 지속된 전쟁으로 인해 500만 명의 아이들이 기아에 허덕이고 있는 것으로 나타났다.
to struggle from starvation

대체(代替) 에너지 사용(使用)을 확대(擴大)하다
화석 연료를 대신하는 에너지를 이용하는 규모를 더 크게 하다.
환경 오염을 줄이기 위해서는 대체 에너지 사용을 확대해야 한다.
to expand the use of alternative energy

빈곤(貧困)을 퇴치(退治)하다
가난하여 살기가 어려운 상태를 없애다.
가수 A 씨는 빈곤을 퇴치하려는 목적으로 콘서트 수익금 전액을 기부했다.
to eradicate poverty

생물(生物)의 다양성(多樣性)이 감소(減少)하다
생태계에서 생물의 유전자 등 다양한 특징이 줄어들다.
인간의 극심한 생태계 파괴로 멸종 위기에 놓인 종이 급증하면서 생물의 다양성이 감소하고 있다.
biodiversity decreases

생태계(生態系)가 파괴(破壞)되다
생물이 살아가는 환경 또는 체계가 무너지고 깨지다.
무분별하게 바닷속 생물을 잡아서 바다의 생태계가 파괴되고 있다.
ecosystem be destroyed

수자원(水資源) 확보(確保)가 위협(威脅)받다
농업, 공업 등에 쓰거나 에너지를 만드는 데 자원으로 쓰는 물이 부족해지는 상황에 놓이다.
불확실한 기후 변화로 강수량이 적어지면서 안정적인 수자원 확보가 위협받고 있다.
securing water resources be threatened

식량난(食糧難)을 겪다
먹을 것이 모자라서 생기는 어려움을 겪다.
우리 나라는 가뭄이 몇 년째 계속되어 식량난을 겪고 있다.
to suffer from food shortages

신재생(新再生) 에너지 사용(使用)을 확대(擴大)하다
햇빛, 물, 바람 등의 재생 가능한 에너지를 이용하는 규모를 더 크게 하다.
지속 가능한 에너지 공급 체계를 구축하기 위해 신재생 에너지 사용을 확대하기로 했다.
to expand the use of new renewable energy

온실가스(溫室gas)를 감축(減縮)하다
지구 대기의 온실 효과를 일으키는 가스를 줄이다.
개개인이 일상생활에서 온실가스를 감축하는 방법에는 장바구니 사용하기, 안 쓰는 플러그 빼 놓기 등이 있다.
to reduce greenhouse gas

일회용품(一回用品) 사용(使用)을 규제(規制)하다
규칙이나 규정을 통해, 한 번만 쓰고 버리게 되어 있는 물건을 쓰는 한도를 정하거나 그 한도를 넘지 못하게 막다.
카페에서 플라스틱 빨대를 사용하지 못하게 하는 등 일회용품 사용을 규제하는 여러 법이 제정되었다.
to regulate the use of single-use items

자원(資源)이 고갈(枯渴)되다
생활하는 데 사용되는 원료가 모두 사용되어 없어지다.
깨끗한 물, 숲, 맑은 공기 등 우리의 삶을 지탱해 주는 자원이 고갈되고 있다.
resources be depleted

지속(持續) 가능(可能)한 발전(發展)을 추구(追求)하다
미래 세대가 그들의 필요를 충족할 수 있는 능력을 해치지 않으면서 현재 세대의 필요를 충족하는 발전을 추구하다.
국제연합(UN)은 지속 가능한 발전을 추구하기 위한 열일곱 가지 항목을 제시하였다.
to pursue sustainable development

지역(地域) 먹거리 소비(消費)를 장려(奬勵)하다
시민에게 거주 지역 주변에서 생산된 음식이나 농작물을 사 먹도록 권장하다.
B시는 주민들에게 로컬 푸드의 장점을 홍보하며 지역 먹거리 소비를 장려하고 있다.
to encourage local food consumption

직거래(直去來)를 활성화(活性化)하다
물건을 팔 사람과 살 사람이 중간 단계를 거치지 않고 직접 거래하는 경우를 늘리다.
생산자와 소비자 사이 직거래를 활성화하면 소비자는 보다 싼 가격에 농산물을 살 수 있게 된다.
to boost direct trade

탄소(炭素) 중립(中立)을 실천(實踐)하다
탄소를 배출하는 만큼 탄소를 흡수하는 조치를 취하여 실질 배출량을 '0'으로 만드는 일을 실제로 행하다.
플라스틱 빨대 사용을 줄이거나 대중교통을 이용하는 등 일상에서 탄소 중립을 실천할 수 있는 방법은 얼마든지 있다.
to practice carbon neutrality

탄소(炭素) 중립(中立)을 이행(履行)하다
탄소를 배출하는 만큼 탄소를 흡수하는 조치를 취하여 실질 배출량을 '0'으로 만드는 일을 행동으로 옮기다.
P 기업은 탄소 중립을 이행하기 위해, 온실가스의 총량을 뜻하는 '탄소 발자국'을 줄일 계획을 세웠다.
to carry out carbon neutrality

듣기

들어 보세요 1

개화(開花)
명 풀이나 나무에 꽃이 핌.
봄이 되면 많은 나무의 개화가 시작된다.
blooming

귀빈(貴賓)
명 귀한 손님.
행사장에 귀빈을 위한 특별석을 마련하였다.
Very Important Person (VIP)

극심(極甚)하다
형 매우 심하다.
올해는 매우 극심한 가뭄을 겪고 있다.
to be severe

기상 이변(氣象異變)
보통 지난 30년간의 기상과 아주 다른 기상 현상.
세계 곳곳에 기상 이변으로 인한 피해가 일어나고 있다.
extreme weather

기조연설(基調演說)
명 국회, 학술 대회 등에서 중요 인물이 기본 취지나 정책, 방향에 대하여 설명하는 연설.
먼저 회장님의 기조연설로 학술 대회를 시작하겠습니다.
keynote speech

등한시(等閑視)되다
동 소홀하게 보아 넘겨지다.
빠른 경제 성장에 집중하는 동안 환경 보호는 등한시되었다.
to be neglected

물려주다
동 부모님이나 앞 세대가 재산, 직업, 지위 등을 전해 주다.
음식점을 운영하던 김 씨는 자기 딸에게 음식 조리법과 함께 가게를 물려주었다.
to pass on

빈민(貧民)
명 가난한 사람.
도시의 빈민 문제를 해결하기 위해 정부가 새로운 정책을 내놓았다.
poor person

수렵(狩獵)
명 산이나 들의 동물을 잡는 일.
산에 사는 야생 동물의 수렵은 금지되어 있다.
hunting

오남용(誤濫用)
명 어떤 물건이나 수단을 잘못 사용하거나 일정한 한도를 넘어서 함부로 씀.
약의 오남용은 인체에 부작용을 줄 수 있다.
misuse and abuse

온실 효과(溫室效果)
대기 중의 수증기, 이산화탄소, 오존 등이 지표면에서 우주 공간으로 향하는 열을 대부분 흡수하여 지표면의 온도를 높게 유지하는 작용.
온실 효과 자체는 인류가 지구에 사는 데 도움이 되지만, 문제는 온실 효과가 적절한 한도를 넘어서서 지구가 필요 이상으로 더워지는 것이다.
greenhouse effect

재단(財團)
명 일정한 목적에 바친 재산을 개인 소유로 하지 않고 독립된 것으로 운영하기 위하여 법률적으로 구성된 법인.
재단 법인은 학교를 운영하기 위해 설립된 경우가 많다.
foundation

지체(遲滯)하다
동 때를 늦추거나 미루다.
기차 시간이 다 되었으니 지체하지 말고 와.
to delay

채집(採集)
명 널리 찾아서 얻거나 잡아 모으는 일.
해녀들은 전복, 미역 등의 채집을 통해 번 돈으로 생계를 꾸려 나가고 있다.
collecting

척추동물(脊椎動物)
명 척추를 가지고 있는 동물을 아울러 가리키는 말.
흔히 '동물'이라는 단어를 들었을 때 떠오르는 동물들은 대부분 척추동물이다.
vertebrate

톡톡히
부 비판이나 망신, 꾸중 등의 정도가 심하게.
그는 아는 척하다가 톡톡히 망신을 당했다.
harshly

들어 보세요 2

기준치(基準値)
명 어떤 상태를 판정하는 기준이 되는 수치.
미세 먼지가 기준치를 초과하는 날에는 밖에 안 나가는 것이 좋다.
standard

도심지(都心地)
명 도시의 중심이 되는 구역.
도심지에는 주로 회사가 모여 있어서 밤이 되면 사람이 별로 없다.
downtown (area)

방부제(防腐劑)
명 미생물의 활동을 막아 물건이 썩지 않게 하는 약.
방부제를 넣으면 음식이 썩는 건 막을 수 있지만 인체에는 좋지 않은 영향을 줄 수 있다.
preservative

살충제(殺蟲劑)
명 사람과 가축, 농작물에 해가 되는 벌레를 죽이거나 없애는 약.
살충제는 인체에도 해로울 수 있으니 적당히 사용해야 한다.
pesticide

전력(電力)
명 전류가 단위 시간 동안 하는 일. 또는 단위 시간 동안 사용되는 에너지의 양.
전력 수요가 공급을 넘어서면 에너지 부족으로 인한 문제가 생기게 된다.
electric power

전력망(電力網)
명 발전소에서 여러 수요자에게 전력을 공급하기까지 그물처럼 얽힌 체계.
새로운 도시를 건설하려면 전력망을 먼저 구축해야 한다.
electrical grid

풍력 발전(風力發電) [발쩐]
바람으로 풍차를 회전하여 전기를 일으키는 방법.
풍력 발전의 장점은 공해가 전혀 없다는 점이다.
wind power generation

말하기

배기가스(排氣gas)
명 내연 기관 등에서 불필요하게 되어 배출하는 가스.
대기 오염을 줄이기 위해 기준치 이상의 배기가스를 배출하는 자동차를 시내에 들어오지 못하게 하는 제도가 도입되었다.
exhaust fumes

주범(主犯)
명 어떤 일에 대하여 옳지 않은 결과를 만드는 주된 원인.
스트레스가 모든 병의 주범이다.
main culprit

16-2. 4차 산업 혁명과 미래

주제 어휘

3D 프린터
입체적인 물품을 인쇄하는 장치.
A 바이오 기업이 3D 프린터로 사람의 세포를 이용한 신체 기관을 만드는 데 성공했다.
3D printer

4D 프린터
스스로 변형이 가능한 입체적인 물품을 인쇄하는 장치.
4D 프린터는 3D 프린터가 가지는 크기의 한계를 극복할 수 있는 장치이다.
4D printer

가상(假象) 융합(融合) 세계(世界)/메타버스
아바타(avatar)를 통해 실제 현실과 같은 사회, 경제, 교육, 문화, 과학 기술 활동을 할 수 있는 3차원 공간.
해외에서 수업을 듣는 학생들이 증가하면서 가상 융합 세계에서 입학식 행사를 진행하는 학교가 많아졌다.
virtual world/metaverse

기상 조절(氣象調節) 기술(技術)
날씨를 과학 기술로 조절하는 기술.
기상 조절 기술을 이용해 인공적으로 비가 내리게 했다.
weather control technology

생체(生體) 인식(認識) 기술(技術)
홍채, 지문, 음성 등 사람의 생체가 가지는 정보로 사람을 특정하는 기술.
앞으로는 공항에 생체 인식 기술을 도입해 여권 없이도 비행기를 탈 수 있는 시스템을 도입한다고 한다.
biometric recognition technology/biomatrix

수직(垂直) 농장(農場)
고층 건물의 각층에 농장을 만들어 농작물을 재배하는 시스템.
수직 농장의 장점은 토양과 물의 사용이 적고, 공간을 효율적으로 활용할 수 있다는 것이다.
vertical farming

스마트 홈
가정에서 사용하는 모든 가전제품과 전기 장치를 네트워크로 연결해 제어하는 기술.
A 업체는 "입주민이 편리한 생활을 누릴 수 있도록 스마트 홈 서비스를 강화하겠다."라고 밝혔다.
smart home

우주여행(宇宙旅行)
몡 지구를 벗어나 다른 행성을 구경하며 다니는 일.
이제는 우주여행을 연구하고 상품을 개발하는 민간 기업이 많이 생겼다.
space travel

인공 장기(人工臟器)
인간의 내장 기관을 못 쓰게 되었을 때 대신 사용하기 위해 만든 기계적 장치.
김민영 씨는 간암에 걸려서 자신의 간을 떼어 내고 임시로 인공 장기를 이식해 살고 있다.
artificial organ

자율(自律) 주행차(走行車)
운전자가 운전할 필요 없이 스스로 달리는 차.
자율 주행차가 개발된 이후 운전에 대한 개념이 바뀌었다.
self-driving car

착용(着用) 스마트 기기(器機)
옷이나 신발 등에 스마트 기능을 넣은 기기.
정보 통신 기술이 발전함에 따라 스마트 손목시계, 스마트 안경, 스마트 신발 등 착용 스마트 기기가 널리 쓰이고 있다.
wearable smart device

초고속(超高速) 자기 부상 열차(磁氣浮上列車)
자기력을 이용하되, 공기 저항을 최소화하여 굉장히 빠른 속도로 달리는 열차.
초고속 자기 부상 열차는 소음과 진동이 적다는 특징이 있다.
high-speed maglev train

화성(火星) 탐사(探査)
태양에서 넷째로 가까운 행성인 화성을 탐험함.
화성에 생명체가 사는지, 화성의 고대 환경은 어땠는지 조사하는 화성 탐사가 진행 중이다.
Mars exploration

읽기

읽어 보세요 ❶

10년(10年)이면 강산(江山)도 변(變)한다
세월이 흐르면 모든 것이 다 변하게 된다는 뜻을 나타내는 속담.
10년이면 강산도 변한다는데 민호는 전혀 변화가 없다.
time changes everything

경시(輕視)
몡 대수롭지 않게 여기거나 무시함.
전통문화 경시 현상을 없애기 위해 시민 단체에서 전통문화의 장점을 홍보하고 있다.
disregard

교양서(敎養書)
명 교양을 쌓는 데 도움이 되는 책.
대학생 때는 전공 공부도 중요하지만, 교양서를 많이 읽는 것도 미래에 도움이 된다.
liberal arts book

그림자
명 어떤 사물이나 현상의 어두운 면.
빈부 격차는 급속한 경제 성장의 그림자이다.
shadow

눈높이에 맞추다
청자나 상대방의 수준에 맞추다.
초등학교 선생님인 다솜 씨는 아이들의 눈높이에 맞춰 어려운 개념을 설명하고 있다.
to be at eye level

단편적(斷片的)
관/명 전반에 걸치지 않고 한 부분에 국한된 (것).
단편적인 부분만 보고 사람을 판단하면 안 된다.
partial

막연(漠然)하다
형 뚜렷하지 못하다.
준비도 하지 않고 무조건 잘될 것이라고 생각하는 막연한 기대는 실패를 불러올 것이다.
to be vague

무관(無關)하다
형 관계나 상관이 없다.
저는 그 사건과 무관합니다.
to be irrelevant

불투명(不透明)하다
형 앞으로의 움직임이나 미래의 전망 등이 예측할 수 없고 분명하지 않다.
민준이는 불투명한 자신의 미래 때문에 고민이 많다.
to be uncertain

생명 공학(生命工學)
생명 현상, 생물 기능을 인공적으로 조작하는 기술을 아울러 가리키는 말.
생명 공학은 의료나 공해 방지 등에 사용되고 있다.
bioengineering

서적(書籍)
명 글이나 그림 등을 인쇄하여 묶어 놓은 것.
이 출판사는 학습 서적 출판을 전문으로 한다.
book

이면(裏面)
명 겉으로 나타나거나 눈에 보이지 않는 부분.
저출산 문제의 이면에는 성차별 문제가 자리하고 있다.
on the other side

청사진(靑寫眞)
명 미래에 대한 희망적인 계획이나 구상.
정부는 국민을 설득하기 위한 청사진을 선보였다.
blueprint

통합(統合)하다
동 둘 이상의 조직이나 기구 등을 하나로 합치다.
김민석 회장은 자신의 회사와 친구의 회사를 통합하여 하나의 기업으로 만들었다.
to consolidate

풍조(風潮)
명 시대에 따라 변하는 분위기나 추세.
경제 발전으로 풍요로운 시대를 맞이하면서 과소비 풍조가 생겼다.
trend

핵무기
명 핵반응으로 생기는 힘을 이용한 무기.
핵무기는 인류에게 치명적인 결과를 초래할 수 있으므로 사용되어서는 안 된다.
nuclear weapon

읽어 보세요 2

뇌파(腦波)
명 뇌의 활동에 의하여 일어나는 전류.
뇌파를 분석해서 뇌 질환의 원인을 밝혀내는 연구가 진행 중이다.
brainwave

말끔히
부 먼지 하나 없이 깨끗하게.
성호는 손님들이 오기 전에 집 안을 말끔히 청소했다.
neatly

본사(本社)
명 중심이 되는 회사를 가리키는 말.
내가 다니는 회사의 본사는 중국에 있다.
headquarter

불과(不過)
부 그 수량에 지나지 않는 상태임을 가리키는 말.
오늘 출석한 학생은 불과 세 명뿐이었다.
just

쇠퇴(衰退)
명 기세나 상태가 전보다 못하여 감.
디지털 기술이 발전하면서 기존 산업의 쇠퇴로 일자리를 잃는 사람이 많아졌다.
decline

암흑(暗黑)
명 어둡고 캄캄함.
그곳은 불빛 하나 없는 암흑이었다.
darkness

인파(人波)
명 한곳에 몰려든 수많은 사람.
휴가철에는 바닷가에 인파가 몰려든다.
crowd

촉감(觸感)
명 외부의 자극이 피부 감각을 통해서 전해지는 느낌.
이 옷은 촉감이 매우 부드럽다.
touch

화상(畫像)
명 모니터 등의 화면에 나타나는 모습.
우리 회사는 화상으로 회의를 많이 하는 편이다.
video

쓰기

입체 영화(立體映畫)
화면이 입체감을 갖도록 만든 영화.
3D 영화 등의 입체 영화는 특수한 디스플레이나 장치가 있어야 볼 수 있다.
3D (dimensional) movie

서울대 한국어+

6B

부록

듣기 지문
모범 답안
어휘 색인
참고 자료

9. 나눔과 참여

듣기 1

해설자: "바보라는 말을 들으면 그 인생은 성공한 것입니다. 그리고 인생의 승리는 사랑하는 자에게 있습니다."
평생 '바보 의사' 소리를 들었을 정도로 희생하는 삶을 살다 간 의사가 있다. 의술이 아닌 인술을 펼친 것으로 유명한 장기려 박사가 그 주인공이다. 장기려 박사는 의학 박사 학위를 취득한 후에 부와 명예를 누릴 수 있는 자리를 마다하고 평양의 한 병원에서 진료를 시작했다. 그러던 중 한국 전쟁이 발발해, 그는 가족과 헤어져 둘째 아들만 데리고 먼저 부산으로 피난하게 된다. 그곳에서 장기려 박사는 의료 시설이 부족하고 진료 비용이 비싼 탓에 병원에 오지 못하는 환자들을 불쌍하게 여겨 천막을 치고 무료 진료소를 개설했다.

환자: 장 박사님은 언제나 환자를 먼저 생각하는 분이셨어요. 돈이 없어도 아프면 걱정 없이 찾아갈 수 있었죠. 정말 감사해요. 사람들은 장 박사님을 바보라고 하는데 제가 봤을 때 그분은 성인이에요.

해설자: 이후 천막 진료소는 건물을 지어 복음병원이 되었다. 그러나 장기려 박사는 그 시설을 유지하기 위해 가난한 환자에게까지 돈을 받아야 한다는 사실에 마음 아파했다. 그래서 돈이 없어 진료를 못 받는 환자들 대신 치료비를 내 주곤 했다. 영양실조에 걸린 환자에게 자기 돈으로 닭 두 마리를 처방해 준 일, 돈이 없는 환자를 위해 도망가라고 몰래 뒷문을 열어 준 일은 유명한 일화이다.

병원 관계자: 장기려 박사는 자기 환자를 금전적으로 도와주는 데 그치지 않고, 더 많은 환자가 돈 걱정 없이 진료받기를 원했다고 합니다. 그 목적으로 시작된 것이 '청십자의료보험조합'입니다. 소액의 보험료만 내고 진료를 받을 수 있게 한 것이죠.

해설자: 다른 무엇보다 환자를 먼저 생각한 장기려 박사. 이러한 태도는 그의 삶에서도 그대로 나타났다. 가장 대표적인 것이 이산가족 상봉의 기회를 거절한 일화이다. 정부에서 그를 특별히 이산가족 상봉자 명단에 넣어 주겠다고 하자, 그는 자신이 그런 특혜를 받으면 더 절실한 사람에게 기회가 돌아가지 않는다며 거절했다. 결국 그는 그리운 아내와 자식들을 만나지 못하고 1995년 세상을 떠났다. 마지막에 그가 가지고 있던 **재산이라고는** 1,000만 원뿐이었는데 그마저도 자신의 간병인에게 주고 떠났다고 한다. 참된 인술을 펼치며 무소유와 박애 정신을 실천한 장기려 박사. 그의 삶의 태도는 그의 아들과 손자, 제자들이 이어받았으며 많은 의료인의 귀감이 되고 있다. 한 저명인사의 말처럼 그의 삶과 정신은 '흉내만 내도 좋을' 것이다.

듣기 2

리포터: 음악회라도 열린 걸까요? 아름다운 선율이 마을 곳곳에 울려 퍼지고 있네요. 바로 여기는 선한 영향력을 실천하고 있는 '꿈나무음악학교'입니다. 오늘은 '꿈나무음악학교'의 설립자 이효성 선생님을 만나 보겠습니다. 선생님, 안녕하세요?

선생님: 네. 안녕하십니까?

리포터: 아이들의 연주가 정말 수준급인데요. 먼저 '꿈나무음악학교'가 어떤 단체인지 소개 부탁드립니다.

선생님: 저희 단체는 소외 계층과 음악의 아름다움을 나누고자 은퇴한 음악 교사들이 모여서 설립하였습니다. 음

|리포터:|악 교육을 받기 어려운 상황에 있는 아이들에게 무료로 음악을 가르치고, 아이들과 자원봉사자들이 함께 자선 음악회를 열어 수익금을 지역의 소외된 이웃을 위해 기부하는, 일종의 재능 기부 형식으로 운영되고 있습니다.|

리포터: 네. 그럼, 이 일을 하게 된 계기가 있으신가요?

선생님: 우리는 "꿈은 이루어진다"라며 아이들에게 꿈과 희망을 품으라고 이야기합니다. 하지만 "과연 우리 사회가 아이들이 꿈을 이룰 수 있는 세상인가"라는 질문에 대한 답은 회의적입니다. 최근 통계청 자료에 의하면 국내 빈곤 아동은 약 17만 명에 달한다고 합니다. 조손 가정의 수도 계속 증가해 2035년에는 35만 가구에 이를 거라는 전망이고요. 정부에서 기초 생활 보장 제도 등을 통해 경제적 지원을 하고 있지만, 아이들이 마음껏 꿈을 펼칠 수 있는 여건을 만들기에는 역부족입니다. 이와 같은 상황에서 아이들을 위해 무슨 일을 할 수 있을까 고민하다가 제가 가진 재능을 나누기로 마음먹었습니다. 처음 학교를 설립한다고 했을 때는 이런 노력이 과연 아이들에게 도움이 될지 의구심을 품는 사람도 있었습니다. 하지만 전 이곳에서 음악을 배우며 표정이 밝아진 아이들을 많이 보았습니다. 그 아이들은 학교생활에도 자신감을 느끼게 되고 성적도 향상되었습니다. 지역 사회가 소외된 아이들에게 더 많은 관심을 가지고 다 함께 어울려 살려는 노력을 기울인다면 아이들도 꿈과 희망을 품고 소속감과 안정감을 느끼게 될 것입니다. 아이들을 향한 따뜻한 관심과 애정이 사회에 변화를 가져올 수 있다고 믿습니다.

리포터: 네. 요즘 재능 기부 사례가 언론에 많이 소개되고 있죠. 하지만 기부에 동참하고는 싶어도 재능이 부족하다며 주저하시는 분들이 계시는데요. 이런 분들께 어떤 말씀을 해 주고 싶으신가요?

선생님: 꼭 전문가 수준의 재능을 가진 사람만이 재능 기부를 할 수 있는 것은 아닙니다. 나누고자 하는 의지와 사명감 그리고 꾸준함만 있으면 누구나 할 수 있죠. 또 재능 기부를 베풀기만 하는 것으로 보는 분들도 계신데 실제로 저희 단체에서 활동하는 분들은 얻는 게 훨씬 더 많다고 입을 모아 이야기합니다. 은퇴 후 우울증에 시달리다가 자원봉사를 하면서 치유된 사례도 많고요. 우리의 작은 관심이 여러분 자신의 삶과 세상을 바꿀 수 있습니다. **바라건대** 모두가 행복해지는 세상을 만들어 가는 일에 더 많은 분이 동참했으면 좋겠습니다.

10. 변화와 도전

듣기 1

사회자: 얼마 전 영국의 공영 방송 BBC에서 한국어 단어인 '꼰대'가 소개되어 화제가 된 바 있습니다. 그 안에는 자신의 가치관을 아랫사람에게 강요하는 기성세대에 대한 청년들의 비판 의식이 담겨 있다고 합니다. 오늘은 기성세대와 청년 세대가 함께 모여 '꼰대' 열풍에 대한 생각을 나누어 보겠습니다. 《청년, 열정으로 살아라》의 저자 안병익 작가님, 청년네트워크 '희망우리' 김유정 대표님 함께합니다.

남성 패널, 여성 패널: 안녕하세요?

사회자: 먼저 안 작가님께 여쭙겠습니다. '꼰대'가 유행어가 된 현상에 대해 어떻게 생각하십니까?

남성 패널: 저희 세대는 사회 발전을 위해 열심히 달려왔는데, '꼰대'라는 소리를 듣고 **있자니** 사실 좀 억울하기는 합니다. 우리가 젊은 세대에게 조언하면 낡은 가치관을 고집한다고 비난받습니다. 우리의 살아온 경험을 나누어 젊은 세대들이 더 나은 삶을 살기를 바라는 마음을 왜 몰라주는지 답답할 따름입니다.

사회자:	그러면 김 대표님의 생각은 어떠신지요?
여성 패널:	문제는 기성세대가 자신이 살아온 삶의 경험만이 정답이고, 그와 맞지 않는 가치관은 교정해야 한다고 생각하는 것입니다. 조언이라고 말씀하시지만 기성세대의 가치관만 가지고 저희 세대가 원하지 않는 삶의 방식에 대해 이야기하는 건 조언이 아니라 강요라고 생각합니다.
남성 패널:	물론 우리가 젊었을 때도 위 세대들의 충고가 항상 달가웠던 것은 아닙니다. 그렇지만 우리 때는 적어도 그분들의 말씀을 존중하려고 노력했습니다. 나와 다른 생각을 한다고 무조건 틀렸다고 보지 말고 위 세대의 경험과 지혜를 존중해 줬으면 합니다.
여성 패널:	기성세대의 의견이 무조건 틀렸다고 말씀드리는 건 아닙니다. 다만 저는 젊은 사람들의 의견은 들으려고 하지도 않는 '일방적인 의사소통'이 문제라고 봅니다. 본인의 생각만 내세우지 말고 다른 사람의 의견도 경청해야 하는데, 그러지 않고 일방적으로 '내 말만 들어' 식의 의사소통을 한다는 것이 꼰대 담론의 핵심이라고 봅니다.
사회자:	작가님께서는 세대 갈등을 말씀하셨고, 대표님께서는 의사소통의 태도 문제를 지적하셨습니다. 그런데 사실 삶의 태도가 세대별로 달라진 것은 어제오늘의 일이 아닙니다. '꼰대'라는 단어 자체도 1960년대부터 쓰이던 말이고요. 그런데 요즘 젊은 세대의 가치관은 어떻게 다르기에 2010년대부터 이 단어가 이렇게나 널리 쓰이게 되었을까요?

듣기 2

사회자:	여러분은 '청년'이란 단어를 들으면 무엇이 떠오르십니까? 꿈, 낭만, 열정 등의 단어가 떠오르는 한편 취업, 경쟁, 스펙, 포기 등의 수식어도 따라붙습니다. 청년으로 살아가기 힘든 세상, 청년 문제에 대한 청년의 목소리를 들어 보는 시간을 갖도록 하겠습니다. 청년네트워크 '희망우리' 김유정 대표, 청년희망당 박호준 대표와 함께합니다.
남성 패널, 여성 패널:	안녕하세요?
사회자:	청년들이 겪는 문제에는 성별 및 세대 갈등, 주거, 일자리 등 여러 가지가 있을 텐데요. 이 중 가장 시급한 일자리 문제부터 이야기해 보겠습니다. 현재 청년 실업률은 역대 최고치를 경신하고 있습니다. 요즘 청년 세대가 기준을 너무 높이 잡고 대기업에만 들어가려고 하다 보니 실업률이 높아지는 한편 중소기업은 구인난을 겪고 있다는 분석이 있는데요. 이런 분석에 대해 어떻게 생각하십니까?
여성 패널:	요즘 애들은 눈이 높아서 대기업 타령만 한다는 비판적인 시각이 있는데요. 저는 동의하지 않습니다. 근무 조건이 양호하고 안정적인 중소기업이라면 저희도 가고 싶습니다. 그렇지만 중소기업은 임금이 적은 경우가 많아서 투잡이 필수라는 말이 있을 정도입니다. 그래서 많은 청년이 직장 생활 **하랴 아르바이트하랴** 바쁘게 살고 있습니다. 또한, 중소기업 근로자들은 근무 시간을 초과해서 일해도 제대로 보상받지 못하는 경우도 많습니다. 이렇게 자신의 노동력이 낮게 평가받는 곳에서 누가 일하고 싶겠습니까?
사회자:	네. 경기 성장이 둔화하며 양질의 일자리가 줄어든 것은 사실이죠. 고용 환경 개선을 위한 정부의 대책이 절실한 부분입니다. 한편, 양질의 일자리에 취업하더라도 청년 세대는 회식을 꺼리거나 정시에 퇴근하는 등 개인의 삶을 우선시하며 회사 일에는 상대적으로 열정을 덜 쏟는다는 비난을 받기도 합니다. 이런 비난에 대해서는 어떻게 생각하십니까?
남성 패널:	저는 청년 세대에 대한 그런 시선이 부당하다고 봅니다. 열정을 쏟는 대상이 굳이 회사일 필요가 있을까요? 저희는 기성세대가 회사에 목숨 바쳐 살고도 IMF 경제 위기로 하루아침에 일자리를 잃고 삶이 흔들

리는 것을 보고 자랐습니다. 회사에 충성을 다한다고 해서 회사가 꼭 직원을 지켜 주지는 않는다는 거죠. 회사에 충성하기보다는 일과 삶의 균형을 맞추면서 자기 계발에 시간을 투자하는 것이 더 현명하다고 봅니다.

11. 문학과 인생

듣기 1

진행자: 여러분, 안녕하십니까? '문학의 향기' 디제이 남수혁입니다. 오늘 초대석 시간에는 문학 평론가 이윤선 선생님을 모시고 '노래가 된 시, 시가 된 노래'라는 주제로 이야기를 들어 보겠습니다. 안녕하세요, 선생님.

평론가: 안녕하십니까?

진행자: 얼마 전 음원 차트를 휩쓴 케이 팝의 가사가 시에서 영감을 받아 만들어졌다고 해서 화제가 되었습니다. 선생님께서는 이러한 현상에 대해 어떻게 보십니까?

평론가: 네. 시에서 영감을 받아 작사를 하는 것은 매우 자연스러운 현상이라고 봅니다. 사실 시와 노래는 원래 하나였습니다. 조선 시대까지는 시를 노래에 얹어 부르는 경우가 종종 있었다고 하죠. 노래는 가사를 음정과 박자에 맞춰 부르는 것인데, 시에서도 운율이 중시된다는 점을 감안하면 서로 독립된 예술 분야가 아니라는 것을 알 수 있습니다. 게다가 노래 가사는 함축적이라는 점에서도 시와 공통점이 있습니다. 이런 관점에서 보면 우리가 매일 듣는 노래의 가사들도 모두 '시'라고 할 수 있죠.

진행자: 네. 그렇군요. 그런데 이렇게 영감을 받은 수준이 아니라 시 자체가 노래 가사가 된 경우도 많이 있지 않나요?

평론가: 네. 맞습니다. 윤동주 시인의 〈별 헤는 밤〉, 정호승 시인의 〈우리가 어느 별에서〉 등 이루 다 헤아리기 어려울 정도로 많은 명곡들이 있습니다.

진행자: 말씀을 듣고 보니 떠오르는 노래가 많네요. 김소월 시인의 〈진달래꽃〉이 록 음악으로 재탄생한 것도 신선한 충격이었던 것 같습니다. 그럼 선생님, 마지막으로 질문 하나 더 드리겠습니다. 몇 년 전 유명 가수가 노벨 문학상을 받으며 문학계에 큰 파장을 일으켰는데요, 선생님께서는 어떻게 생각하시는지요?

평론가: 네. 당시 '저항 정신을 가진 좋은 가사인 것은 인정하지만 작가가 아닌 가수에게 노벨 문학상을 주는 것이 맞느냐'는 의견과 '가사가 문학성을 갖추고 있기 때문에 충분히 수상 자격이 있다'는 의견이 대립했습니다. 양측의 의견 모두 일리는 있지요. 하지만 앞서 말씀드린 것처럼, 시는 원래 노랫말에서 출발했습니다. 디지털 시대에 들어서면서 문학의 정의가 달라지고 있는 지금, 감동과 즐거움을 주거나 지혜와 교훈이 담긴 콘텐츠라면 모두 문학의 범위에 포함해도 **될 성싶습니다.**

진행자: 네. 말씀 잘 들었습니다. 문학이 어렵거나 따분하다고 생각하는 분들도 계시지만, 사실 문학은 우리 삶 속에서 늘 우리와 함께해 왔다는 걸 선생님 말씀을 통해 깨닫게 됩니다. 오늘 말씀 감사합니다.

듣기 2

교사: 여러분, 어떠세요? 지금 감상한 시는 정희성 시인의 〈숲〉입니다. 정희성 시인은 산업화 과정에서 드러난 우리 사회의 여러 모순과 문제점을 절제된 감정과 차분한 어조로 써 내려간 작가로 알려져 있습니다. 그럼 이 시를 자세히 살펴보기 전에 문제를 하나 낼게요. 만약 여러분이 어린아이에게 '희망'이라는 단어의 뜻을 알려 줘야 한다면 어떻게 하는 것이 좋을까요?

남학생: 음, 그림을 그려서 보여 줄까요?

교사: 좋은 생각이에요. 그림을 그리는 것도 '희망'이라는 추상적인 개념을 구체화하는 한 방법이 될 수 있겠지요. 시도 이와 유사한 역할을 해요. 화가가 자신의 마음을 표현하기 위해 그림을 그려 구체화한다면, 시인은 언어를 통해 자신의 마음을 표현하는 거죠. 즉, 시는 언어로 그리는 그림이라고 할 수 있어요. 시어는 시인의 생각과 느낌을 구체화하는 장치를 통해 탄생하는데요, 비유와 상징 등을 활용하면 시인이 표현하고자 하는 바를 독자에게 좀 더 효과적으로 전달할 수 있습니다. 예를 들어 살펴볼까요? 우선 이 시의 제목인 '숲'이라는 단어를 들으면 무엇이 떠오르나요?

여학생: 하늘을 가릴 정도로 빽빽하고 울창한 나무들이 떠올라요.

남학생: 저는 '신비로움', '휴식', 이런 단어가 연상돼요.

교사: 네. 사람마다 '숲'이라는 단어에 대해 가지고 있는 느낌이나 생각은 다양하겠죠. 이 시에서 '숲'은 한 그루 한 그루의 나무가 모여서 이룬 공동체라는 상징적 의미를 지니고 있습니다. 조금 더 구체적으로 살펴보죠. 먼저 1행에서 4행까지는 나무들이 '숲'이라는 공동체 안에서 조화를 이루고 있음을 표현합니다. "제가끔 서 있어도 나무들은 숲이었어"라는 구절은 개인이 각자의 개성을 잃지 않으면서도 함께 어우러져 살아가는 이상적인 세상을 비유적으로 표현한 것입니다. 그럼 이 시에서 숲과 대조되는 공간은 어디일까요?

여학생: 음, '광화문 지하도' 아닐까요?

교사: 네. 맞습니다. '광화문 지하도'는 나무들이 조화를 이루고 사는 '숲'과 대비되는 공간으로, 복잡한 도심 속 삭막하고 각박한 현대인들의 삶의 공간을 상징합니다. 5행에서 7행까지는 숲을 이루며 조화롭게 살아가는 나무들과, 숲을 이루지 못하는 사람들의 모습을 대조적으로 그리고 있습니다. 8행부터 11행까지는 앞부분과 비슷한 구조인데, 7행의 '그들'을 '그대와 나'로 바꾸어 서로 소통하지 못하고 외롭게 살아가는 우리의 모습에 대한 성찰적, 비판적 태도를 드러냅니다.

남학생: 아, 동일한 구조를 반복해서 화자의 의도를 강조하는 거군요.

교사: 그렇죠. 반복법은 화자의 메시지를 강조할 뿐 아니라 시의 운율을 형성하기도 해요. 지금까지의 내용을 정리하자면, 이 시는 숲과 인간 사회의 대비를 통해 단절되고 고립된 삶을 살아가는 현대인의 모습을 그리면서 나무들이 모여 숲을 이루듯 우리도 서로 교감을 나누고 조화를 이루며 살았으면 하는 소망을 드러내고 있습니다. 저는 이 시를 읽고 **있노라면** 주변의 이웃에게 먼저 손을 내밀지 않았던 저 자신이 부끄러워지기도 하는데요, 여러분은 이 시를 읽고 난 후에 어떤 생각과 느낌이 들었는지 감상을 자유롭게 이야기해 볼까요?

12. 인간과 사회

듣기 1

해설자: 여러분은 일상생활에서 차별을 당하거나 목격한 적이 있습니까? 이 질문에 자신 있게 '아니요'라고 대답할 수 있을까요? 혹시 그런 경험이 바로 떠오르지 않는다면 다시 한번 주변을 잘 둘러보시기 바랍니다. 여러분 본인이 아니더라도 여러분의 가족, 친구, 동료, 이웃은 차별을 경험하고 있을 수도 있습니다. 예를 들어 여러분에게는 아무렇지도 않은 계단이 걷기 힘든 노인이나 휠체어를 탄 장애인에게는 불편함으로 다가올 것입니다. 그분들에게는 건물 입구에 경사로가 없는 것 자체가 차별로 느껴질 수 있습니다. 우리가 인식하지 못하는 곳에 차별은 늘 존재하는 것이죠.

그렇다면 한국 사회에서 가장 심각하다고 여겨지는 차별은 무엇일까요? L터사회여론연구소에서 성인 1,000명을 대상으로 이에 대한 시민들의 인식을 조사했습니다. 그 결과 '빈부 차별'이 32.6%로 1위를 차지했습니다. 그 뒤를 이어 '정규직과 비정규직 차별'이 15.8%, '지역 차별'이 14.7%, '성차별'이 11.4%로 나타났습니다. '학력 차별', '외국인 노동자 차별', '성 소수자 차별'이라는 응답도 각각 5.5%, 3%, 2.7%로 나타났습니다. 다시 말해, '소득이 낮고 지방에 사는 비정규직 여성'은 차별을 받을 가능성이 크다는 것이죠. 그리고 이 차별은 '소득이 높고 서울에 사는 정규직 남성'은 미처 인식하지 못할 확률이 높다고 정리할 수 있습니다.

그럼 어떻게 하면 이런 차별을 조금이라도 줄일 수 있을까요? 앞에서 예로 든 경사로의 경우, 한국에는 일정 규모 이상의 건물에 경사로를 설치하도록 하는 법이 마련되어 있습니다. 그런데 법이 있다고 해도 국민 개개인이 그 인식을 바꾸지 않으면 차별을 해소하기 어렵습니다. 장애인 편의 시설이 늘어나면 이른바 '비장애인'에게 불편한 점이 생길 수도 있겠지요. 그러나 '나와 다른 누군가'는 지금도 내가 모르는 불편과 차별을 겪고 있다는 인식을 갖는다면 차별 문제를 완화할 수 있을 것입니다.

듣기 2

사회자: 얼마 전 한국 여성이라면 누구나 한 번쯤 겪어 **봤을 법한** 다양한 성차별 문제를 다룬 영화가 개봉되어 큰 반향을 일으켰죠. 여성의 이야기를 그린 영화지만 남성들도 이 영화를 많이 봤다고 합니다. 영화의 메시지에 공감한다는 의견이 있는 한편 동의할 수 없다는 의견도 많아서 논란이 되었는데요. 오늘은 패널분들을 모시고 한국 사회의 성차별에 대한 의견을 들어 보도록 하겠습니다.

여성 패널: 안녕하세요? 저는 서울에 사는 대학생 이지민입니다. 혹자는 이미 성평등 시대가 되었다느니, 지금은 오히려 남성에 대한 역차별이 심하다느니 하면서 이 영화를 비판적으로 보기도 합니다. 하지만 저는 이런 의견에 반대하는 입장입니다. 여성의 사회 진출을 예로 들어 보면, 한국 기업의 임원 중에서 여성이 차지하는 비율은 4%에 불과하고, 심지어 여성 임원이 단 한 명도 없는 기업은 무려 67.8%에 달합니다. 고용률 역시 남성이 75.7%인 데 반해 여성은 57.8%에 불과합니다. 출산과 육아에 대한 정부의 지원이 미흡할 뿐만 아니라 여성은 남성보다 업무 능력이 떨어진다든지 결혼하면 업무에 소홀해진다든지 하는 편견이 아직도 존재하기 때문이죠. 여성에게도 동등한 기회를 주는 정책적 배려와 인식의 전환이야말로 이 시점에서 가장 필요한 것이 아닐까요?

사회자: 네. 한국 사회에는 여전히 성차별이 존재하며, 이를 극복하기 위해 제도적인 장치를 마련하고 편견을 없애야 한다는 말씀이시군요. 다른 분 의견도 들어 보겠습니다.

남성 패널: 안녕하세요. 저는 인천에 사는 40대 직장인 최시후입니다. 남성의 입장에서 저는 우리 사회가 여성만을 배려해야 한다는 데에 동의할 수 없습니다. 한국에서 남성들의 삶은 어떻습니까? 우선 20대에는 군대에 다녀와야 합니다. 여성이라고 해서 꼭 신체적으로 약한 게 아닌데 일반적으로 남성이 여성보다 강하다는 논리로 남성만 군대에 가야 하는 불공평한 현실인 거죠. 이렇게 국가를 위해서 국방의 의무를 수행하고 **왔건만**, 혜택을 받기는커녕 이미 취업 준비를 하고 있던 여성들과 경쟁해야 하는 현실이 기다릴 뿐입니다. 30~40대에는 결혼을 하고 한 집안의 가장으로서 생계를 책임져야 합니다. 물론 요즘에는 맞벌이 부부도 많지만, 가정 경제에 있어서 남성이 주된 역할을 해야 한다는 가부장적 인식은 아직 남아 있습니다. 그렇게 평생 가정을 위해 일해 오신 우리네 아버지의 은퇴 후 삶은 어떻습니까? 어머니와 자녀들은 친밀한 데 반해 아버지는 마음을 붙일 자리가 없어 홀로 외롭게 내몰리는 경우가 많습니다. 여성의 삶이 어려운 건 인정하지만 남성의 삶도 여간 어렵지 않습니다.

사회자: 말씀 잘 들었습니다. 두 분 모두 성평등이라는 같은 지향점을 갖고 계시는 것 같습니다. 성평등은 여성에게만 좋은 것이 아니라 남성, 기업, 국가의 입장에서도 이롭다고 하는데요, 그럼 이어서 어떻게 하면 서로의 견해 차이를 좁히고 성평등 사회를 만들어 갈 수 있을지 이야기해 보겠습니다.

13. 한국의 사회 문제

듣기 1-1

사회자: 최근 OECD에서 발표한 '삶의 질 보고서'에 따르면, 한국은 소득 수준이 꾸준히 높아지고 있고 고등 교육을 받은 인구의 비율이나 사회 안전 영역에 포함되는 여러 가지 객관적인 지표들도 상당히 개선되고 있는 것으로 나타났습니다. 그런데 여기에서 주목할 점은 삶의 만족도 관련 항목에서 여전히 점수가 낮다는 것입니다. 이는 행복하지 않다고 느끼는 한국인이 많다는 것을 의미합니다. 이런 결과에 대해 어떻게 생각하시는지 패널분들을 모시고 이야기해 보도록 하겠습니다.

남성 패널 1: 저는 한국인의 삶 만족도가 낮은 원인이 일하는 환경과 직접적으로 관련되어 있다고 봅니다. 근무 환경이 개선되고 있다고는 하지만 제가 보기에 한국은 여전히 근무 시간이 긴 편에 속합니다. 한국 노동자들은 OECD 평균 대비 200시간 정도를 더 일한다는 통계도 발표되었죠. 그리고 이런 장시간 노동을 이끄는 건 저임금입니다. 먹고살기도 힘든데 삶의 질이 높을 수 있을까요?

여성 패널 1: 저도 비슷한 생각입니다. 특히 삶의 여유 측면에서 정규직과 비정규직 간의 차이가 큰 것도 문제라고 봅니다. 근무 시간도 줄고 직원 복지 혜택도 많아졌다고는 하지만 모든 노동자들이 혜택을 누리고 있지는 못합니다. 비정규직 근로자들은 복지는 고사하고 언제 직장을 잃을지 모르는 불안감에 시달리고 있어 삶의 만족도가 낮을 수밖에 없죠.

여성 패널 2: 저는 좀 다른 관점에서 보고자 합니다. 한국인은 경쟁이 당연한 것처럼 여겨지는 사회에서 태어나 평생 비교와 경쟁을 벗어날 수 없습니다. '1등 지상주의, 학벌 지상주의, 외모 지상주의' 등도 모두 비교와 경쟁에 기반한 현상입니다. 경쟁을 부추기는 사회적 분위기와 끊임없이 타인과 자신을 비교하는 문화 속에서 삶의 만족도가 **높을 턱이 없습니다**.

남성 패널 2: 근무 시간이 길고 경쟁이 치열한 사회라는 말씀에는 일부 동의합니다. 하지만 지금의 한국 정부와 사회는 그러한 문제점을 인지하고 이를 해결하기 위한 방향으로 가고 있다고 생각합니다. 예를 들어 정부는 법적으로 주당 근무 시간을 제한하면서 최저 임금도 매년 인상하고 있습니다. 사회적 인식도 달라져서 이제는 일과 삶의 균형, 소위 '워라밸'을 인정하는 직장이 많아지는 추세입니다. 그럼에도 삶의 만족도가 낮은 이유는 삶의 질에 대한 잣대가 엄격해서 현실에 안주하지 않고 더 나은 사회를 만들어 가고자 하는 한국인의 특성 때문이라고 봅니다.

듣기 1-2

사회자 앞서 패널분들께서 한국인의 삶의 만족도가 낮은 원인에 대해 다양한 의견을 말씀해 주셨는데요, 지금까지 나온 의견은 크게 세 가지로 종합해 볼 수 있겠습니다. 먼저, 한국은 OECD 국가 평균 대비 근무 시간이 길고 임금이 낮아 삶의 여유가 없으며 비정규직들은 고용 불안정에 시달려 삶의 만족도가 낮을 수밖에 없다는 의견이 있었습니다. 다음으로 경쟁적인 사회 분위기 속에서 끊임없이 타인과 자신을 비교하는 문화 탓이라는 의견도 있었습니다. 한편 현실에 안주하지 않고 더 나은 삶을 추구하고자 하는 한국인들의 특성이 원인이라는 의견도 나왔습니다. 자, 그러면 이번에는 삶의 만족도를 높이기 위한 방안에 대해 의견을 나눠 보도록 하겠습니다.

남성 패널 1: 저는 제도 개선이 최우선이라고 봅니다. 최저 임금 인상이나 근무 시간 단축 등이 법적으로 보장되어 있지만 특수 고용 노동자나 프리랜서 등은 여전히 노동법의 사각지대에 있습니다. 또한, 제도가 마련되어 있어도 실제로는 그 권리를 누리지 못하는 경우도 많습니다. 예를 들어 남성의 육아 휴직이 법적으로 보장되어 있음에도 눈치가 보여서 육아 휴직을 사용하지 못하는 직원이 많습니다. 따라서 정부는 노동법의 사각지대에 놓인 노동자들을 보호하기 위한 사회적 안전망을 확충하는 한편, 당연한 권리를 행사하지 못하는 사람이 없도록 제도를 보완해야 합니다.

여성 패널 2: 저는 좀 다른 측면으로 접근할 필요가 있다고 생각합니다. 그동안 정부는 예산을 투입하고 제도를 마련하면 삶의 만족도 또한 올라갈 것으로 기대했으나 결과는 그렇지 않았습니다. 제도적 개선도 중요하지만, 사회 전반에 걸친 인식의 변화도 뒤따라야 하지 않을까요? 예를 들어 과정이 **어떻건 간에** 항상 1등만 주목받는 현실과 명문대, 대기업에 다니지 못하면 경쟁에 뒤처졌다고 느끼게 만드는 사회적 분위기를 바꿔야 합니다. 대학에서 학생을 선발하거나 기업에서 사원을 채용할 때도 성적순으로 뽑는 것이 아니라 분야에 맞는 다양한 인재를 포용하는 방식을 취한다면 과열 경쟁도 줄어들고 자연스럽게 삶의 질도 높아질 것이라고 생각합니다.

남성 패널 2: 제도의 개선과 사회적 인식의 변화가 필요하다는 두 분의 의견에도 일리가 있습니다. 하지만 저는 무엇보다 현재의 삶을 밝고 긍정적으로 바라볼 수 있는 분위기를 모두가 함께 조성해야 한다고 생각합니다. 한국이 다른 OECD 국가들에 비해 근무 환경이 상대적으로 열악한 것은 사실이지만 안전이나 기대 수명 등 다른 나라보다 더 높은 수치를 보이는 영역도 있습니다. 한국이 불행한 나라라는 점을 부각하기보다는 긍정적인 변화에 초점을 두고 부족한 점을 보완해 나가는 것이 중요하지 않을까요?

14. 건강과 과학

듣기 1

해설자: 2019년 12월, 코로나19 바이러스 첫 확진자가 발생했다. 2차, 3차 감염자가 발생하며 전 세계 곳곳에서 환자가 급증하기 시작했다. 이듬해 3월, 세계보건기구는 감염병 최고 경보 단계인 '팬데믹'을 선포하기에 이른다. 팬데믹은 우리 삶을 송두리째 바꿔 놓았다. 도시가 봉쇄되고 모임이 제한되면서 서비스 산업이 위축되고 일자리를 잃는 사람들이 속출했다. 우리는 과연 바이러스로부터 자유로워질 수 있는 것일까.

전문가: 지구상에는 약 160만 개의 바이러스가 존재합니다. 하지만 지금까지 인류에게 발견된 바이러스는 이 중 단 1%뿐이죠. 나머지 99%는 대부분 사람과 동떨어져 자신의 숙주와 공존하고 타협하며 살아갑니다. 어쩌면 그중 일부는 숙주의 영역을 확장할 기회를 엿보고 있을지도 모릅니다. 바이러스는 생물끼리의 접촉을 통해 퍼져 나가고, 옮겨 간 곳이 살기 적당하면 세포 안으로 들어가 증식할 채비를 갖춥니다. 사람을 비롯한 동식물은 물론이고 곰팡이 같은 미생물까지, 살아 있는 세포라면 가리지 않고 모조리 숙주 세포로 삼습니다. 문제는 바이러스로 인한 감염병이 인류에 심각한 위협이 되고 있다는 사실입니다. 20세기 최악의 감염병으로 알려진 스페인 독감은 약 5억 명을 감염시키고 5,000만 명가량의 목숨을 앗아 갔습니다. 1997년에는 조류 독감 바이러스가, 2009년에는 신종 플루 바이러스가 창궐했습니다. 이 밖에 사스, 에볼라, 지카, 코로나19 등도 모두 바이러스가 일으키는 감염성 질환입니다. 백신 접종을 통해 항체가 생기고 집단 면역이 생겨 감염병이 종식된다 해도 변이 바이러스가 재출현할 가능성은 여전히 남아 있습니다.

해설자: 인류와 바이러스 간의 전쟁에서 우리가 눈여겨봐야 할 대목은 우리에게 치명적인 바이러스가 사람과 동물을 오가며 전파된다는 점이다.

전문가: 사스와 코로나19 등은 모두 동물로부터 온 감염병입니다. 사람과 동물 간의 거리가 어느 정도 유지되면 바이러스가 인간 사회로 넘어오는 게 쉽지 않겠죠. 그러나 사람이 가축을 기르고 농작물을 심기 위해 야생 동물의 서식지를 파괴하면서 동물과의 접촉이 늘어 동물 바이러스가 인간에게로 전이될 가능성도 커졌습니다.

해설자: 폭발적인 인구 증가와 이동 확대로 바이러스의 전파 속도는 더 빨라졌다. 종간 장벽이 허물어지는 가운데 언제 어떤 바이러스가 출현할지는 누구도 예측할 수 없다. 지구의 **지배자인 양** 행세하는 인간은 수만 종의 생물체를 지구상에서 사라지게 하거나 서식지로부터 밀어냈다. 인류의 이런 오만이 멈추지 않는 이상 바이러스와의 전쟁은 끝나지 않을 것이다.

듣기 2

사회자: 안녕하십니까? '5분 시사 토론'의 김하중입니다. 인류의 평균 수명 연장과 건강 증진에 크게 공헌한 것 중 하나가 백신입니다. 그래서 정부는 생애 주기별로 다양한 종류의 백신 접종을 권장하며 무료로 지원하기도 하는데요. 최근 영유아 예방 접종이나 감염병 백신을 거부하는 사례가 늘면서 이를 둘러싼 논란이 일고 있습니다. 따라서 오늘은 '예방 접종 의무화 정책, 필요한가'라는 주제로 이야기를 나누어 보겠습니다. 먼저 예방 접종 의무화 정책에 반대하는 입장부터 말씀해 주시기 바랍니다.

여성 패널: 네. 저는 안전한예방접종모임 대표 장서은입니다. 우리 아이들은 태어나자마자 결핵 백신 접종부터 시작

	해 돌이 될 때까지 10회 이상의 예방 접종을 하는데요, 이것만 해도 과도하다는 생각이 듭니다. 그런데 일부 병원에서는 국가 필수 접종뿐만 아니라 가격이 비싼 선택 접종도 의무인 양 이야기하며 부모들에게 부담을 줍니다. 사실 이런저런 병원체를 몸에 넣고 병원체에 대한 저항력을 키우라는 것은 세상에 갓 태어난 아기들에게 일종의 강요 아닐까요?
남성 패널:	질병관리청 송이준 과장입니다. 예방 접종은 공중 보건의 중요한 부분으로 전염병의 발생 및 확산을 예방함으로써 개인의 건강은 물론이거니와 우리 사회도 안전하게 지켜 낼 수 있는 가장 효과적인 방법입니다. 그런데 이처럼 건강과 생명에 직결되는 필수 예방 접종의 수를 더 늘려도 **모자랄 판에** 예방 접종을 하지 않겠다는 것은 위험합니다. 그렇게 되면 제일 먼저 피해를 보는 것은 면역력이 약한 영유아가 될 것입니다. 백신이 개발된 이후 영아 사망률이 급격히 줄어든 것이 이를 입증하고 있습니다.
여성 패널:	네. 저도 예방 접종이 어느 정도 효과가 있다는 점은 인정합니다. 그러나 부작용도 무시할 수는 없는 데다가 이에 관한 정보가 부족하다는 것도 문제입니다. 몇몇 백신이 아이에게 자폐증이나 아토피, 주의력 결핍 등의 부작용을 일으켰다는 사례도 발표된 바 있고, 국내에서도 매년 백신 관련 부작용이 스물다섯 건 이상씩 보고되고 있다고 합니다. 그런데 이에 대한 정확한 정보는 찾기가 힘듭니다. 특히 인터넷에 취약한 노년층에게는 더더욱 그렇습니다. 정부는 국민이 건강 관련 정보에 쉽게 접근할 수 있도록 해야 하지 않을까요?
사회자:	네. 물론 건강 정보 접근 문제도 중요합니다만 시간 관계상 다시 원래의 논점으로 돌아오겠습니다. 송 과장님, 백신에 부작용이 있는 것은 사실입니까?
남성 패널:	앞서 말씀하신 그런 부작용들은 백신과의 인과성이 증명되지 않은 경우가 대부분입니다. 실례로 홍역 백신과 자폐증의 인과 관계에 대한 논문이 발표되었을 때 백신 거부 운동이 확산되었지만, 결국 아무런 연관성이 없는 것으로 밝혀졌죠. 모든 백신 접종은 부작용이 나타날 수 있지만 그 확률이 매우 낮습니다. 그런데 드물게 부작용이 발생하면 언론에서 크게 다뤄지고 그 뉴스가 사람들 사이에서 빠르게 퍼져 나가 불신을 키우는 거죠. 현재 시중에서 유통되는 백신은 모두 안전성과 효과가 입증되었으므로 안심하고 접종하셔도 됩니다.
사회자:	네. 지금까지의 논의를 정리하자면 찬성 측에서는 예방 접종의 부작용 가능성은 미미하나 효과가 크므로 국민의 건강과 안전을 위해서 예방 접종 의무화가 필요하다고 주장합니다. 반대 측의 주장은 현재의 예방 접종 수준이 과도하며, 부작용에 관한 정보가 부족하기 때문에 의무화는 불필요하다는 것으로 정리할 수 있겠습니다. 오늘의 토론은 여기에서 마무리하도록 하겠습니다. 시청해 주신 여러분, 감사합니다.

15. 법과 제도

듣기 1

사회자:	이번 코너는 한국에 체류하고 있는 외국인과 다문화 가족을 위한 법률 상담 시간입니다. 송희근 변호사님 자리하셨습니다.
변호사:	안녕하세요? 법무법인 은하수의 송희근입니다.
사회자:	먼저 첫 번째 사연 살펴보도록 하겠습니다.
	안녕하세요? 저는 어학연수 비자로 한국에 와서 한국어를 공부하고 있는 학생입니다. 갑자기 집안 사정

	이 어려워져서 영어 개인 과외 아르바이트를 하려고 하는데요, 아르바이트가 가능한지 궁금합니다. 변호사님, 어학연수생의 아르바이트가 허용되고 있나요?
변호사:	어학연수 비자는 학업을 목적으로 부여되는 체류 자격이므로 원칙적으로는 취업이 금지됩니다. 그렇지만 다음과 같은 요건을 갖춘 경우에 한해 주당 최대 25시간까지의 시간제 취업을 허용하고 있습니다. 우선 입국한 날로부터 6개월이 지나야 합니다. 그리고 일정 수준의 한국어 능력을 보유해야 하며, 학교 담당자의 확인도 필요합니다. 단, 의뢰인의 경우 영어 개인 과외를 계획하고 있다고 하셨는데요. 개인 과외 교습 행위는 엄격히 제한하고 있으니 주의하시기 바랍니다.
사회자:	아, 개인 과외 교습은 허용되지 않는군요. 정말 중요한 정보네요. 그럼 다음 사연 보겠습니다.
	안녕하세요? 저는 현재 한국 프로 축구팀에 소속된 브라질 국적의 선수입니다. 한국 생활 2년 차인데요. 저 같은 운동선수는 한국에 5년 이상 거주하지 않아도 귀화할 수 있다고 들었습니다. 자세한 귀화 요건과 귀화할 경우 브라질 국적을 포기해야 하는지가 궁금합니다.
변호사:	의뢰인께서는 특정 자격을 갖춘 사람에 한해 국적 취득 요건을 완화해 주는 제도인 특별 귀화의 경우를 말씀하신 것 같습니다. 특별 귀화의 자격 요건으로는 몇 가지가 있는데요, 과학·경제·문화·체육 등 특정 분야에서 매우 우수한 능력을 보유하여 대한민국의 국익에 기여할 것으로 인정되는 사람도 그중 하나입니다. 이에 해당할 경우, 국적심의위원회의 심의를 거쳐 특별 귀화 허가를 받으면 5년 이상 거주하지 않아도 국적 취득이 가능합니다. 또한 이 경우 대한민국에서 외국 국적을 행사하지 않겠다는 서약을 하면 대한민국 국적과 외국 국적을 함께 보유하는 복수 국적을 유지할 수도 있습니다.

듣기 2-1

사회자:	안녕하십니까? LEI 토론 대회 결승 진행을 맡은 박승현입니다. 오늘의 논제는 '기본 소득제를 도입하여야 하는가'입니다. 기본 소득제는 최소한의 인간적인 삶을 보장하기 위해서 국가가 국민에게 정기적으로 돈을 지급하는 제도로, 최근 사회 각 분야에서 많은 논의가 이루어지고 있습니다. 먼저 찬성 측의 입론으로 시작하고 이어 반대 측의 교차 신문이 있겠습니다.
찬성 1:	저희 찬성 측은 정부에서 기본 소득제 도입을 적극적으로 검토할 필요가 있다고 생각합니다. 기본 소득제가 필요한 가장 큰 이유는 이 제도가 앞으로 닥쳐올 대량 실업 문제에 대한 해답이 될 수 있기 때문입니다. 한 조사에 따르면 향후 10년 안에 전체 일자리의 25% 이상이 사라진다고 합니다. 현재도 일자리를 찾지 못해 생계유지가 힘든 계층은 늘어나는 반면, 특정 계층은 더 많은 부를 누리는 소득 양극화 현상이 날로 심화되고 있습니다. 기본 소득제를 도입하면 일자리 감소에 따른 문제들은 물론 소득 양극화도 해소할 수 있을 것입니다.
반대 2:	기술의 진화로 기존의 일자리가 일부 사라질 것이라는 주장에는 동의합니다. 그런데 일자리가 감소하는 분야도 있지만 IT나 복지 관련 분야 등에서는 오히려 새로운 일자리가 창출될 것이라는 전망에 대해 들어 보셨습니까?
찬성 1:	네. 알고 있습니다. 하지만 모든 노동자가 새로운 업종으로 전환할 수 있는 것도 아니고, **전환한다손 치더라도** 새로운 업무에 맞는 교육 기간이 필요합니다. 소득 공백기에도 기본적인 생활을 영위하기 위해서는 기본 소득이 절실합니다.
사회자:	네. 이번에는 반대 측 입론을 듣고 이어서 찬성 측의 교차 신문이 있겠습니다.

반대 1: 저희는 다음과 같은 두 가지 이유로 기본 소득제 도입에 반대합니다. 우선 기본 소득제의 가장 큰 문제점은 재원 마련입니다. 현시점에서 기본 소득제를 도입하면 증세가 불가피하며, 국가의 빚도 늘어나 미래 세대에 엄청난 부담을 안겨 주게 될 것입니다. 두 번째 이유는 근무 의욕 저하입니다. 모든 국민에게 조건 없이 지원금이 지급된다면 누가 열심히 일하려고 하겠습니까? 결국 생산성이 감소하고 필요한 인력을 확보하지 못해 국가 경쟁력이 약화될 것입니다.

찬성 2: 반대 측에서는 기본 소득제를 도입하면 근무 의욕이 저하된다고 하셨는데 어떤 근거로 그렇게 주장하시는지 궁금합니다.

반대 1: 기본 소득제 도입에 따른 근무 의욕의 감소는 이미 여러 연구에서 확인된 바 있습니다. 1970년대에 미국 정부가 가정의 소득이 최저 생계비에 못 미치는 경우, 그 차액을 지급해 주는 시범 사업을 진행한 결과, 지역에 따라 노동 시간이 3~8%까지 줄어든 것으로 나타났습니다.

듣기 2-2

사회자: 이번에는 양측의 반론이 있겠습니다. 반대 측부터 반론을 시작해 주시기 바랍니다.

반대 2: 찬성 측에서는 기본 소득제가 일자리 감소에 따른 문제와 소득 양극화를 해소할 수 있다는 취지로 말씀하셨는데 이 제도의 도입이 과연 근본적인 해결책이 되는지는 의문입니다. 지금도 실업 급여나 기초 수당 등의 복지 제도가 마련되어 있습니다. 그런데 이러한 선별적 복지 대신 누구에게나 돈을 지급하는 보편적 복지를 제공하면 오히려 양극화 현상이 더 심해지지 않을까요? 생계를 꾸리기 어려운 사람들에게만 선별적 복지 혜택을 주는 것이 국민의 부담을 최소화하면서 필요한 계층에 더 많은 혜택이 돌아가게 하는 효율적인 방안이라고 봅니다.

찬성 2: 반대 측에서는 먼저 재원 마련을 우려하셨는데요. 아무리 재원 마련이 **어렵기로서니** 대량 실업이 예상되는 상황에 기존의 복지 제도에만 의존하고 있어서야 되겠습니까? 기본 소득을 기존의 복지 제도와 통합해서 운영하면 추가 비용이 많이 들지 않을 겁니다. 또한 반대 측에서는 근무 의욕 저하를 근거로 들었는데, 기본 소득제는 기존의 복지 제도와 달리 소득이 있어도 혜택을 받을 수 있는 제도이므로, 기본 소득이 지급되더라도 근무 의욕이 꺾이지는 않을 것입니다. 실례로, 2019년 미국 스톡턴에서 실시한 기본 소득 실험에 따르면 기본 소득을 받은 시민들은 돈을 체계적으로 관리했으며 구직 의욕도 떨어지지 않은 것으로 나타났다고 합니다. 기본 소득 제도야말로 인간의 기본적인 권리를 보장하고 삶의 질을 개선할 수 있는 현실적인 방안입니다.

16. 인류와 미래

듣기 1

연설자: 내외 귀빈 여러분, 안녕하십니까? 먼저 'LEI 지속 가능한 발전 시민 포럼'의 개최를 축하드리며, 초대해 주신 LEI 재단에 감사드립니다.

여러분, 현대인이 하루에 소비하는 에너지가 얼마나 되는지 아십니까? 음식 섭취뿐 아니라 자동차, 컴퓨터, 에어컨 등의 사용으로 우리가 소비하는 에너지를 모두 합하면 1인당 하루 에너지 소비량이 약 23만 킬로칼로리에 달한다고 합니다. 이는 수렵과 채집으로 살아가던 1만 년 전의 인류가 소비했던 에너지보다 60배쯤 늘어난 수치죠. 문제는 인류가 이런 풍요와 편의를 누리기 위해 지구를 자연 그대로 두지 않고 멋대로 변형하며 함부로 대했다는 것입니다.

그 결과 우리는 지구촌 곳곳에서 그 대가를 톡톡히 치르고 있습니다. 생태계의 60% 정도가 이미 파괴되었으며, 최근 100년 동안 400종 이상의 척추동물이 멸종했습니다. 생태계의 파괴는 신종 감염병의 창궐로도 이어져 인류는 엄청난 인명 손실과 막대한 경제적 피해를 입고 있습니다.

기상 이변도 점점 심해져 지구 곳곳이 전에 없던 극심한 폭우, 폭염 등의 자연재해로 몸살을 앓는 중입니다. 한국도 예외는 아닙니다. 지난 100년간 한국의 온도는 1.8℃나 상승했습니다. 이대로 가다가는 2090년에 서울의 평균 온도가 4.7℃ 상승하여 벚꽃 개화 시기가 현재보다 11.2일 빨라지고 사과 재배에 적합한 지역은 한반도에서 사라질 것이라고 합니다.

그뿐만이 아닙니다. 기아에 허덕이는 인구가 증가하고 있는 가운데, 온실 효과로 인해 곡물 생산량과 생물의 다양성이 과거에 비해 크게 감소했습니다. 해양 수산물 역시 25% 정도가 이미 남획된 상태입니다. 전문가들의 분석에 따르면 지금의 추세가 계속될 경우 도시 인구의 31.6%가 빈민이 될 것이고, 아동의 4분의 1은 영양 부족에 시달릴 것이라고 합니다.

또한 깨끗한 수자원의 확보도 문제입니다. 인구가 늘어나면서 물에 대한 수요는 급격히 증가하고 있는 반면 기후 변화, 도시화, 물의 오남용 등으로 인해 안전한 수자원 확보는 위협받고 있습니다. 현재도 20억 명이 넘는 인구가 물 부족에 시달리고 있는데, 하루빨리 이를 해결하지 않으면 상황은 더 심각해질 것입니다.

여러분, 이렇게 신음하고 있는 지구에서 과연 우리 아이들의 미래가 있을까요? 과거의 우리에게 발전이란 양적 성장을 의미했습니다. 그러다 보니 환경을 포함한 질적 발전은 등한시되곤 했죠. 그러나 진정한 의미의 발전이란 현재의 세대가 풍요를 누리면서도 미래 세대 역시 보존된 환경 속에서 발전을 지속할 수 있는 것입니다. 우리는 더 이상 지체할 시간이 없습니다. 여러분의 노력 없이는 우리 아이들에게 풍요롭고 아름다운 지구를 물려줄 수 없습니다. 지속 가능한 발전을 위해 여러분 모두 **힘써 주십사** 다시 한번 부탁드립니다. 감사합니다.

듣기 2

사회자: 네. 박명수 이사장님의 기조연설 잘 들었습니다. 그럼 지금부터 본격적으로 각 분야의 전문가와 시민분들을 모시고 서울시의 지속 가능한 발전을 위해 어떤 노력이 필요할지 함께 논의해 보겠습니다. 먼저, 한국대체에너지연구소의 김민주 소장님 의견부터 들어 보겠습니다.

여성 패널: 네. 저는 신재생 에너지의 확대가 지속 가능한 발전의 핵심이라고 봅니다. 기후 변화에 대응하기 위해서는 신재생 에너지의 확대가 최선의 해결책입니다. 하지만 신재생 에너지가 기존의 에너지를 대체하려면 전력 기반 시설의 구축이 우선되어야 하는데요. 기존의 풍력 발전 단지, 태양광 발전 단지 등을 연계하여 전기를 소비자에게 전달하는 대규모 전력망을 설치하는 것이 하나의 예가 될 수 있겠습니다.

사회자: 네. 말씀 감사합니다. 그렇지만 새로운 시설을 구축하기 위해서는 막대한 비용이 들어갈 텐데요. 이 부분에 대해서는 어떻게 생각하십니까?

여성 패널: 정부가 전기 요금을 인상해서 신재생 에너지 공급에 필요한 비용을 충당할 필요가 있다고 생각합니다. 물론 시민들의 반발이 있을 수 있겠죠. 하지만 지금 상태로 가다가는 후손들에게 이상 기후와 자연재해로 고통받는 미래만을 물려주게 될 것입니다. 정부가 아무리 **노력해 봤자** 시민들의 인식이 바뀌지 않는

다면 변화는 이루어질 수 없습니다. 지속 가능한 미래를 위해서는 기꺼이 그 비용을 부담하고 새로운 에너지 소비 환경에 적응해 나가는 노력이 우리 모두에게 필요합니다.

사회자: 네. 감사합니다. 다음은 한국식품경제연구소 박연우 박사님 말씀 들어 보겠습니다.

남성 패널: 김 소장님이 말씀하신 지속 가능한 발전을 위해서는 온실가스 감축 역시 필수적입니다. 저는 온실가스 감축을 위한 방안으로 푸드 마일리지 감소를 제안합니다.

사회자: 푸드 마일리지요? 좀 생소한 용어인데요, 먼저 개념을 좀 설명해 주시겠습니까?

남성 패널: 네. 푸드 마일리지는 먹거리가 생산지에서 출발해 식탁에 오르기까지, 그 과정에서 발생하는 환경 부담의 정도를 나타내는 개념입니다. 푸드 마일리지는 식품이 이동한 거리에 운반한 식품의 무게를 곱해 계산하는데요. 쉽게 말해서 푸드 마일리지가 높을수록 먼 지역에서 생산된 식품을 소비한다는 것을 의미합니다. 이것이 문제가 되는 이유는 크게 두 가지로 볼 수 있습니다. 먼저, 식품을 운반하는 운송 수단들은 보통 화석 연료를 사용한다는 점입니다. 먼 거리를 이동하게 되면 그만큼 많은 연료를 소비하니 온실가스 배출량도 늘어나는 거죠. 또한 식품을 장시간 신선한 상태로 유지하려면 방부제나 살충제와 같은 화학 약품의 사용량도 증가하게 되는데요, 이 역시 인체의 건강뿐 아니라 환경에도 많은 부담을 줍니다.

사회자: 그렇군요. 박사님, 그럼 푸드 마일리지를 줄일 수 있는 구체적인 방안은 무엇입니까?

남성 패널: 푸드 마일리지를 줄이려면 정부가 지역 먹거리 소비를 장려하는 것이 가장 중요합니다. 우선, 살충제 허용 기준을 강화하여 기준치를 초과하는 식품의 수입을 규제해야 합니다. 다음으로 소비자와 생산자 간의 직거래를 활성화하여 우리 농산물의 가격 경쟁력을 키워야 합니다. 또한, 홍보 이벤트 등을 통해 시민들이 도심지의 건물 옥상이나 텃밭을 활용하여 직접 농작물을 재배하도록 장려하는 것도 하나의 방안이라고 볼 수 있습니다. 푸드 마일리지를 줄이는 것이야말로 환경 부담도 줄이고 인구 증가로 인한 미래의 식량 문제도 해결하는 최선의 방안이 아닐까요?

사회자: 네. 말씀 감사합니다. 다음으로 서울 시민을 대표하여 대학생 이가람 씨 나와 주셨습니다.

대학생: 네. 앞서 두 전문가께서는 정부 차원의 노력을 말씀하셨는데요, 저는 개인적 차원에서의 실천 방안에 대해 말씀드리겠습니다. 먼저….

Answer Key
모범 답안

9. 나눔과 참여

주제 어휘 p. 19

1. 불우 이웃 — 형편이 어려운 이웃
   빈곤 아동 — 가정 형편이 어려운 집안의 아이
   조손 가정 — 18세 미만인 손자나 손녀와 65세 이상인 할아버지, 할머니로 구성된 가정
   취약 계층 — 다른 계층에 비해 약하여 사회적으로 보호가 필요한 계층

2. 1) 참된 인술을 펼친/희생하는 삶을 산/선한 영향력을 실천한
   2) 재능을 기부했다
   3) 사명감을 가지고
   4) 성금을 낸
   5) 십시일반

들어 보세요 1 p. 20

1. 참된 인술을 펼치며 무소유와 박애 정신을 실천하는 삶
2. ②
3. 자신이 그런 특혜를 받으면 더 절실한 사람에게 기회가 돌아가지 않는다고 생각했기 때문

들어 보세요 2 p. 21

1. 은퇴한 음악 교사들이 소외 계층과 음악의 아름다움을 나누기 위해 설립함.
2. ☐ 유명 연예인을 초청해서 콘서트를 연다.
   ☑ 소외 계층 학생에게 음악을 무료로 가르친다.
   ☐ 은퇴한 노인을 대상으로 음악 교실을 운영한다.
   ☑ 자선 음악회를 열어 수익금을 소외된 이웃을 위해 기부한다.
3. 1) 나누고자 하는 의지와 사명감 그리고 꾸준함만 있으면 누구나 할 수 있다
   2) 얻는 것이 훨씬 더 많은 일이다
4. ①

주제 어휘 p. 27

1. 1) 서명 운동을 벌이고/실시하고
   2) 인식의 전환
   3) 신문에 투고했다
   4) 청원하는/건의하는
   5) 시위를 진행했다/농성에 돌입했다
   6) 적극적으로 홍보할

읽어 보세요 1 p. 28

1. 지구사랑연합회의 1년간의 활동을 정리하고 회원들에게 보고하기 위해
2. 1) 플라스틱 문제의 심각성을 알리고 플라스틱 쓰레기를 줄이기 위해
   2) 화력 발전소 건설 백지화
   3) 일회용품 보증금 인상을 위해
   4) 2만 5,324명의 참여를 끌어냄.
3. ①

읽어 보세요 2 p. 30

1. 반려동물 매매 금지를 건의하기 위해
2. 유기 동물이나 학대를 당하는 동물 구조
3.
문제 상황	유기 동물 증가
문제의 시작점	1) 불법 번식장 2) 반려동물 판매점
해결 방안	반려동물 매매를 법적으로 금지

4. ④

10. 변화와 도전

주제 어휘 p. 45

1. 1) 격세지감을 느낍니다
   2) 기성세대
   3) 가치관을 강요하는/고집하는
   4) 갈등을 해소하는
2. 1) 열정을 쏟다, 패기가 넘치다
   2) 실업률이 높다, 과열 경쟁
   3) 자기 계발

들어 보세요 1 p. 46

1. '꼰대' 열풍
2. 억울함, 자신의 마음을 몰라줘서 답답함.
3. 1) ✕ 2) ○ 3) ✕
4. ③

들어 보세요 2 p. 48

1. 청년들이 겪고 있는 문제
2. 1) 동의하지 않음. 자신의 노동력이 낮게 평가받는 곳에서 일하고 싶어 하는 사람은 없음.
   2) 부당함. 회사에 충성하기보다 자기 계발에 시간을 투자하는 것이 더 현명함.

3 ☐ 질문의 형식을 사용해 설명을 요구한다.
   ☐ 질문의 형식을 사용해 주의를 환기한다.
   ☑ 질문의 형식을 사용해 자신의 입장을 강조한다.
   ☑ 질문의 형식을 사용해 청자의 공감을 이끌어 낸다.

읽어 보세요 p. 56

1 2) 사   3) 다   4) 바   5) 나   6) 마
2 어느 날 문득, 갖지 못한 한 가지를 불평하기보다 가진 열 가지에 감사해야 한다는 사실을 깨달음.
3 책을 읽을 수 없었고 시각 장애인이라는 이유로 친구들이 같이 공부하기를 꺼림.
4 유학
5 그가 걸어온 길에 있었던 따뜻한 도움의 손길

주제 어휘 p. 81

2 2) 감수성이 예민하다
   3) 첫사랑, 풋사랑
   4) 가출하다, 반항하다, 방황하다
   5) 성장하다, 성숙해지다

읽어 보세요 p. 83

1 2) 3   3) 4   4) 2
2 1) 염소의 죽음
   2) 야전 점퍼를 입은 청년에게 돈을 도둑맞음.
3 ①
4 1) 조심하지 않으면 쉽게 속임수를 당한다.
   2) 역경과 고난

11. 문학과 인생

주제 어휘 p. 73

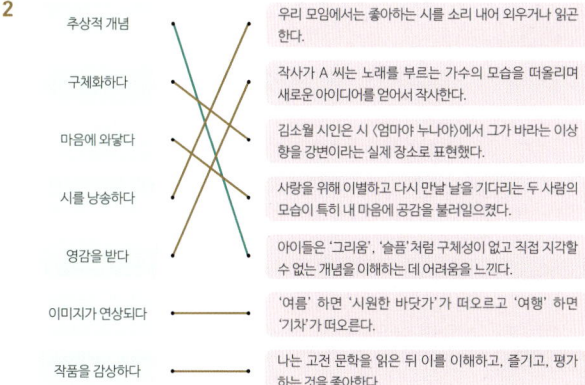

들어 보세요 1 p. 74

1 노래가 된 시, 시가 된 노래
2 운율이 중시됨, 함축적임.
3 ④

들어 보세요 2 p. 75

1 ④
2 추상적인 개념을 구체화하는 방법임.
3 • 숲: 공동체
   • 광화문 지하도: 삭막하고 각박한 현대인들의 삶의 공간
4 • 나무들: 숲을 이루며 조화롭게 살아감.
   • 사람들: 소통하지 못하고 외롭게 살아감.

12. 인간과 사회

주제 어휘 p. 107

2 2) 가부장제   3) 임금 격차
   4) 유리 천장   5) 군 가산점
   6) 가사를 분담해야 7) 성 인지 감수성
   8) 여성 할당제   9) 역차별

들어 보세요 1 p. 109

1 예 일상생활에서 일어나는 차별과 그 해결 방안
2 ①
3 1위: 빈부 차별
   2위: 정규직과 비정규직 차별
   3위: 지역 차별
   4위: 성차별
4 ④

들어 보세요 2 p. 110

1 한국 사회의 성차별
2 1) 여성에게도 동등한 기회를 주는 정책적 배려와 인식의 전환이 필요함.
   2) 한국에서의 남성의 삶도 어려움.
3 1) ○   2) ×   3) ○
4 1) 군대에 다녀온 후 이미 취업 준비를 하고 있던 여성들과 경쟁해야 함.
   2) 결혼을 하고 한 집안의 가장으로서 생계를 책임져야 함.
   3) 마음을 붙일 자리가 없어 홀로 외롭게 내몰리는 경우가 많음.

주제 어휘   p. 117

1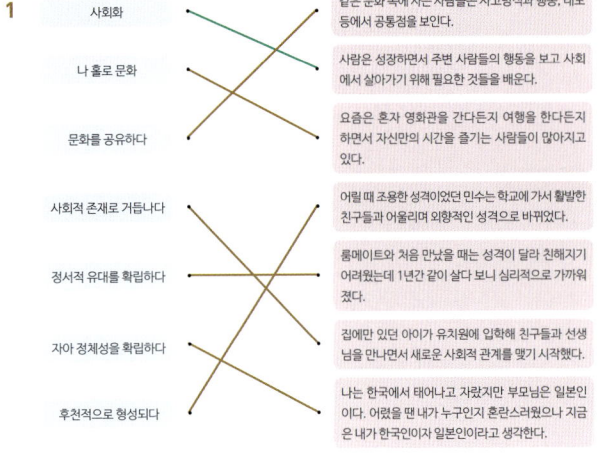

2 1) 사생활을 방해받을
   2) 감정을 소모할
   3) 인간관계를 형성하기
   4) 공동체 의식이 약화될

읽어 보세요 1   p. 118

1 사회화의 의미와 기능
2 인간이 다른 사회 구성원과의 사회적 상호 작용을 통해 사회에서 요구되는 지식, 기술, 행동 양식, 역할, 규범 등을 배우고 내면화하는 과정
3 1) 동물과 구별되는 인간의 특성은 후천적으로 형성된다
4 1) ○   2) ○   3) ✕
5 1) 타인과 구별되는 개성과 자아 정체성을 형성한다.
   2) 구성원이 자신이 속한 사회의 문화를 공유함으로써 규범과 가치가 전승되도록 한다.

읽어 보세요 2   p. 120

1 ③
2 이미 사회화를 겪었기 때문
3 ①
4 사회화의 방식이 달라진 것이다

13. 한국의 사회 문제

들어 보세요   p. 134

듣기 1-1

1 한국인의 삶의 만족도가 낮은 원인
2 1) 삶의 여유 측면에서 정규직과 비정규직 간의 차이가 크기 때문이다.
   2) 삶의 질에 대한 잣대가 엄격해서 현실에 안주하지 않고 더 나은 사회를 만들어 가고자 하는 한국인의 특성 때문이다.

3 ②
4
정부의 노력	주당 근무 시간 제한, 최저 임금 인상
사회적인 변화	'워라밸'을 인정하는 직장이 많아지는 추세.

듣기 1-2

1 삶의 만족도를 높이기 위한 방안
2 1) 사회 전반에 걸친 인식의 변화
   2) 현재의 삶을 밝고 긍정적으로 바라볼 수 있는 분위기 조성
3 1) ○   2) ✕   3) ✕
4 ④
5 ☐ 패널들의 참여를 유도한다.
   ☑ 다음에 이야기할 주제를 소개한다.
   ☐ 패널들의 의견 중 중요한 점을 강조한다.
   ☑ 패널들이 논의한 내용을 종합해서 정리한다.

주제 어휘   p. 143

2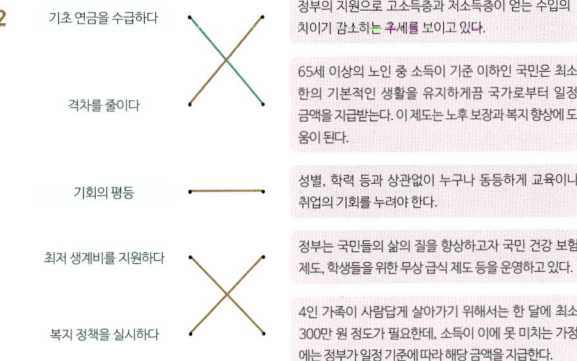

읽어 보세요 1   p. 144

1 ②
2 1) 중산층이 무너지고 빈곤층은 더 빈곤해지고 있다.
   2) 정책을 통한 소득 재분배
3 1) ✕   2) ✕   3) ○

읽어 보세요 2   p. 145

1 양극화 문제
2 '스스로 노력하지 않고 다른 사람에게 의지하여 살아가는 사람'을 낮잡아 부르는 말.
3 1) 계층의 구별이 뚜렷해지고 부익부 빈익빈 현상이 심화되고 있다
   2) 금전적인 지원을 통해 저소득층의 최저 생활을 보장한다
4 ☑ 계층 이동 사다리의 마련
   ☑ 빈곤층 지원의 필요성에 대한 공감대 형성
   ☐ 돈을 많이 벌수록 세금을 많이 내는 제도 폐지
   ☐ 스스로 노력하지 않고 타인에게 의지하는 태도 개선

14. 건강과 과학

주제 어휘 p. 161

2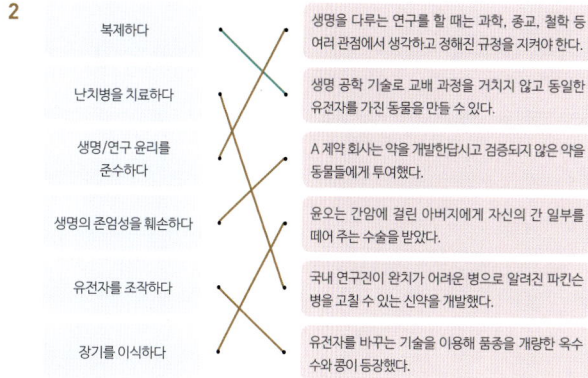

들어 보세요 1 p. 162

1 ②
2 도시가 봉쇄되고 모임이 제한되면서 서비스 산업이 위축되고 일자리를 잃는 사람들이 속출함.
3 ①
4 사람이 가축을 기르고 야생동물 서식지를 파괴하면서 동물과의 접촉이 늘어서

들어 보세요 2 p. 163

1 예방 접종 의무화 정책, 필요한가
2 1) ○   2) ○   3) ✕
3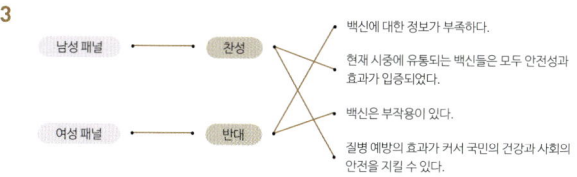
4 ④

주제 어휘 p. 171

1 1) 조기 진단
   2) 발병 확률을 낮출
   3) 유전적 요인
   4) 환경적 요인

2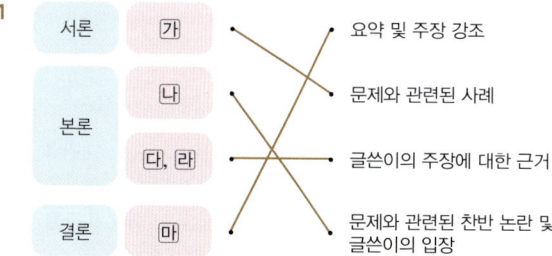

읽어 보세요 1 p. 172

1 유전자 검사 인구의 증가 추세
2 미국의 한 여배우가 유전자 검사를 통해 유방암 발병 확률이 크다는 사실을 확인한 후, 유방 절제 수술을 받았다는 이야기를 들었기 때문
3 ①
4 유전자 검사를 두려워하지 말고 건강 관리를 위한 정보로 적극 활용하는 것이 좋다.

읽어 보세요 2 p. 173

1
서론	가	요약 및 주장 강조
본론	나	문제와 관련된 사례
	다, 라	글쓴이의 주장에 대한 근거
결론	마	문제와 관련된 찬반 논란 및 글쓴이의 입장

2 1) 생명의 존엄성을 훼손하는 것이다
   2) 복제 생명체가 사회 질서를 어지럽힐 것이다
3 1) 생명 복제 연구를 지속해야 한다.
   2) 난치병 환자들의 희망이다.
   3) 멸종 위기종을 보존하여 생물 다양성을 유지할 수 있다.
4 ③

15. 법과 제도

주제 어휘 p. 191

1 1) 요건을 갖춰야
   2) 선서한
   3) 국적을 상실하게
   4) 복수 국적을 보유할
   5) 국익에 기여할

2 2) 보편적 복지
   3) 복지 제도의 맹점
   4) 증세하다
   5) 의욕을 저하시키다/떨어뜨리다
   6) 비용을 충당하다
   7) 재원을 마련하다
   8) 제도를 도입하다
   9) 기본권을 보장하다
   10) 지원금을 지급하다

들어 보세요 1
p. 193

1 한국에 체류하고 있는 외국인과 다문화 가족
2
질문 1	어학연수생의 아르바이트가 허용되는가?
질문 2	귀화 요건은 무엇이며 귀화할 경우 원래의 국적을 포기해야 하는가?

3 1) ✕   2) ○   3) ○

들어 보세요 2
p. 194

듣기 2-1

1 기본 소득제를 도입하여야 하는가
2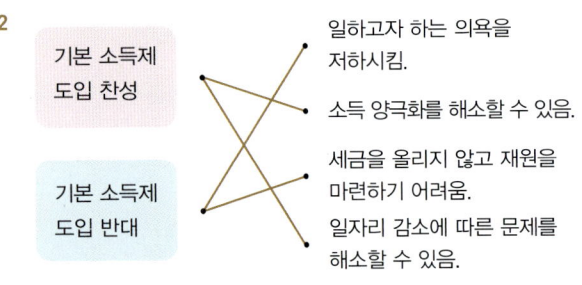

듣기 2-2

1 1) 지금도 실업 급여나 기초 수당 등의 복지 제도가 마련되어 있다. 선별적 복지 혜택을 주는 것이 국민의 부담을 최소화하면서 필요한 계층에 더 많은 혜택이 돌아가게 하는 효율적인 방안이다
   2) 기본 소득을 기존의 복지 제도와 통합해서 운영하면 추가 비용이 많이 들지 않을 것이다
   3) 실험에 따르면 기본 소득을 받은 시민들은 돈을 체계적으로 관리했으며 구직 의욕도 떨어지지 않은 것으로 나타났다

주제 어휘
p. 201

1 2) 사생활을 침해하다
   3) 신상 정보를 공개하다, 국민의 알권리
   4) 초상권을 침해하다
   5) 인권을 침해하다
   6) 공공의 이익/공익을 우선시하다

2 2) 2차 피해/가해
   3) 재범률이 높다
   4) 재발을 방지하다
   5) 불안감을 호소하다
   6) 경각심을 불러일으키다
   7) 충동을 제어하다
   8) 죗값을 치르다

읽어 보세요
p. 203

읽기 1-1

1 성범죄자의 신상 공개 제도는 타당하며 더욱 확대되어야 한다.
2 1) 범죄 예방에 효과가 있다.
   2) 지역 사회를 안전하게 보호하는 효과가 있다.
3 1) 신상 공개 제도가 범죄자의 사생활과 인권을 침해한다.
   2) '사회적 약자 및 성 보호'라는 공익적 목적은 한국 사회에서 가장 우선적으로 보호되어야 할 가치 중 하나로, 지키고자 하는 공익이 침해되는 사익보다 중요하다고 볼 수 있다.
4 ①

읽기 1-2

1 성범죄자의 신상 공개는 최선의 방법이 아니다.
2
(가) ㉠
(나) ㉢
(다) ㉡ (라) ㉣
(마) ㉤
(바) ㉥
(사) ㉦

3 1) 통계 자료에 따르면 범죄 예방의 실효성이 크지 않다.
   2) 오히려 범죄자를 소외되게 만들어 범죄의 유혹에 빠뜨리거나 관리를 어렵게 만들 수 있다.

16. 인류와 미래

주제 어휘
p. 221

1 2) 수자원 확보가 위협받다
   3) 생태계가 파괴되다
   4) 자원이 고갈되다
   5) 생물의 다양성이 감소하다

들어 보세요 1 p. 222

1 ③
2 ☑ 물 부족   ☑ 기상 이변   ☑ 기아 문제
   ☑ 생태계 파괴   ☐ 빈부 격차 심화   ☐ 수산물 가격 폭등
3 1) ○   2) ✕
4 현재의 세대가 풍요를 누리면서도 미래 세대 역시 보존된 환경 속에서 발전을 지속할 수 있는 것

들어 보세요 2 p. 223

1

여자 ——— 푸드 마일리지를 감소해야 한다.

남자 ——— 신재생 에너지의 사용을 확대해야 한다.

(여자 — 신재생 에너지의 사용을 확대해야 한다. / 남자 — 푸드 마일리지를 감소해야 한다.) 교차 연결

2 1) ✕   2) ○
3 1) 먹거리가 생산지에서 출발해 식탁에 오르기까지, 그 과정에서 발생하는 환경 부담의 정도
   2) 먼 지역에서 생산된 식품을 소비한다
4 ③

읽어 보세요 1 p. 230

1 미래에 대한 비관적 관점과 낙관적 관점을 동시에 진단하고, 미래의 도전 과제를 풀어 나갈 수 있다는 청사진을 제시하는 내용
2 1) ○   2) ✕   3) ○
3 각 분야가 독자적으로 발전하는 것이 아니라 서로 협력·통합하면서 시너지 효과를 내는 시대
4 미래에 대한 막연한 불안감이 앞서는 사람
5 ①

읽어 보세요 2 p. 233

1 ②
2

3 인공 지능과 로봇 기술의 발전으로 인해 대량 실업의 위기를 맞았기 때문
4 ②
5 ④

Glossary 어휘 색인

ㄱ

가부장제	108
가사 노동	110
가사를 분담하다	108
가상 융합 세계	229
가슴이 시리다	81
가슴이 아리다	81
가정부	146
가족력이 있다	171
가출하다	82
가치관을 강요하다	45
가치관을 고집하다	45
각고의 노력을 기울이다	55
각도	123
각박하다	75
갈등을 빚다	45
갈등을 해소하다	45
감수성이 예민하다	82
감안하다	74
감염력이 높다	161
감염병	161
감정을 소모하다	117
갓 태어나다	118
개인 맞춤 진료	171
개천에서 용 난다	146
개화	222
거두다	85
건강을 증진하다	161
건의문	31
건의하다	27
걸핏하면	86
검사를 시행하다	171
검사를 의뢰하다	171
격리하다	161
격세지감을 느끼다	45
격차를 줄이다	143
결실	78
결핵	163
겸임 교수	56
경각심을 불러일으키다	202
경계하다	84
경사로	109
경시	231
경신하다	48
경쟁을 부추기다	133
계층 상승	143
계층 이동 사다리	143
고군분투하다	149
고뇌	77
고등 교육	134
고립을 심화하다	117
고소득층	143
고용 불안정	133
고함	86
공공시설	51
공공의 이익을 우선시하다	201
공동체 의식이 약화되다	117
공백기	194
공분을 사다	206
공상 과학 영화	174
공익을 우선시하다	201
공허감	149
과열 경쟁	45
교감을 나누다	75
교도소	204
교배	174
교습	193
교양서	230
교차 신문	194
구걸	83
구절	73
구체화하다	73

국민의 알권리	201	기초 생활 수급자	146
국익에 기여하다	191	기초 연금을 수급하다	143
국적을 상실하다	191	기하급수적	29
국적을 취득하다	191	기회를 박탈하다	117
국적을 포기하다	191	기회의 평등	143
국제 협력을 강화하다	221	까딱하다	86
군 가산점	108	깡마르다	86
군필자	166	꼬리를 감추다	86
굶주림	24	꿈이 깨지다	81
귀감	20	꿈이 무너지다	81
귀빈	222	꿰다	85
귀화하다	191	끈적거리다	87
그림자	231	끌려가다	86
극심하다	222	끌어내다	165
극히	163		
근근이	146	ㄴ	
근무 시간을 제한하다	133	나 홀로 문화	117
근무 환경을 개선하다	133	나 홀로족	120
근절되다	167	나다니다	87
금수저	146	나지막하다	86
금전적	20	난관에 부딪히다	55
기관장	204	난리를 피우다	87
기대 수명	136	난임	174
기반하다	134	난자	178
기본권	168	난치병을 치료하다	171
기본권을 보장하다	192	날뛰다	85
기부금을 내다	19	날이 새다	86
기상 이변	222	남아 선호 사상	108
기상 조절 기술	229	납치하다	204
기생하다	147, 161	낮잡다	146
기성세대	45	내면화하다	118
기아에 허덕이다	221	냉철하다	58
기억을 더듬다	86	노동법	136
기여하다	27	논란이 일다	163
기우	173	논박하다	208
기조연설	222	논쟁의 여지가 있다	206
기준치	223	논점	163
기초 생활 보장 제도	21	논제	194

논하다	86
농성에 돌입하다	27
뇌 질환	174
뇌척수막염	61
뇌파	232
눈 감으면 코 베어 간다	86
눈높이에 맞추다	231
눈여겨보다	162
능력을 인정받다	55

ㄷ

다루다	145
다문화 가정 차별	107
닥쳐오다	194
단순 노무직	150
단편적	231
달갑다	46
달하다	21
담담하다	77
담론	46
담아내다	77
답답함을 느끼다	81
당연시되다	134
당위성	23
대가 끊기다	90
대꾸하다	86
대리모	178
대목	86, 162
대비하다	171
대응 수위를 높이다	161
대응을 강화하다	161
대체 에너지 사용을 확대하다	221
대칭적	78
도리	86
도심지	223
도전 정신	45
동떨어지다	162
동참을 권유하다	27

동참하다	21
둘러싸다	165
뒤따르다	136
뒤척이다	85
뒷받침하다	210
뒹굴다	85
드러눕다	86
등한시되다	222
따스하다	84
뜨다	85

ㅁ

마다하다	20
마음에 와닿다	73
마음을 붙이다	110
막연하다	231
말끔히	235
맞추다	73
망막 박리	57
맞벌이 부부	110
매매	31
머리맡	87
먹고살다	134
면역계 질환	174
면역력이 떨어지다	161
명목	210
명백하다	206
명부	210
명제	121
모르는 게 약	173
모조리	162
모퉁이	86
목장	84
목표를 달성하다	55
몸소 실천하다	27
몸에 침입하다	161
무게가 실리다	204
무관하다	232

무르익다	84
무성하다	87
문제를 제기하다	150
문제의 심각성을 알리다	27
문화를 공유하다	117
물려주다	222
미루다	138
미생물	162
미세 플라스틱	28
미연에 방지하다	172
민간	204

ㅂ

바이러스가 전이되다	161
바이러스가 전파되다	161
바이러스가 증식하다	161
바이러스에 감염되다	161
박애 정신	19
박자	73
반항하다	82
발간하다	204
발 벗고 나서다	27
발병 확률을 낮추다	171
발의하다	31
방부제	223
방역 조치를 취하다	161
방증하다	121
방황을 끝내다	55
방황하다	82
배경지식	176
배기가스	225
배를 곯다	86
배아	174
백신을 접종하다	161
백악관	56
백지화	28
버릇이 없다	45
법률	193

법안	29
변변히 못 쓰다	90
변이 바이러스	161
변종 바이러스	161
별세	56
병원체	163
보금자리	24
보편적 복지	192
보험료	20
복수 국적을 보유하다	191
복제하다	171
복지 사각지대	192
복지 정책을 실시하다	143
복지 제도의 맹점	192
본사	234
봉쇄되다	162
봉제	57
부	20
부각하다	136
부당하다	48
부두	86
부르트다	86
부산하다	86
부유층	143
부익부 빈익빈 현상	143
부풀리다	87
불가피하다	163
불과	234
불굴의 의지	55
불길한 예감이 들다	81
불안감을 호소하다	202
불우 이웃	19
불운이 몰려오다	55
불쾌하다	46
불투명하다	231
불평등이 심화되다	143
불평등이 완화되다	143
불합리하다	57

비용을 충당하다	192	생명 윤리를 준수하다	171
비유적으로 표현하다	73	생명의 존엄성을 훼손하다	171
비장하다	89	생물의 다양성이 감소하다	221
빈곤 아동	19	생체 인식 기술	229
빈곤을 퇴치하다	221	생태계가 파괴되다	221
빈곤의 대물림	143	생후	61
빈곤의 악순환	143	서럽다	78
빈곤층	143	서명 운동을 벌이다	27
빈민	222	서명 운동을 실시하다	27
빈부 격차	143	서약하다	191
빈부 차별	107	서적	230
빽빽하다	75	서정적	77
뼈를 깎는 고통을 감수하다	55	선고를 받다	57
뾰쪽한 생각	86	선별적 복지	192
뿔뿔이 흩어지다	57	선서하다	191
		선선히	85
ㅅ		선율	21
사각지대에 놓이다	133	선정하다	58
사명감을 가지다	19	선천적	118
사생활을 방해받다	117	선한 영향력을 실천하다	19
사생활을 보호하다	201	설상가상	55
사생활을 침해하다	201	설움	85
사설	204	성 소수자 차별	107
사회 안전망을 확충하다	133	성 인지 감수성	108
사회적 약자를 보호하다	201	성금을 내다	19
사회적 존재로 거듭나다	117	성범죄를 예방하다	202
사회화	117	성숙해지다	82
삭막하다	75	성인	20
살금살금	87	성장하다	82
살충제	223	성적순	136
삶을 개척하다	55	성차별	107
삶을 영위하다	150	성추행	167
상기하다	166	성평등	108
상대적 빈곤	143	성폭행	204
상징적 의미를 갖다	73	세간	204
생계가 막막하다	55	세계보건기구	162
생명 공학	231	세균에 감염되다	161
생명권	178	세상을 떠나다	20

세포	162	신문에 투고하다	27
세포주	174	신상 정보를 공개하다	201
소득 격차	143	신음하다	29
소득 재분배	144	신자유주의	144
소망	75	신재생 에너지 사용을 확대하다	221
소속감	21	신체적 변화를 겪다	82
소액	20	실명	56
속출하다	162	실업 급여	194
쇠퇴	235	실업률이 높다	45
수감되다	204	실정	23
수그러지다	84	실직	62
수렵	222	심도	194
수립하다	138	심리적 변화를 겪다	82
수명이 연장되다	161	심상	73
수식어	48	심의	193
수자원 확보가 위협받다	221	십시일반	19
수준급	21	썩다	85
수직 농장	229	쓸쓸히	31
숙주	162		
순조롭다	29	ㅇ	
숱하다	75	안락사	31
스마트 홈	229	안배하다	165
스펙을 쌓다	45	안보	167
시각 장애인	57	안주하다	134
시골구석	85	암흑	235
시련이 찾아오다	55	압박	204
시를 낭송하다	73	앗아 가다	162
시민 단체	31	애지중지하다	31
시범 사업	194	양극화	143
시비조	86	양측	74
시사 토론	163	양호하다	48
시어	73	어제오늘 일이 아니다	46
시위를 진행하다	27	어조	75
시장통	86	어지럽히다	174
시중	163	어찌코롬	86
식량난을 겪다	221	어찌하다	86
식별하다	177	억압	168
식수	28	언덕	85

얻다	74
여느 때처럼	57
여성 할당제	108
여실히	31
여운을 남기다	146
역경을 이겨 내다	55
역사	86
역차별	108
역효과	206
연	73
연관성	163
연구 윤리를 준수하다	171
연대하다	27
열정을 쏟다	45
염두에 두다	86
염색체	177
영감을 받다	73
영아	163
영양실조	20
영유아	163
예고	162
예산을 투입하다	133
예의가 없다	45
오간 데 없다	86
오남용	222
오만	162
오만 가지 생각	85
온실가스를 감축하다	221
온실 효과	222
옷깃을 여미다	86
와락 달려들다	90
와르르 무너지다	85
외모 지상주의	133
외모 차별	107
요건을 갖추다	191
요량	86
우발적	166
우성	177

우주여행	229
우후죽순	31
운율을 형성하다	73
웃자라다	85
웅변대회	84
원망하다	57
위조하다	146
유기하다	31
유리 천장	108
유무	172
유방	172
유아기	118
유전자를 조작하다	171
유전적 요인	171
유혹	206
융통성이 없다	45
으슬으슬	85
음정	73
의견을 경청하다	45
의견을 존중하다	45
의견이 충돌하다	45
의구심을 품다	21
의료 보험	20
의료인	20
의무적	139
의무화하다	31
의술	20
의욕을 떨어뜨리다	192
의욕을 저하시키다	192
이까짓	85
이듬해	162
이루 다 헤아리기 어렵다	74
이면	230
이목을 끌다	146
이미지가 연상되다	73
이민	148
이바지하다	27
이산가족 상봉	20

이수	31
인간관계를 형성하다	117
인공 장기	229
인권을 보호하다	201
인권을 침해하다	201
인식의 전환	27
인적 자원	138
인조인간	176
인종 차별	107
인파	236
일과 삶의 균형을 맞추다	133
일종	163
일체	121
일터	118
일회용품 사용을 규제하다	221
임금 격차	108
입론	194
입체 영화	238

ㅈ

자기 계발	45
자선	21
자수성가하다	55
자아 정체성을 확립하다	117
자연스레	28
자원봉사	19
자원이 고갈되다	221
자율 주행차	229
자폐증	163
작품을 감상하다	73
잔망스럽다	90
잠복기를 거치다	161
잠을 설치다	81
장기를 이식하다	171
장벽	62
장시간 노동	133
장애인 차별	107
장학생	57

재능을 기부하다	19
재단	222
재발을 방지하다	202
재범률이 높다	202
재원	147
재원을 마련하다	192
잽싸다	86
저명인사	20
저서	75
저소득층	143
저임금	133
적극적으로 홍보하다	27
적나라하다	146
전과	204
전기	57
전력	223
전력망	223
전염력이 높다	161
전염병	161
전학	84
절대적 빈곤	143
절망적	57
절제	172
절차	176
접점	146
정당화되다	210
정서적 유대를 확립하다	117
정시	48
정신을 차리다	57
정착하다	57
제가끔	75
제도를 도입하다	192
제도를 보완하다	133
제약	166
제언	151
제지하다	167
조기 진단	171
조손 가정	19

종간	162
종식되다	124
종종걸음을 치다	86
좌절하다	81
죗값을 치르다	202
주거권	206
주범	225
주의를 환기하다	49
주저하다	21
줄기세포	174
중산층	143
중상을 입히다	204
중재하다	166
증세하다	192
지능화되다	210
지배자	162
지속 가능한 발전을 추구하다	221
지역 먹거리 소비를 장려하다	221
지역 차별	107
지원금을 지급하다	192
지체하다	222
지표	134
지향점	110
직거래를 활성화하다	221
직결되다	163
진열장	31
질병이 창궐하다	161
쭈그리다	86
찢다	86

ㅊ

차관보	56
차별을 당하다	108
차별을 없애다	133
차석	57
차원	172
착용 스마트 기기	229
찬반 논란	165

참된 인술을 펼치다	19
채비	162
채집	222
척추동물	222
천막	20
첫머리	84
첫사랑	82
청구서	50
청사진	231
청원하다	27
체류하다	191
체세포	174
체외 수정	174
초고속 자기 부상 열차	229
초상권을 보호하다	201
초상권을 침해하다	201
촉감	235
촉구하다	27
촌구석	85
총	28
최고치	48
최저 생계비를 지원하다	143
최저 임금을 인상하다	133
추상적 개념	73
출렁이다	87
출렁하다	86
출소하다	206
출현하다	162
충동을 제어하다	202
췌장암	56
취급	89
취득하다	20
취약 계층	19
취업난	45
측면	118
치밀하다	58
치환	174
칠전팔기	55

ㅋ

캄캄하다	58
쾌거를 이루다	28
쾌활하다	84
큰물로 나가다	85

ㅌ

타령	48
타이르다	83
탄소 중립을 실천하다	221
탄소 중립을 이행하다	221
토로하다	51
톡톡히	222
통합하다	231
튀다	86
특수 교육학	56
특혜	20
파고들다	86
파이다	85
파장을 일으키다	74
패기가 넘치다	45
패잔병	86
팬데믹을 선포하다	161
퍼뜩	86
편	146
폐업하다	210
포용하다	133
폭격	62
표류하다	120
풋사랑	82
풍력 발전	223
풍조	232
피난하다	20
필수 불가결	174
필자	150

ㅎ

하마터면	86
학대	31
학벌 지상주의	133
학위	20
학자금	146
한	85
한하다	193
함축적 의미	73
합의점	165
항체가 생기다	161
핵무기	231
행	73
행사하다	193
행세하다	162
행여	86
허탈감에 빠지다	81
헌신적	58
험악하다	87
현명하다	48
형	206
형질	173
형평에 어긋나다	108
호화롭다	146
혼란을 겪다	82
혼신의 힘을 다하다	55
홍역	163
화력 발전소	29
화상	234
화석 연료	28
화성 탐사	229
확산되다	120
확진자	162
환경적 요인	171
획일적인 잣대를 들이대다	45
효소	172
후원하다	19
후천적으로 형성되다	117
획	87
휩쓸다	74

흉내	20
흙수저	146
희곡	176
희망이 무너지다	81
희생하는 삶을 살다	19

0~1

10년이면 강산도 변한다	231
1등 지상주의	133
2차 가해	202
2차 피해	202
3D 프린터	229
4D 프린터	229

References 참고 자료

어휘 | 고려대한국어대사전
국립국어원 표준국어대사전 (https://stdict.korean.go.kr/main/main.do)
우리말샘 (https://opendict.korean.go.kr/main)
한국어기초사전 (https://krdict.korean.go.kr/kor/mainAction)

9단원 | 20쪽 | CTS기독교TV, "강추 특집다큐 | 장기려 박사 이야기 - "세상을 감동시킨 바보의사 이야기"" (유튜브 영상), 2021. 1. 23. (https://www.youtube.com/watch?v=7ro-9gHyvaE0)

지식채널e, "의사 장기려 2부 바보라 불린 의사", 2009. 12. (https://jisike.ebs.co.kr/jisike/vodReplayView?siteCd=JE&prodId=352&courseId=BP0PAPB0000000009&stepId=01BP0PAPB0000000009&lectId=3038929)

10단원 | 48쪽 | 임홍택, 『90년생이 온다』, 웨일북, 2018.

| 56쪽 | 성지영, 『강영우, 세상을 밝힌 한국 최초 맹인 박사』, 스코프, 2013.

조현주, 「나는 시각장애인이지만 더 넓은 세상 본다」, 『시사저널』, 2011. 10. 25. (https://www.sisajournal.com/news/articleView.html?idxno=133283)

조선닷컴, 「강영우 박사, 기부로 '아름다운 이별' 준비」, 『조선일보』, 2012. 1. 11. (https://www.chosun.com/site/data/html_dir/2012/01/11/2012011101296.html)

11단원 | 74쪽 | 「밥 딜런 '깜짝' 노벨문학상…문학 경계 넓어지나?」, 『YTN 뉴스』, 2016. 10. 14. (https://ytn.co.kr/_ln/0104_201610141307486418)

| 75쪽 | 이남희, 『중고등학생을 위한 문학감상 길잡이, 0교시 문학시간』, 휴머니스트, 2014.

황치복 외 8인, 「숲」, 『낯선 문학 가깝게 보기 : 한국현대문학』, 2013. 11. (https://terms.naver.com/entry.naver?docId=2114806&cid=41773&categoryId=50391)

12단원 | 109쪽 | 한국사회여론연구소, 「우리 사회 차별 영역 인식」, 2021. 11. 15. (https://ksoi.org/20/?bmode=view&idx=8842601)

대한민국 여성가족부, 「상장법인 전체 성별 임원 현황 조사 결과」, 2019. 10. 16. (https://blog.naver.com/mogefkorea/221679728873)

| 118쪽 | 민경배, 『처음 만나는 사회학』, 다른길, 2016.

서범석 외, 『고등학교 사회·문화』, 지학사, 2018.

| 120쪽 | 구정화, 『청소년을 위한 사회학 에세이』, 해냄출판사, 2012.

정성호, 「2030세대 2명 중 1명 "나는 나홀로족"」, 『연합뉴스』, 2016. 9. 20. (https://www.yna.co.kr/view/AKR20160920046800003)

강구열·박진영, 「'나홀로 문화' 확산… 익숙했던 공동체 문화 재설정 과제로」, 『세계일보』, 2020. 5. 9. (https://www.segye.com/newsView/20200504520840)

13단원 | 134쪽 | OECD Better Life Index. (https://www.oecdbetterlifeindex.org)

		김태훈, 「한국인 삶의 만족도 여전히 최하위권」, 『주간경향』, 2020. 3. 30. (https://weekly.khan.co.kr/khnm.html?mode=view&artid=202003201530501&code=115)
	144쪽	「한국 백만장자 74만 명…전세계 부의 양극화 여전」, 『연합TV뉴스』, 2019. 10. 22. (https://m.yonhapnewstv.co.kr/news/MYH20191022015600038)
		「[이슈톡톡] 갈수록 심화되는 소득격차…양극화 해소 위한 해법은?」, 『SBSBiz』, 2019. 2. 21. (https://biz.sbs.co.kr/article/10000931853)
14단원	162쪽	KBS 생로병사의 비밀, "인수공통감염병이 자주 출현하는 이유? [생로병사의 비밀] 20200311" (유튜브 영상), 2020. 3. 11. (https://www.youtube.com/watch?v=wpvlgV29U5I)
		KBS 다큐, "[FULL] 최악의 바이러스는 아직 오지 않았다	KBS 다큐 인사이트- 바이러스 전쟁 1부 - 바이러스 X 200610 방송" (유튜브 영상), 2020. 6. 11. (https://www.youtube.com/watch?v=nynh-vTwsNo&t=365s)
	163쪽	최정윤, 「그들은 왜 백신을 거부하나?」, 『KBS뉴스』, 2017. 7. 28. (https://news.kbs.co.kr/news/view.do?ncd=3524000)
		임준연, 「왜 그들은 예방접종을 거부하는가」, 『오마이뉴스』, 2015. 6. 8. (https://www.ohmynews.com/NWS_Web/View/at_pg.aspx?CNTN_CD=A0002116302)
	173쪽	스티븐 하이네, 『유전자는 우리를 어디까지 결정할 수 있나』, 이가영 옮김, 시그마북스, 2018.
	176쪽	예병일, 『내가 유전자를 고를 수 있다면』, 다른, 2019.
15단원	193쪽	법제처, "찾기 쉬운 생활법령 정보". (https://easylaw.go.kr/CSP/Main.laf)
	194쪽	남건우, 「"빈곤층 줄어 복지 부담 덜어" vs "대폭 증세 없인 재정 감당 못해"」, 『동아일보』, 2020. 7. 11. (https://www.donga.com/news/Society/article/all/20200711/101918945/1)
		최미랑, 「미국 스톡턴 시의 기본소득 실험… "현금 줬더니 더 나은 일자리 구해"」, 『경향신문』, 2020. 2. 26. (https://www.khan.co.kr/national/labor/article/202002260600025)
		노경목, 「美 기본소득 실험 '근로의욕 저하' 해결 못해… 결국 EITC로 전환」, 『한국경제』, 2020. 6. 4. (https://www.hankyung.com/economy/article/2020060425521)
	208쪽	박솔잎, 「인터넷 성범죄자 신상공개… 재범방지 효과 '미미'」, 『법률신문』, 2021. 2. 4. (https://www.lawtimes.co.kr/news/167759)
16단원	222쪽	우천식, 「지구촌의 당면과제(上)」, 『나라경제』 2006년 7월호.
		KNN 뉴스, "2020 World Peace Forum (ENG)" (유튜브 영상), 2020. 10. 29. (https://www.youtube.com/watch?v=2N3dM96EOBQ&t=6486s)
	223쪽	한국환경공단, "푸드 마일리지를 줄이기 위해 로컬푸드 운동을 실천해요". (https://m.blog.naver.com/kecoprumy/222026000679)
		장길수, 태재미래전략연구원, "전력 효율 극히 낮은 신재생에너지, 그래도 가야할 길이라면 전용 고속도로부터 만들어야", 2020. 10. 13. (https://www.taejaefci.org/research/1031)
	233쪽	박영숙·제롬 글랜, 『세계미래보고서 2035-2055』, 교보문고, 2020.

집필진 Authors

장소원
Chang Sowon
- 서울대학교 국어국문학과 교수
  Seoul National University Professor at the Department of Korean Language & Literature
- 파리 5대학교 언어학 박사
  Ph.D. in Linguistics, University of Paris 5

이소영
Lee So Young
- 서울대학교 언어교육원 대우교수
  Seoul National University LEI Professor
- 이화여자대학교 교육공학 박사
  Ph.D. in Educational Technology, Ewha Womans University

김풀잎
Kim Pool Lib
- 서울대학교 언어교육원 대우전임강사
  Seoul National University LEI Full-time Instructor
- 서울대학교 교육학(한국어교육) 박사
  Ph.D. in Korean Language Education as a Foreign Language, Seoul National University

이영환
Lee Young Hwan
- 서울대학교 언어교육원 대우전임강사
  Seoul National University LEI Full-time Instructor
- 서울대학교 국어국문학 박사 수료
  Ph.D. Candidate in Korean Language & Literature, Seoul National University

번역 Translator

이수잔소명
Lee Susan Somyung
- 통번역가
  Translator & Interpreter
- 서울대학교 한국어교육학 석사
  M.A. in Korean Language Education as a Foreign Language, Seoul National University

감수 Editors

안경화
Ahn Kyunghwa
- 전 서울대학교 언어교육원 대우교수
  Former Seoul National University LEI Professor

최은규
Choi Eunkyu
- 전 서울대학교 언어교육원 대우교수
  Former Seoul National University LEI Professor

한재영
Han Jae Young
- 한신대학교 명예교수
  Hanshin University Honorary Professor

도와주신 분들 Contributing Staff

- 디자인 Design (주)이츠북스 ITSBOOKS
- 삽화 Illustration (주)예성크리에이티브 YESUNG Creative
- 녹음 Recording 미디어리더 Media Leader

서울대 한국어+
Student's Book 6B

초판 1쇄 발행 2023년 12월 30일
초판 2쇄 발행 2024년 6월 30일

지은이	서울대학교 언어교육원
펴낸곳	서울대학교출판문화원
주소	08826 서울 관악구 관악로 1
도서주문	02-889-4424, 02-880-7995
홈페이지	www.snupress.com
페이스북	@snupress1947
인스타그램	@snupress
이메일	snubook@snu.ac.kr
출판등록	제15-3호

ISBN 978-89-521-3208-6 04710
978-89-521-3116-4 (세트)

ⓒ 서울대학교 언어교육원 · 2023

이 책과 음원은 저작권법에 의해서 보호를 받는 저작물이므로
무단 전재와 복제를 금합니다.

Written by Language Education Institute, Seoul National University
Published by Seoul National University Press

Copyright ⓒ 2023 by Language Education Institute, Seoul National University

All rights reserved. No part of this publication may be reproduced in any form
without the written permission from publisher.